HISTORIA ILUSTRADA DE LOS NAZIS

LA PESADILLA DEL ASCENSO

Y LA CAÍDA DE ADOLFO HITLER

PAUL ROLAND

Grupo Editorial Tomo, S.A. de C.V.,
Nicolás San Juan 1043,
03100, México, D.F.

HISTORIA ILUSTRADA DE LOS
NAZIS

LA PESADILLA DEL ASCENSO
Y LA CAÍDA DE ADOLFO HITLER

1a. edición, febrero 2013

The Ilustrated History of the Nazis
Paul Roland
Copyright © 2009 Arcturus Publishing Limited
26/27 Bickels Yard, 151-153 Bermondsey Street,
London SE1 3HA

© 2013, Grupo Editorial Tomo, S.A. de C.V.
Nicolás San Juan 1043, Col. Del Valle
03100 México, D.F.
Tels. 5575-6615, 5575-8701 y 5575-0186
Fax. 5575-6695
http://www.grupotomo.com.mx
ISBN-13: 978-607-415-466-5
Miembro de la Cámara Nacional
de la Industria Editorial No. 2961

Traducción: Luigi Freda E.
Diseño de portada: Karla Silva
Formación Tipográfica: Francisco Miguel M.
Supervisor de producción: Leonardo Figueroa

CONTENIDO

UNA CUESTIÓN DE MALDAD

Este libro se diferencia de las historias más convencionales del Tercer Reich en que sostiene que el estado nazi no sólo fue un fenómeno sociopolítico, sino que además fue la manifestación de la personalidad fatalmente defectuosa de su Führer.

A los criminales sádicos, asesinos en serie y dictadores brutales se les considera seres "malvados" y generalmente se cita a Adolfo Hitler como la personificación de la maldad humana. Esos espíritus malignos son producto de la mente primitiva e irracional. El sentido común sostiene que el mal es una creación del hombre, un acto deliberado y premeditado de individuos que buscan la satisfacción en la destrucción por el rencor y por la falta de empatía con sus víctimas.

Aunque en la actualidad no creemos en el demonio, seguimos utilizando su imagen para representar a los dictadores, de manera que no tengamos que verlos como lo que en realidad son: una sombra de nosotros, la personificación de nuestros temores más ocultos, un reflejo de aquello en lo que podríamos convertirnos si abandonáramos las reglas convencionales de conducta y nos permitiéramos expresar nuestros más bajos instintos.

Algunos historiadores alegan que Hitler fue un ser anormal, producto de una era violenta e inestable en la historia europea que sólo podía haber surgido en el periodo posterior a la Primera Guerra Mundial. Tratan de tranquilizarnos argumentando que el entorno de donde surgió sufría de una forma de conmoción colectiva por la guerra que es poco probable que ocurra de nuevo. Dicen que siempre habrá dictadores de poca monta que impongan su voluntad, repriman a su pueblo y amenacen a sus vecinos, pero que Hitler y el tío José Stalin, su aliado igual de sanguinario, fueron los últimos de los conquistadores que se remontan hasta Gengis Kan. Estos historiadores quisieran que creyéramos que tales hombres serían condenados en el siglo XXI.

Los mismos académicos han sugerido que la elevación al poder del Partido Nazi se debió exclusivamente a factores sociopolíticos. Pero el propósito de este libro es demostrar que Hitler no se lanzó a la guerra sólo para vengar la humillante derrota de Alemania en 1918; que no fue la ambición territorial lo que impulsó su insaciable apetito por la conquista, ni su deseo de restaurar el honor y orgullo alemanes. En lugar de eso, al cabo austriaco lo consumía la creencia de que la divina Providencia le había confiado una misión sagrada, que consistía en someter a todas las razas "inferiores" y erradicar a los judíos de la faz de la Tierra.

Hitler creó y fomentó tal clima de sospechas, temores y engaños que enfrentaba a sus propios ministros entre sí. Esperaba que estuvieran tan ocupados en reñir entre ellos como para conspirar contra su Führer. Pero una vez que disminuyó la euforia inicial respecto a la victoria rápida y fácil sobre Francia y los Países Bajos, y se llegó a conocer la realidad de una guerra prolongada con Rusia, el pueblo alemán empezó a vivir en un estado fascista policiaco. Cualquiera que tuviera un conflicto podía denunciar de manera anónima a un miembro de la familia, amigo o vecino. Se sabía que la Gestapo actuaría de forma despiadada basándose en sus sospechas, y que era habitual que recurriera a la tortura para extraer una confesión. Estas condiciones no se crearon mediante una combinación única de eventos históricos al azar. La Alemania nazi era la pesadilla de un hombre vuelta realidad.

Así que si queremos entender cómo surgió el Tercer Reich, y por qué el pueblo alemán veneraba a Hitler como su salvador, incluso mientras sus ciudades se derrumbaban a su

**Serie de conquistadores: Gengis Kan, Stalin y Hitler,
pero, ¿qué los impulsó a querer dominar a los demás?**

alrededor en los últimos días de 1945, es necesario comprender qué tipo de mente concibió el estado nazi.

LA MENTE DE ADOLFO HITLER

Hitler tenía una personalidad neurótica, inestable y paranoica, y sus infames momentos de cólera eran una manifestación de su narcisismo maligno y de su megalomanía… que prohibía que alguien cuestionara su autoridad. El narcisismo maligno es una psicosis común en los criminales violentos y tiranos que tienen una visión distorsionada de la realidad y que no desarrollaron un sentido de moralidad. Los componentes centrales del narcisismo maligno son ensimismamiento patológico, conducta antisocial, complejo de persecución y agresión sin restricciones.

Una de las características de los narcisistas patológicos es la falta de empatía por otros. Son incapaces de sentir emociones genuinas, las fingen imitando las expresiones faciales y el lenguaje de quienes están a su alrededor. Estas personas son inestables en el aspecto psicoló-

gico, ya que sufren de "difusión de identidad", que se reduce al hecho de que no tienen un verdadero sentido de ellos mismos. En lugar de eso, exhiben aspectos de su personalidad como si actuaran un papel. No han completado el proceso de integración que caracteriza a los individuos sanos… cuya imagen propia se forma por la interacción con otros.

El carácter camaleónico de los narcisistas patológicos revela el hecho de que sólo están actuando el papel que consideran apropiado a su situación. Su condición se manifiesta por lo general como exceso de confianza y ensimismamiento, a un nivel que los vuelve incapaces de tener empatía por otros. Esa falta de empatía los hace insensibles a un punto en el que pueden cometer actos violentos sin sensación alguna de culpabilidad.

Los narcisistas malignos carecen de conciencia y los impulsa a actuar el interés personal. Su amoralidad puede llevarlos a explotar las creencias y convicciones de otros con el fin de consolidar su poder. No los desanima la amenaza de castigo o retribución, lo que los hace

El poder de sus ojos: pocos de los que conocieron a Hitler pudieron escapar a su penetrante mirada.

inmunes a las condenas, la censura y, en el caso de los tiranos, las sanciones económicas. Sólo la amenaza del uso de la fuerza puede disuadirlos, ya que los obliga a cuestionar la creencia en su propia supremacía.

De acuerdo al destacado psicólogo político estadunidense, Aubrey Immelman, el narcisista maligno abriga una manía persecutoria detrás de su ostentosa fachada.

"Son estrechos de miras, proyectan a otros sus propias hostilidades y no reconocen su propia participación en la creación de enemigos. A su vez, emplean a sus enemigos reales o imaginarios para justificar su agresión contra otros. Los narcisistas malignos son fríos, implacables, sádicos y calculadores cínicos, y sin embargo, son diestros para ocultar su intensión agresiva detrás de una máscara pública de cortesía o preocupación idealista".

EL "HOMBRE CORRECTO"

Hitler fue lo que se conoce en psicología clínica como un "hombre correcto"; es decir, alguien que en forma obstinada cree tener la razón todo el tiempo y que ni siquiera puede concebir que su perspectiva pueda estar distorsionada o que alguien más pueda tener una opinión válida. Se dice que este tipo de persona podría "cortarse la nariz para fastidiar su cara". Su percepción tan estrecha y su terquedad demostraron ser valiosas desde los primeros días de Hitler, ya que su fanatismo se concentraba en un solo objetivo. Pero un punto de vista tan estrecho, cuando se une a la inflexibilidad, sólo puede conducir a conflictos internos, y en última instancia, a desintegración psicológica y autodestrucción.

Hitler no podía aceptar la derrota y cuando ésta llegó, despotricaba y protestaba furiosamente, que arrastraría a la nación hacia abajo con él, ya que era evidente que el pueblo alemán era "poco merecedor" de los sacrificios que había hecho por él. Su solución a todos los problemas era con amenazas y violencia. Carecía de conciencia y no tenía noción de la moralidad. Dijo que la "conciencia era una invención judía y que, por lo tanto, era deber de

los alemanes desconfiar de ella y liberarse de las [ideas] sucias y degradantes de conciencia y moralidad".

Incluso cuando era joven, Hitler estaba en un estado continuo de negación y su manejo de la realidad era tenue en el mejor de los casos.

¿NATURALEZA O CRIANZA?

La duda de si el carácter de una persona está determinado por la naturaleza o por la crianza continúa sometida a intensos debates entre psicólogos, sociólogos y criminólogos de todo el mundo. Esto es, si quienes actúan mal lo hacen de acuerdo a su naturaleza, o los obliga algún impulso psicológico para buscar satisfacción en actos antisociales o si su crianza los condiciona a llevarlos a cabo.

Y aunque se ha demostrado que el cerebro de sociópatas y psicópatas muestra ciertas anormalidades físicas que contribuyen a su conducta irregular, lo que podría explicar su incapacidad para mostrar empatía a otros seres humanos, no existe un estudio final que demuestre que las tendencias criminales son el resultado directo de una falla genética o de alguna otra anormalidad.

Sin embargo, existe evidencia empírica convincente que muestra que es más probable que los individuos a los que se somete a maltrato en sus primeros años manifiesten una conducta ofensiva hacia otros cuando llegan a la adolescencia o la madurez. Lo que es más, cometerán esos actos sabiendo que están mal y a pesar de las consecuencias.

Es cuestionable si Adolfo Hitler sufrió una infancia de maltrato de la forma en que la han descrito muchos de sus biógrafos o si sólo es producto de los tiempos turbulentos en que vivió. Sin embargo, es evidente que carecía de la fortaleza de carácter para reconciliarse con sus primeras experiencias y del temperamento para exorcizar, o al menos someter, sus demonios personales. Parece haber estado atormentado por su crianza y su propia y perversa naturaleza, que lo vio cultivar sus resentimientos hasta que lo consumieron… pero no antes de que llevara su cólera al mundo.

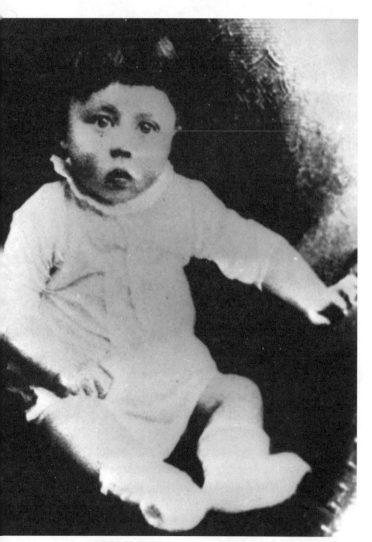

Adolfo Hitler más o menos al año de edad: ¿perdió su inocencia o nació siendo malo?

CAPÍTULO UNO

INFANCIA DE HITLER

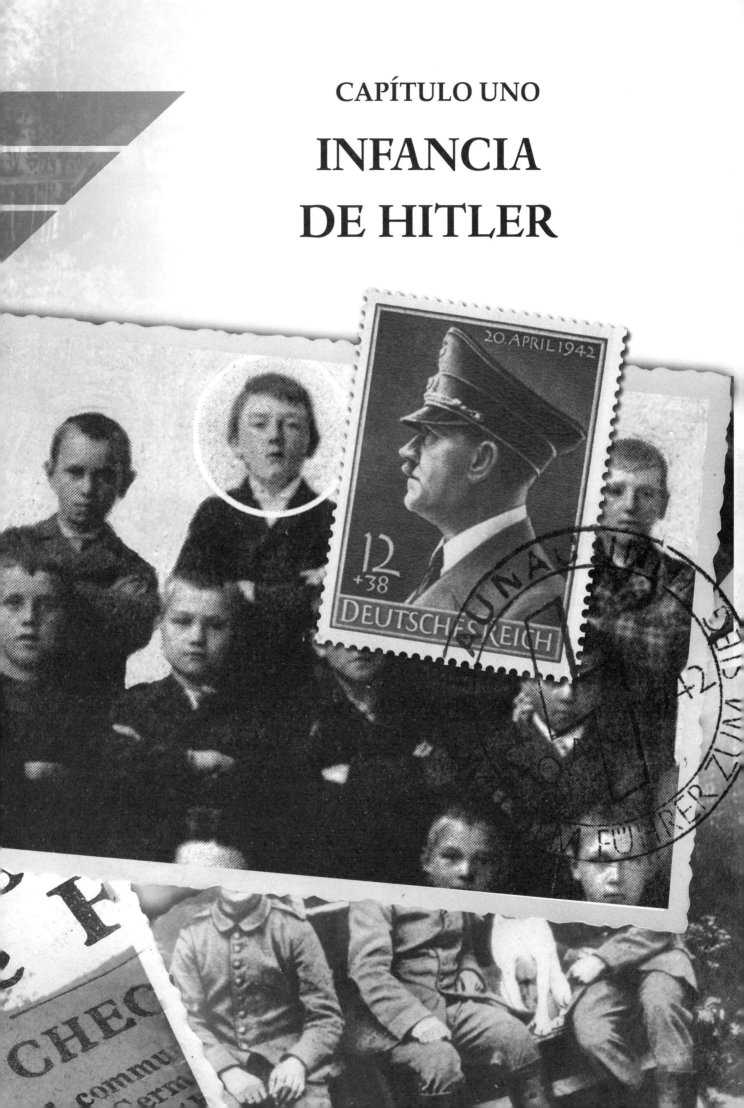

MALA SANGRE

De los muchos giros del destino que afectaron la vida del futuro Führer, tal vez ninguno es más significativo que el que tuvo lugar 13 años antes de su nacimiento. Su abuelo paterno reconoció como legítimo a su hijo bastardo de 39 años Alois (padre de Adolfo), cambiando su apellido de Schicklgruber a Hitler con el fin de que Alois pudiera participar en una herencia legada por un tío. Si no lo hubiera hecho, es posible que Hitler nunca hubiera llegado a sobresalir, ya que hay mucho poder en su nombre y es difícil imaginar al pueblo alemán venerando a Adolfo Schicklgruber como lo hicieron con Adolfo Hitler. (¡"Heil Schicklgruber" no tiene de ninguna manera el mismo impacto!)

Diversos autores han especulado con que el cambio de apellido se llevó a cabo por una razón más siniestra. Es decir, con el fin de silenciar los persistentes rumores locales de que el verdadero padre de Alois era un judío de Graz llamado Frankberger, el cual había empleado a la abuela de Adolfo como sirvienta doméstica. Esto podría explicar por qué Hitler ordenó cuatro investigaciones secretas de sus ancestros entre 1932 y 1940, y por qué nunca se revelaron las conclusiones. También explicaría lo que de otra manera sería la inexplicable destrucción del lugar de nacimiento de su padre, Dollersheim, y el arrasamiento del panteón en el que estaba enterrada su abuela, además de la quema de registros de la parroquia. Se ha afirmado que Hitler se dejó el bigote a la Chaplin para disimular lo que creía era su nariz de características semíticas y que se sometía a purgas periódicas con sanguijuelas y más adelante con jeringas hipodérmicas para "purificarse" de su sangre "contaminada".

> "ESA GENTE [LOS PERIODISTAS] JAMÁS DEBEN AVERIGUAR QUIÉN SOY. NO DEBEN SABER DE DÓNDE PROCEDO, NI LOS ANTECEDENTES DE MI FAMILIA".
>
> *Adolfo Hitler*[1]

Cualquiera que fuera la verdad respecto a esos rumores, era claro que los ancestros de Adolfo por el lado de su padre no representaban el linaje robusto que produciría la futura Raza Superior. Eran trabajadores agrícolas ambulantes y campesinos haraganes cuyos matrimonios frecuentemente entre parientes producían una gran cantidad de niños con incapacidades físicas o imbéciles. Archivos secretos de la Gestapo que ahora están almacenados en la Biblioteca del Congreso de Estados Unidos y en el Institut für Zeitgeschichte Archiv, en Múnich, registran varias ramas atrofiadas en el árbol familiar, como la de Joseph Veit, primo del padre de Hitler que tuvo tres hijos con retraso mental, uno de los cuales se suicidaría en un manicomio. De acuerdo a una declaración jurada del doctor Edward Kriechbaum y guardada en los archivos Linz, la tía de Adolfo, Johana, era esquizofrénica, mientras que su primo Edward Schmidt era jorobado y tenía impedimentos del habla.

El médico de la familia, el doctor Bloch, testificó ante la Oficina de Servicios Estratégicos, en 1936, que Hitler tenía una hermana de la que se sospechaba que tenía retardo mental, ya que siempre se escondía cuando él visitaba la casa de sus padres. También comentó que la hermana menor de Adolfo, Paula, era "tarada de alto nivel". Los matrimonios endogámicos (entre parientes) que parecen haber sido característicos de la ascendencia de Hitler pudieron explicar sus

---

[1] Joachim Fest, *Hitler: A Biography.*

Hombre de impulsos: ¿la naturaleza turbulenta de Hitler lo obligó a forjar un nuevo orden?

infames iras. También explicarían su temor a la demencia heredada, su repugnancia a las deformidades físicas y su creencia que si se casaba corría el riesgo de tener hijos "imbéciles".

En comparación, los ancestros maternales de Hitler eran un poco más estables. Habían sido pequeños agricultores en el pueblo de Spital, en la Baja Austria, cerca de Viena, por cuatro generaciones, pero los habitantes de la capital no consideraban que fueran más que simples campesinos. Se les despreciaba tanto por su ignorancia como por sus orígenes de bajo nivel y su naturaleza arisca y desconfiada.

LA MADRE DE HITLER

Klara Pölzl, la adorada madre de Hitler, era una joven simple y fastidiosamente ordenada con cara algo aniñada y ojos azules penetrantes. Eran una característica que su único hijo sobreviviente iba a heredar y con los que más adelante cautivaría a sus admiradores. Klara tenía pocas expectativas de mejorar su situación hasta que a la edad de 16 años se mudó con su "tío" Alois y su primera esposa, Anna Glassl, como su sirvienta doméstica sin recibir paga alguna. Al parecer Alois no perdió

el tiempo en cortejar a Klara y a la doncella Franziska Matzelberger hasta que Anna se dio cuenta e insistió en una separación. Entonces Alois se estableció con Franziska (o "Fanni" como la llamaban), la cual exigió que corriera a su rival a Viena. Alois y Franziska se casaron tres años después, cuando él tenía 46 años de edad y ella sólo 22. La pareja tuvo dos hijos, un hombre, Alois hijo, y una hija, Ángela, antes de que Franziska sucumbiera por un ataque fatal de tuberculosis, lo que provocó que su marido llamara a Klara de vuelta a la ciudad para que cuidara a sus hijos.

Alois Matzelberger (que más adelante adoptó el apellido Hitler) creció para convertirse en una vergüenza para su famoso medio hermano. Dos veces lo condenaron por robo y una vez lo encarcelaron por bigamia. Después de un breve periodo en Inglaterra, abandonó a su familia y volvió a Berlín, donde manejaba un restaurante con venta de cervezas y se negaba con obstinación a hablar de su historia familiar por temor a hacer enojar a Adolfo. A Ángela, la media hermana de Adolfo Hitler, le fue mejor. Se casó bien y después de la muerte de su marido, se fue a vivir con Adolfo en Berchtesgaden como su cocinera y ama de llaves. Pero cuando lo dejó en 1936 para volver a casarse, Hitler mostró su infausto rencor y se negó a enviarle un regalo de bodas.

Parece que Klara no sentía rencor hacia Anna, ya que la cuidó durante su enfermedad final. Sin embargo, mientras Franziska yacía moribunda, su mujeriego marido presionó con sus atenciones a su "sobrina" adoptiva y logró embarazarla. Luego intentó "arreglar la situación" casándose con ella cuando su embarazo llamó la atención de los chismosos del pueblo.

Como Klara era prima segunda de Alois, la pareja tuvo que solicitar una dispensa episcopal con el fin de casarse. La boda tuvo lugar en la iglesia de la parroquia de Braunau en enero de 1885, a las seis horas de una mañana nublada de invierno. Entonces Klara tenía 25 años de edad y cuatro meses de embarazo, y su marido dos veces viudo tenía 48 años de edad. Cuatro meses después nació su primer hijo, Gustav, seguido por una hija, Ida, en 1886.

La madre adorada de Hitler era una joven sencilla y fastidiosamente
ordenada, con cara algo aniñada y ojos azules penetrantes.

Adolfo fue el tercer hijo y el único hijo sobreviviente, ya que sus dos hermanos mayores murieron en la infancia y un tercero, el hermano menor de Adolfo, Edmund (nacido en 1894) murió a la edad de seis años. Sólo sobrevivieron Adolfo y una hermana más joven, Paula (nacida en 1896).

Klara era una mujer católica devota y debió atormentarla la culpabilidad de haber engañado a las esposas anteriores de Alois. Ella consideraba que había pecado contra ellas y sobrevivido, y su culpabilidad debió agravarse por la muerte de sus primeros dos hijos por difteria el año antes de que Adolfo naciera. Es probable que viera sus muertes dolorosas y prolongadas como castigo divino. Por la misma razón, pudo haber soportado las supuestas palizas de su marido sin protestas, como penitencia por sus pecados imaginarios.

AMOR DE MADRE

Adolfo Hitler nació a las seis y media de la tarde del 20 de abril de 1889, en el pueblo de Braunau am Inn en Austria, a la vista de las montañas bávaras. Hitler consideraba el lugar como algo muy significativo y más adelante escribió que creía que el destino había escogido Braunau como su lugar de nacimiento de manera que pudiera realizar la misión de su vida al reunir a los pueblos de habla alemana en ambos lados de la frontera.

A decir de todos, Adolfo era un niño enfermizo y exigente, sus padecimientos debieron aumentar la ansiedad innata de su madre, mientras le ayudaban a aliviar su sentimiento de culpabilidad. Si sobrevivía, podía considerarlo como prueba de que su penitencia había sido pagada y así lo tomó en perjuicio del desarrollo emocional y psicológico del niño. La limpieza compulsiva de su hogar y su atención obsesiva a la limpieza de sus hijos fueron señales adicionales de su necesidad de superar su vergüenza y culpabilidad. El fastidio y la obsesión de Hitler con su higiene personal en la edad adulta tal vez fueron resultado directo de la neurosis de su madre, quien también lo llevó a desarrollar una obsesión poco natural de las funciones del cuerpo y a creer que los gérmenes lo tenían específicamente como objetivo. Pero a pesar de todos los mimos de su madre, ella no podía protegerlo de las palizas continuas a manos de su marido. Su incapacidad para intervenir le dolió mucho a Hitler, el cual debió resentir esa debilidad, así como la crueldad de su padre. El doctor Bloch, el médico familiar, describió la relación entre madre e hijo como muy allegada, pero reconocía que sus vecinos pensaban que no era natural.

Adolfo creció odiando a su padre y venerando a su madre, lo que creó en su mente un síndrome conocido como idealización primitiva; esto es, que un niño imagina que uno de sus padres es por completo virtuoso y el otro es del todo malo. Muchos niños a los que se condiciona de esta manera ajustan su perspectiva distorsionada cuando se dan cuenta de que el padre ideal también tiene fallas y que el malo tiene cualidades a su favor. Pero el mundo de la infancia de Hitler de absolutos se mantuvo con él hasta el final y le dio una falsa sensación de seguridad. Su punto de vista del mundo estaba distorsionado por su propio ego retorcido y no se podía razonar con él. Es por eso que montaba en cólera siempre que se cuestionaba su autoridad.

¿UNA CRIANZA BRUTAL?

Adolfo Hitler fue un fantasioso compulsivo, cuya afición por la creación de mitos ocultó la verdad de su infancia. Se puso como víctima de un padre abusivo y alcohólico que golpeaba por rutina a su hijo y que le impidió dedicarse a realizar su sueño de volverse artista.

De acuerdo a quienes lo conocieron, Alois era un hombre estricto, dominante, rígido, irascible y sin sentido del humor que dirigía su casa con mano de hierro. Insistía en que se le obedeciera sin cuestionar y que sus hijos lo llamaran formalmente "Herr Vater". No debían hablarle sin que se les diera permiso para hacerlo y a menudo llamaba a Adolfo con un silbido, como a un perro, en lugar de llamarlo por su nombre. Debió humillar al niño que le pusieron su nombre al pastor alemán de la familia y que no lo trataran mejor que al animal. La única foto existente del padre muestra

Alois Schicklgruber era un padre estricto y dominante que dirigía su casa con mano de hierro.

a un oficial provincial corpulento y orgulloso. En su uniforme de servicio de la aduana austriaca, con el cabello corto y bigote tupido en forma de U invertida, parecía de pies a cabeza el antiguo aristócrata prusiano que le hubiera gustado.

Como niño, Adolfo lograba la compasión de otros niños al afirmar que había arrastrado a su padre borracho desde la taberna del pueblo en muchas ocasiones. Más adelante en la vida recordó: "Fue la experiencia más vergonzosa y humillante que haya tenido jamás. Qué bien conozco lo diabólico que es el alcohol. Por culpa de mi padre, ¡fue el mayor enemigo de mi infancia!".[3]

Pero Alois no era alcohólico. De hecho, era muy respetado en la aduana, en la que alcanzó un puesto alto. Su posición le dio suficientes ingresos para comprar una casa agradable en el pueblo de Fischlham, cerca de Linz, la cual disponía de 4000 metros cuadrados de tierra, árboles frutales y una vista espléndida del campo que la rodeaba. Sus ingresos estaban al nivel de un abogado de pueblo e incluso después de su jubilación en 1895, cuando Adolfo tenía seis años de edad, se beneficiaba de una generosa pensión de 2660 coronas, con las que la familia podía vivir con mucha comodidad. Así que la imagen de una infancia de pobreza y abusos es todo un mito inventado por el propio Hitler, aunque es verdad que su infancia fue poco estable en lo que se refiere a que se mudaran en repetidas ocasiones sin una razón clara.

Para el momento en que Adolfo tenía 15 años de edad, había asistido a cinco escuelas diferentes y podía recordar siete casas distintas, incluyendo una fábrica restaurada y un periodo en el que la familia fue huésped en una posada local. Después de eso, por fin se asentaron en el pueblo de Leonding, donde com-

"NO ES POSIBLE QUE NINGUNA PERSONA QUE MANIFIESTE LAS CARACTERÍSTICAS DE PERSONALIDAD PATOLÓGICAS DE HITLER HAYA CRECIDO EN EL ENTORNO HOGAREÑO IDÍLICO QUE HITLER MISMO DESCRIBIÓ".
Walter Langer [2]

praron un modesto apartamento amueblado, momento en que la relación inestable entre padre e hijo se convirtió en una batalla de voluntades. El anciano, ahora de más de 60 años de edad, insistía en que su hijo lo siguiera en el servicio público, mientras que Adolfo se negaba tercamente a estudiar con la esperanza de que su padre le permitiera seguir su ambición de volverse pintor.

"No importaba lo firme y decidido que pudiera ser mi padre, su hijo era igual de terco y obstinado", escribió Hitler en *Mein Kampf*.

Queda claro en sus declaraciones que respetaba y temía a su padre, pero estaba decidido a distanciarse del anciano mediante sus acciones. La aversión al tabaco de Adolfo surgía de los recuerdos del hábito de su padre de fumar en la casa de la mañana a la noche, mientras que su madre invocaba la autoridad intachable de su padre, señalando la hilera de pipas en los anaqueles de la cocina. Hitler también llegó a detestar la obsesión de su padre por la puntualidad, la cual despreció más adelante al quedarse en cama hasta la hora de comer… para frustración de sus ministros y dignatarios visitantes. Incluso la regla de Alois de prohibir la conversación frívola iba a influir en la conducta de su hijo ya que Adolfo a menudo se permitía remembranzas divagadoras con sus huéspedes (las llamadas "charlas de mesa") y monólogos sin propósito de toda la noche con su paciente y tolerante ayuda de cámara. Pero en última instancia no pudo evitar convertirse en lo que había detestado. Como su padre antes de él, Hitler carecía de humor y era irascible, y no permitiría que se cuestionaran sus órdenes o que se contradijeran sus opiniones.

TRAUMA DE LA INFANCIA

El nacimiento del hermano de Adolfo, Edmund, en 1894, cuando sólo tenía seis años de edad, impulsó a Klara a confiarlo a su media hermana Ángela, la cual estaba entonces ca-

---

[2] Walter Langer, US Office of Strategic Studies Report.
[3] Dr. Hans Frank, *Im Angesicht des Galgens*.

Foto poco conocida del joven Hitler, a los 10 años de edad,
en la escuela en Lambach: no era un alumno sobresaliente.

sada; esto le robó la atención total de su madre en una edad crítica. Se dice que le rogaba a Dios para que se llevara al bebé como había hecho con su hermano y su hermana muertos. Aunque iban a pasar seis años antes de que Edmund muriera por complicaciones después de tener sarampión, el cumplimiento tardío de esta maldición infantil dejaría una cicatriz psíquica indeleble en el hermano sobreviviente. Es probable que la muerte de Edmund haya reforzado la convicción de Adolfo de que él había sobrevivido porque era especial. Su madre había afirmado esto con tanta frecuencia que se le había quedado grabado en su mente, al grado de que no podía dejar de creer que lo protegía la Providencia, que lo escogió para cumplir alguna misión especial.

A pesar de que la muerte de Edmund era lo que Adolfo más deseaba, hubiera sufrido de extrema culpabilidad si hubiera creído que el suceso iba a causar tristeza a su madre. Y sus sentimientos hubieran empeorado por la manera en que enterraron a Edmund. Sus padres se negaron por completo a asistir al funeral de su hijo y en lugar de eso pasaron el día en Linz, como si no hubiera ocurrido nada, dejando a Adolfo, de once años de edad, sufriendo solo. Se piensa que Alois le prohibió a su esposa asistir al funeral porque se había disgustado con el sacerdote local. Se sabe que Alois discutió con el sacerdote respecto a diferencias "políticas" y Klara era demasiado sumisa para desafiarlo... incluso al grado de perderse el funeral de su propio hijo. Sólo podemos preguntarnos cuál sería el estado de ánimo de Adolfo Hitler al estar observando que bajaban el cuerpo de su hermano a la tierra helada, mientras una ventisca cortante azotaba la tumba.

Sin embargo, no pasó mucho tiempo antes de que Adolfo presenciara un evento que debió parecerle una retribución divina por la acción poco caritativa de su padre. La mañana del 23 de enero de 1903, Alois Hitler murió por una hemorragia generalizada, mientras tomaba su taza diaria de vino en la taberna local. Tenía 66 años de edad. Adolfo no lamentó su muerte.

SE LE CONSIDERABA DISCUTIDOR, AUTOCRÁTICO, TERCO, IRASCIBLE E INCAPAZ DE SOMETERSE A LA DISCIPLINA DE LA ESCUELA.

VIDA ESCOLAR

El periodo que siguió a la muerte de su padre fue de liberación para el difícil adolescente, el cual por fin estaba libre de la sombra sofocante del anciano autoritario. No obstante la recién descubierta libertad no causó que mejorara su trabajo escolar. Hitler más adelante afirmó que sus malas calificaciones se debían al hecho de que había descuidado a propósito sus estudios con la esperanza de que su padre cediera y le permitiera seguir su ambición de volverse artista. Pero después de la muerte de su padre, su boleta de calificaciones continuó mostrando un descenso continuo cuando con facilidad pudo aplicarse, aunque sólo fuera para hacer que su madre estuviera orgullosa. En lugar de eso, su creciente arrogancia, su falta de atención y sus malas calificaciones causaron su expulsión del Realschule en Linz a la edad de 15 años, obligando a su madre viuda a enviarlo a la preparatoria estatal en Styr a 24 kilómetros de distancia, donde continuaría con su educación.

Aunque Hitler más adelante afirmó que Klara era indigente en esta época, la realidad distaba mucho de ser así. Recibía la pensión de viuda que era más o menos dos terceras partes del ingreso de su finado marido, además de una generosa suma total de 650 coronas de su anterior patrón. Con la venta de la casa de la familia en junio de 1905, pudo pagar el alojamiento de Adolfo en Styr y mudarse a un espacioso departamento en Humboldtstrasse, en Linz, con el fin de estar cerca de su hijastra casada, Ángela.

El fracaso escolar de Hitler se puede atribuir a una aversión normal en la adolescencia a la autoridad y a la falta de disposición para trabajar en temas en los que tenía poco interés. Tal vez también pudo tener la esperanza de que la generosa pensión de viuda que recibía su madre le permitiría dedicarse al estilo de vida bohemio con el que había soñado por tanto tiempo. De ser así, la insistencia de ella para que continuara asistiendo a la escuela debió parecerle un acto de traición, pero le dio rienda suelta a su frustración contra los maestros en lugar de contra su adorada madre. Eso explicaría su desconfianza de toda la vida hacia académicos y expertos de cualquier tipo. Hasta el final de su vida lo intimidaban los intelectuales y decidió rodearse de aduladores y admiradores serviles y superficiales que pudieran darle seguridad respecto a su genialidad.

Con la excepción de su maestro de historia en Linz, quien describió la comprensión de Hitler sobre su materia como apenas "aceptable" y de un maestro en ciencias que admitió que su antiguo alumno era poco interesante, él despreciaba a sus maestros, y los veía como sus "enemigos naturales". Los describía como "monos eruditos", "ligeramente locos", "amanerados", "anormales" y "trastornados mentales"… lo cual tal vez revela más sobre el estado mental de Hitler que sobre la capacidad académica de sus maestros.

Hitler se rodeó de aduladores que se sometieron mansamente a su voluntad dominante.

Para tener una impresión más confiable del futuro Führer como joven contamos con el testimonio del profesor Huemer en el juicio que se le hizo a Hitler luego del frustrado Putsch de Múnich en 1923. Huemer concedió que Hitler tenía "talento" para ciertos temas pero recordó que: "…carecía de autocontrol y, por decir lo menos, se le consideraba discutidor, autócrata, terco, irascible e incapaz de someterse a la disciplina de la escuela. Tampoco era diligente, de otra manera hubiera logrado resultados mucho mejores, al tener un gran talento".

ANORMALIDAD FÍSICA

Existe otra explicación para los pobres logros académicos de Hitler que merece cierta consideración, a pesar de que pueda parecer intrascendente para la persona común. Se ha sugerido que Hitler tenía monorquidismo: es decir, que sólo tenía un testículo, condición que produce diversos trastornos de la conducta que son muy característicos y que son precisamente los rasgos que exhibía Adolfo Hitler. Tenía dificultades de aprendizaje, falta de concentración, compulsión a fantasear y a mentir, incompetencia social y sexual, atracción por el peligro físico, aversión a las críticas y sensación de ser "especial" en alguna forma (se supone que es un mecanismo de defensa para explicar la "anormalidad").

Se descubrió el monorquidismo durante una autopsia soviética de los restos carbonizados del Führer, la cual se llevó a cabo en 1945. Aunque se ha cuestionado la identidad del cuerpo encontrado en el área de la cancillería del Reich, un equipo independiente de expertos dentales de Noruega y Estados Unidos ha confirmado ahora que era el cadáver de Hitler.[4]

"MI BRAZO ES COMO EL GRANITO, RÍGIDO Y FIRME… ES UNA PROEZA SORPRENDENTE. ME MARAVILLA MI PROPIA FUERZA".
Adolfo Hitler

No es algo automático que un niño con monorquidismo exhiba estas neurosis y se puede esperar que supere el temor de que esta condición haga que sea de alguna manera menos hombre, pero si un niño ya tiene trastornos psicológicos previos, esta condición poco común puede intensificar su psicosis. Es frecuente que estos síntomas se manifiesten en la prepubescencia, entre los 12 y 13 años, el periodo en que empeoraron los logros académicos de Hitler.

Un bosquejo que hizo un compañero de clase muestra a Adolfo, de quince años de edad, como un joven poco impresionante, pero que tenía mucha suerte con las chicas locales como cualquiera de sus contemporáneos. El hecho de que Hitler evitara los enredos románticos de cualquier tipo, prefiriendo fantasear respecto a las chicas con las que nunca tenía el valor para hablarles, sugiere una torpeza normal de la adolescencia. Pudo haber experimentado un temor a la intimidad que tal vez tuviera una base física y psicológica.

No sería raro imaginar que Hitler, en su ignorancia, culpara a su madre de su condición. Sus promesas de que todo estaría bien resultarían no tener bases y esto debió servir para intensificar su ansiedad, sumándose a su catálogo de emociones violentas y en conflictos.

COMPLEJO DE CASTRACIÓN

No es raro que los niños con monorquidismo tengan complejo de castración. Los niños más trastornados podrían incluso compensar este sentimiento permitiéndose fantasías violentas que se relacionen con castrar a sus enemigos. Es significativo que en la madurez, Hitler hablara en repetidas ocasiones de castrar a los artistas que le desagradaban y que reintrodujera

---

[4] *The Odontological Identification of Adolf Hitler: Definitive Documentation By X-Rays, Interrogations and Autopsy Findings'*, Sognnaes and Strom.
   Note: El monorquidismo de Hitler se descubrió durante una autopsia soviética de los restos calcinados del Führer, que se llevó a cabo en 1945. Aunque se ha cuestionado la identidad del cuerpo encontrado en el terreno de la cancillería del Reich, un equipo independiente de expertos dentales noruegos y estadunidenses lo identificaron formalmente como el cuerpo de Hitler.

la decapitación como forma de ejecución cuando un pelotón de ejecución hubiera bastado.

Se ha observado que los niños a los que les falta un testículo, o cuyos testículos no han descendido, a menudo exhiben su ansiedad respecto a su identidad sexual, agarrándose los genitales para darse seguridad o poniendo la mano sobre su entrepierna. No puede ser coincidencia que éste fuera precisamente el gesto que Hitler hacía con frecuencia en secuencias de película de noticiarios, en incontables fotografías e incluso en retratos oficiales. Cualquiera que sea la situación, a menudo se le ve con las manos dobladas sobre su entrepierna en un gesto de protección. Coloca sus manos por un instante en la espalda y rara vez se ven a los lados.

También se sabe que Hitler se permitía realizar exhibiciones infantiles de lo que creía eran hazañas masculinas de fuerza y resistencia… pero que con claridad eran sustitutos sexuales. En una ocasión intentó impresionar a una invitada en su retiro de montaña en Obersalzberg, sosteniendo el brazo en la posición del saludo nazi por largo tiempo. Después de asegurarle que podía mantener esa postura más tiempo que Goering, dijo: "Puedo mantener el brazo así por dos horas completas. Mi brazo es como el granito, rígido y firme… Es una proeza sorprendente. Me maravilla mi propia fuerza".[5]

Se ha hecho notar que los hombres con monorquidismo transfieren invariablemente su energía sexual a los ojos. Se dice que Hitler practicó y perfeccionó su mirada penetrante ante el espejo, sin duda como sustituto para la gratificación sexual.

A pesar de lo descabellado que pueda sonar para quienes no se han empapado en la psicología freudiana, es seguro que podría explicar el infame poder hipnótico de Hitler, inexplicable en cualquier otra forma. Se recordará que muchos de los que se encontraron en presencia de Hitler comentaron la cualidad hipnótica de sus penetrantes ojos azules, grises verdosos.

Un amigo de la infancia, August Kubizek, recordó en su biografía, *El joven Hitler que co-*

A menudo se veía a Hitler con las manos unidas en un gesto defensivo.

nocí (Boston, 1855), que su madre estaba asustada por la mirada penetrante de Hitler.

"Recuerdo con mucha claridad que había más temor que admiración en sus palabras… Adolfo hablaba con los ojos… Nunca en mi vida he visto a otra persona cuya apariencia… estuviera tan totalmente dominada por los ojos".

Cuando Hitler despotricaba contra quienes no reconocían su genialidad, recordó su amigo, la cara se le ponía lívida y apretaba los labios hasta quedar blancos por la furia.

"Pero los ojos le brillaban. Había algo siniestro en ellos. Como si el odio del que era capaz residiera en esos ojos".

Incluso hasta el fin, mientras arrastraba los pies por el búnker de Berlín en abril de 1945, siendo una sombra de sí mismo, sus ojos retuvieron su poder. Un joven ayudante de campo recordó que incluso en las últimas horas de su vida, sus ojos eran "extrañamente penetrantes".

---

[5] Entrevista con Pauline Kohler, US OSS sourcebook.

CAPÍTULO DOS

RETRATO DE UN TIRANO COMO ARTISTA JOVEN

ADOLFO EN CRISIS

La frustración de Hitler por no haber podido dedicarse a desarrollar sus ambiciones artísticas llegó a un punto decisivo cuando sufrió lo que más adelante afirmó fue una grave infección pulmonar (es muy probable que fuera un trastorno psicosomático) en su último año en Styr. Apeló a su madre para que le permitiera volver a casa para su convalecencia y alivio, pero en ese momento ella no estaba muy sana, así que insistió en que él se quedara con su tía Theresa en Spital. Es curioso que el médico de la familia, el doctor Bloch, descartara todo el episodio como producto de la imaginación delirante de Hitler y diera a entender que sólo se estaba haciendo el enfermo para obtener la compasión de su madre.

Como recordó: "No puedo comprender todas las referencias a su problema pulmonar cuando era joven. Fui el único médico en tratarlo durante ese periodo… Mis registros no muestran nada de gravedad… Nunca hubo algo grave en Hitler".[6]

Después de tener una recuperación milagrosa convenció a su madre de comprar un piano, de manera que él pudiera escribir sus propias óperas, pero con rapidez se aburrió de su maestro, el cual exigía que practicara las escalas en lugar de confiar en su genialidad natural. Inconmovible, se lanzó a lo que más tarde llamaría el "vacío de una vida cómoda". Se dedicó a su pasión por asistir a la ópera, a museos y galerías de arte en Linz y se vistió con distinción… todo, por supuesto, a costa de su madre.

> "SÓLO VEÍA OBSTÁCULOS Y HOSTILIDAD EN TODAS PARTES, SIEMPRE ESTABA CONTRA ALGO Y EN DESACUERDO CON EL MUNDO… NUNCA LO VI TOMAR ALGO A LA LIGERA".

En su abrigo negro, forrado con seda, chaqueta de *tweed*, pañuelo de cuello y guantes de seda, Hitler era la imagen misma del joven de mundo, pero no importaba lo mucho que adoptara la afectación de un caballero, debió saber que sólo estaba actuando. August Kubizek, el único conocido íntimo de su juventud, fue su compañero en sus expediciones de casi todas las noches a la ciudad durante sus años despreocupados. Aunque estaba claro que en verdad tenía talento, Kubizek soportó con paciencia los sermones incoherentes de Adolfo respecto a los méritos del verdadero arte alemán. También toleró sus amargados alegatos políticos contra la decadente monarquía de Habsburgo, que con rapidez se le estaba convirtiendo en obsesión.

Kubizek recordó: "Sólo veía obstáculos y hostilidad en todas partes. Siempre estaba contra algo y en desacuerdo con el mundo… Nunca lo vi tomar algo a la ligera".

LLAMADA DEL DESTINO

En las primeras horas de una fría mañana de noviembre en 1906, Hitler y Kubizek salieron de la ópera en Linz con los últimos sones de *Rienzi* de Wagner todavía sonando en sus oídos.

Para Kubizek, el estudiante de música, la noche demostraría ser memorable y no por la representación que acababan de disfrutar. Esa noche le tocó un espectáculo de una naturaleza totalmente distinta, tal vez la primera evidencia del don de Hitler para la oratoria, cuando impartió un discurso apasionado bajo las estrellas en un camino desierto que llevaba a Freinberg.

---

[6] *The Psychoanalytic Quarterly.*

"Ein Volk, Ein Reich, Ein Führer": la voluntad indomable de Hitler aseguró
que la fantasía que le delineó por primera vez a August Kubizek en 1906
se convirtiera en una aterradora realidad... como se ve aquí en Núremberg en 1928.

Los monólogos anteriores de Hitler, que vieron desde lejos su profesor de Realschule y otros niños, estuvieron dirigidos a los árboles en una colina de Leonding, pero esta noche era diferente. Se había cansado de usar la imaginación y ahora exigía un público real. Dándose la vuelta, tomó a su sorprendido amigo por las manos y lo miró fijamente a los ojos, como si deseara que el chico se sometiera a él. Kubizek no pudo recordar qué se dijo esa mañana, pero nunca olvidaría la intensidad con la que Hitler, de 17 años de edad, lanzaba su diatriba contra la sociedad y su determinación de dedicar su vida para salvar al pueblo alemán.

"Era como si otro ser hablara desde su cuerpo y lo moviera tanto como lo hacía con el mío. De ninguna manera se trataba de un orador que se deja llevar por sus propias palabras. Por el contrario; más bien sentí que él escuchaba sorprendido y emocionado lo que brotaba de él con fuerza elemental… las palabras surgían como una crecida que rompe los diques. Conjuraba en imágenes grandiosas e inspiradoras su propio futuro y el de su pueblo. Hablaba de un mando que, un día, recibiría del pueblo para dirigirlo de la servidumbre a las alturas de la libertad… una misión especial que un día le encomendarían".

PODER SOBRE LAS MASAS

Es claro que Hitler tenía una sensación especial de su propio destino, pero era uno del que Kubizek no formaba parte. Esa noche se dio cuenta de que Hitler sólo buscaba su compañía porque necesitaba un público.

"Me di cuenta que nuestra amistad duró en gran parte porque yo escuchaba con paciencia… Él sólo TENÍA QUE HABLAR…".

La compulsión de hablar parece haber surgido de la necesidad de Hitler por dominar a otros con el poder de su voz y la fuerza de sus argumentos. Se ha dicho que con el tiempo sus discursos empezaron a adoptar una cualidad que sin duda era sexual.

Empezaba en un tono bajo y seductor, y aumentaba hasta un punto culminante de éxtasis, después del cual se retiraba del estrado con las fuerzas agotadas y bañado en sudor, con una mirada vidriosa de satisfacción.

El nuevo mesías: Hitler infundía un fanatismo casi religioso mediante el poder de su oratoria.

El periodista polaco Axel Heyst fue testigo del poder de Hitler sobre las masas, pero no se conmovió: "En sus discursos escuchamos la voz reprimida de la pasión y el cortejo, al que se considera el lenguaje del amor. Lanza un grito de odio y voluptuosidad, un espasmo de violencia y crueldad. Todos estos tonos y sonidos surgen de las calles escondidas de los instintos; nos recuerdan los impulsos oscuros reprimidos por demasiado tiempo".

El poeta René Schickele fue más directo. Maldijo los discursos de Hitler como "violación y asesinato" oral.

La naturaleza íntima de la relación entre el orador y el público no era algo que desconociera el Führer, el cual dijo: "Uno debe saber con exactitud cuándo es el momento para lanzar la última jabalina flameante que haga arder a la multitud".

Para personas así, el intercambio verbal es a menudo un sustituto para las relaciones sexuales, que se evitan por temor al ridículo. La descarga oral, como la llamarían los psicólogos, mantiene al objeto del deseo a distancia. Puede haber algo de verdad en este análisis freudiano de los poderes de oratoria de Hitler, pero a menudo quienes han visto secuencias de película, de noticiarios del Führer, hablando a fondo, han tenido la impresión de que Hitler era sólo un hombre que estaba seducido por el sonido de su propia voz.

AMOR NO CORRESPONDIDO

Es claro que la oratoria de Hitler era impulsada por una pasión animal desenfrenada y por esa razón tenía un efecto extraordinario en un público en vivo. Esto significa que, no causaba una impresión duradera cuando se le veía en forma impresa o en película, a diferencia de los discursos de Winston Churchill, por ejemplo, cuyas elocuentes palabras apelan al intelecto.

Podría decirse que Hitler pudo haber encauzado su energía a fines menos destructivos si se hubiera permitido tener una relación íntima en su juventud. Pero era incapaz de relacionarse con otras personas. Además de su desconfianza y paranoia innatas, también manifestaba síntomas de una forma de erotomanía, la

Bajo cierta influencia: Hitler visualizaba a su primer amor como una heroína wagneriana pura.

creencia de que estaba tomando parte de una relación romántica que no existía.

En el invierno de 1906, Hitler se encontró a una muchacha llamada Stefanie. Era una viuda de compras en Landstrasse, Linz, con su madre y se encaprichó con ella. Como era su costumbre, prefirió venerarla desde lejos, así que todos los días a las 5 de la tarde la observaba donde la había visto por primera vez, esperando un vistazo pasajero de su amada. Analizaba todo gesto con la esperanza de encontrar una señal de aprobación. Su única concesión a lo convencional fue escribir páginas y páginas de poesía absurdamente romántica en la que la imaginaba como una heroína wagneriana pura, de la cual no le envió nada. No podía armarse de valor para hablarle y por lo tanto, evitaba así el riesgo de rechazo. Mientras no se le aproximara, podía continuar con su fantasía, ya que ¿qué sucedería si este símbolo de la virtud alemana lo desdeñaba? La posibilidad era demasiado horrenda para pensarla.

Después de meses de martirio, le escribió una apasionada carta anónima. Empezó declarándole su amor y terminó rogándole que lo esperara cuatro años hasta que llegara a ser alguien de renombre y pudiera casarse con ella. Hasta entonces, haría lo que consideraba el movimiento supremo. Dejaría su casa para llevar la vida de un artista pobre en Viena. Pero pudieron existir razones más mundanales para esta partida. Los parientes estaban haciendo preguntas incómodas: ¿cuándo iba a ganarse la vida y dejar de depender de su madre para todo?

VIENA

Y así fue que en la primavera de 1906, apenas después de su cumpleaños 17, Hitler se marchó de Linz y se dirigió a Viena, la bulliciosa y cosmopolita capital de la cultura y la joya de la corona del antiguo imperio de Habsburgo. Mientras paseaba por el histórico centro, observando los imponentes símbolos imperiales del poder se vio presentando los tesoros del Reich en un nuevo escenario con él como el principal arquitecto.

En la mente engañada de Hitler los años que pasó en Viena fueron un periodo de martirio, de intolerable sufrimiento en cuerpo y alma. Se imaginó a sí mismo como alguien forzado a aceptar una serie de trabajos manuales, como palear nieve o rompiéndose la espalda en sitios de construcción. De hecho, no hizo ni un día de trabajo honrado durante ese periodo, sino que vivió con mucha comodidad por la generosidad de sus parientes. La única excepción fue un periodo de 15 meses, de septiembre de 1908 a diciembre de 1909, cuando dependió de la caridad de organizaciones judías de asistencia social, ayuda que debió aceptar a regañadientes, por decir lo menos. Sólo cuando encontraba que necesitaba dinero extra, pintaba algunas postales de lugares. Las compraban casi siempre dueños de galerías judías, a los que después se les obligó a devolverlas, cuando los nazis trataban de borrar el pasado del Führer.

DESILUSIÓN

No fue sino hasta un año después, en octubre de 1907, que se hicieron pedazos las ilusiones de Hitler de fama y fortuna inminentes.

Ese otoño lo rechazaron de la Academia de Bellas Artes de Viena, la junta de exámenes consideró "insatisfactorios" sus diseños.

Decidido a demostrar que estaban equivocados los expertos de la academia, persuadió a su tía lisiada Johanna para que se volviera patrocinadora de las artes, apoyando sus ambiciones con los ahorros de su vida. Su contribución se complementó con una pensión de huérfano de 25 coronas por mes, que obtuvo del estado mediante engaños. Debieron dar el dinero a su hermana Paula, pero Hitler había hecho una declaración falsa que afirmaba que era estudiante de la Academia, lo que le daba el derecho a recibir la parte de ella. Una orden del tribunal corrigió la situación en mayo de 1911.

Además de esa suma, recibió una pequeña herencia de una tía abuela, Walpurga Hitler y en su cumpleaños 18, en abril de 1907, alcanzó el derecho legal a su parte de los ahorros de su padre, que habían acumulado intereses por más de tres años y ahora sumaban 700 coronas. En total, recibió el equivalente del salario de un maestro de escuela durante esos años sin rumbo en Viena y no trabajó ni un día para ganarlo. En lugar de eso, pasó las tardes en ensoñaciones ociosas. Planeó nuevos edificios para la capital que, aseguró al persistente y leal Kubizek, le encargarían para construir una vez que los padres de la ciudad reconocieran su genio. Cuando se cansó de dibujar hizo planes para una Orquesta del Reich que haría giras por el país, llevando la cultura alemana a las masas. En persona elegiría el programa de las obras que juzgara apropiadas. Es decir, música que había escuchado mientras acompañaba a su amigo a conciertos casi todas las noches, gracias a la asignación de boletos gratuitos del Conservatorio, donde Kubizek estaba estudiando composición.

Mientras Kubizek continuaba sus estudios, él y Hitler eran compañeros amables, aunque era evidente que Hitler consideraba a su amigo como alguien inferior. Incluso compartieron una habitación por un tiempo en el Sexto Distrito, que era lo bastante grande para albergar el piano de cola de Kubizek. Pero después de que Kubizek se graduó con honores en el Conservatorio de Viena, Hitler se sintió cada vez más incómodo. La presencia de Kubizek le recordaba a Hitler sus ambiciones no cumplidas. Desde ese momento, él y Kubizek apenas se hablaban.

LA MUERTE DE LA MADRE DE HITLER

En diciembre de 1907, la vida de ociosidad de Hitler se interrumpió por la muerte de su madre. Le habían diagnosticado a Klara cáncer de pecho y había estado hospitalizada en enero de ese año. El cirujano del hospital había llevado a cabo una masectomía, ayudado por el doctor Bloch, quien continuó cuidándola después de que volvió a su casa. Se recuperó lo suficiente para dar paseos cortos por el pueblo ese verano, pero en noviembre sufrió una recaída y el doctor Bloch tuvo que administrarle grandes dosis de morfina para reducir el dolor. El doctor Bloch, la hermana de Hitler, Paula, August Kubizek y la jefa de la oficina de correos, testificaron que Adolfo se apresuró a volver a casa desde Viena para estar en la cabecera de su madre. Pero sus historias del hijo consciente que trapeaba los pisos y se ocupaba de todas sus necesidades se contradicen en la biografía *La juventud de Hitler*, de Franz Jetzinger, quien cita a una vecina que afirmaba haber atendido a Klara en esas últimas semanas. Su versión de los hechos parece más plausible porque compartió su recuerdo de los últimos días de Klara con otros en ese tiempo y pudo presentar una carta escrita por Hitler en la que le agradecía por haber cuidado a su madre en su ausencia. La historia de ella también parece corroborarse por el hecho de que cuando ella estuvo enferma, el agradecido Führer pagó sus cuidados.

Algunas personas han sugerido que el antisemitismo de Hitler empezó cuando culpó al médico familiar judío por no salvar a su madre o por prolongar su agonía al administrarle el tratamiento equivocado. Otros dicen que si Hitler había estado demasiado preocupado con su propio placer para auxiliar a su madre moribunda, o se había mantenido lejos a propósito porque no podía verla sufrir, debió resentirse amargamente con el doctor Bloch por adoptar el papel de cuidador consciente… papel que era suyo por derecho.

Pero la evidencia no lo apoya. El doctor recibió varias tarjetas pintadas a mano en el momento de la muerte de Klara, en las que Hitler le expresaba su intenso agradecimiento por su compasión y los cuidados que había tenido ante la muerte de su madre. Además, el médico continuó hablando de Hitler como un hijo amoroso, después de que emigró a Estados Unidos y estaba seguro de las atenciones de la Gestapo.

Tal vez la pregunta más fascinante y que sin duda continuará sin ser contestada, es por qué Hitler se negó a señalar la tumba de su madre con una lápida. Fue sólo después de que llegó a Canciller de Alemania que activistas del Partido Nazi local notaron la omisión y erigieron una lápida a expensas de ellos. Cuando Hitler visitó el cementerio en 1938 por primera y última vez, se quedó de pie sólo por unos segundos y luego se dio la vuelta y se alejó con rapidez al auto que lo esperaba. Si amaba a su madre tanto como afirmaba y el afecto había sido mutuo, ¿por qué negarle un monumento? ¿Qué oscuro e inquietante secreto había muerto con ella?

CAPÍTULO TRES

INFLUENCIAS

INSIDIOSAS

ORÍGENES DEL ANTISEMITISMO DE HITLER

Es discutible si los sentimientos ambivalentes de Hitler hacia el doctor Bloch sembraron las semillas del virulento antisemitismo que surgió sólo unos meses después. Sus sentimientos hacia el médico judío debieron ser una mezcla de gratitud y resentimiento, ya que el médico poseía la compasión y el conocimiento médico para ser consuelo para su madre cuando él sólo podía quedarse parado ahí sin poder hacer nada, si es que en verdad estuvo ahí. Una persona neurótica, taciturna y egocéntrica como Hitler se hubiera consumido por emociones tan conflictivas, a menos que hubiera podido encontrar un sustituto para culparlo por todos sus problemas. Incapaz de enfrentar al doctor Bloch con sus verdaderos sentimientos, es muy probable que se volviera contra los judíos en general. Como buen católico, no podía reprocharle a Dios por su pérdida. En lugar de eso, debió interiorizar su angustia y cuando amenazaba con consumirlo, debió lanzarla como un volcán que se desborda. Los judíos fueron un objetivo que eligió con cinismo, con el conocimiento de que no contraatacarían.

Acosar judíos estaba muy difundido en Europa en ese tiempo y la influencia perniciosa de los judíos hubiera sido un tema de conversación aceptado en todos los niveles de la sociedad austriaca. Varias sociedades y revistas antisemíticas promovían con franqueza privar del derecho al voto a los judíos y esparcían mentiras viciosas respecto a los ritos religiosos judíos, que se decía involucraban el sacrificio de niños cristianos. Incluso los políticos "respetables" se sentían seguros en expresar sus prejuicios irracionales en un foro público. En un discurso del parlamento de Viena, en 1887, Georg Schonerer buscó justificar sus puntos de vista.

"Nuestro antisemitismo no está dirigido contra la religión de los judíos. Está dirigido contra sus características raciales… en todas partes están en alianza con las fuerzas de la rebelión… Por lo tanto, todo hijo leal de esta nación debe ver en el antisemitismo el mayor avance nacional de este siglo".

"SE DEBE MATAR AL DRAGÓN DEL JUDAÍSMO INTERNACIONAL DE FORMA QUE NUESTRO QUERIDO PUEBLO ALEMÁN PUEDA LIBERARSE DE SU PRISIÓN".
Dr. Karl Lueger (1844-1910), Alcalde de Viena

En el caso de Hitler, parece que también culpaba a los judíos por su rechazo en la Academia de Arte de Viena. Esto sucedió en dos ocasiones diferentes, ya que volvió a solicitar el ingreso en octubre de 1908 y lo rechazaron sin pensarlo dos veces. En el segundo intento, la junta dio un vistazo superficial a sus dibujos de muestra y se negaron a permitirle hacer el examen de ingreso. Todavía abrigaba la esperanza de que le permitieran solicitar un lugar en la escuela de arquitectura, pero ésta se desvaneció al darse cuenta de que no podía cumplir con los requisitos mínimos para entrar, ya que no había completado su educación formal. Debió ser un golpe demoledor para su inflado ego cuando descubrió que funcionarios menores frustrarían todos sus planes. Tal vez le recordaron las primeras objeciones de su padre respecto a sus ambiciones artísticas. Incapaz de aceptar el hecho de que carecía de las habilidades que creía tener, culpó a la Academia por estar ciega a su genio.

Acosar judíos estaba muy difundido en Europa, al grado de que se convirtieron en chivos expiatorios para el descontento de Alemania.

Muchos años después admitió que había investigado los orígenes raciales del comité de admisiones y descubrió que cuatro de los siete miembros eran judíos. No dice cómo lo hizo. Pudo haber sido una simple rabieta de su parte, o pudo simplemente considerar que quienes tenían apellidos que sonaran judíos debían ser judíos. Entonces afirmó haber escrito una carta rencorosa al director de la Academia que terminaba con la siguiente amenaza: "¡Los judíos van a pagar por esto!".[7]

Furioso por el resentimiento, ahora dirigió sus energías contra quienes imaginaba le habían negado su vocación y al hacerlo, irónica y trágicamente, asegurar su lugar en la historia.

FILOSOFÍA PERVERTIDA

"De repente encontré una aparición en caftán negro y patillas levíticas. '¿Es esto un judío?', fue mi pri-

---

[7] Michael Musmanno, *Ten Days To Die.*

mer pensamiento. Ya que, por supuesto, no se parecía a los de Linz. Observé al hombre a hurtadillas y con cautela, pero entre más veía esta cara extranjera, inspeccionando rasgo por rasgo, más asumía mi primera pregunta una nueva forma. '¿Era esto un alemán?'".

Adolfo Hitler, *Mein Kampf (Mi lucha)*

El primer encuentro de Hitler con un judío ortodoxo en Viena despertó su paranoia innata y lo enfrentó con una raza en la cual podía proyectar sus sentimientos de falta de mérito y sus obsesiones sexuales malsanas.

"En todas partes empecé a ver judíos y entre más los veía, más se distinguían con claridad ante mis ojos del resto de la humanidad… empecé a odiarlos… dejé de ser un cosmopolita pusilánime y me convertí en antisemita".

Es un error creer que Hitler formó su ideología racista después de estudiar a grandes filósofos alemanes como Nietzsche, Hegel y Lutero. Carecía de la capacidad intelectual para seguir sus argumentos y con certeza era incapaz de formular teorías filosóficas propias. Lo que es más, no tenía paciencia para la literatura, y prefería divertirse con las historias de aventuras de niños de Rabautz el caballo y las populares historias del oeste de Karl May. Al contrario de las afirmaciones de Kubizek respecto a que Adolfo era un lector ávido (afirmación de la que se retractó después) no había libros de "valor intelectual humano" en su biblioteca, de acuerdo a Christa Schroeder, una de las secretarias particulares del Führer.

Tampoco citó Hitler a alguien como Hegel o Nietzsche en sus memorias, discursos o charlas de mesa informales, omisión que revelaba el hecho de que no estaba familiarizado con ellos. Todas sus ideas surgieron de segunda mano de las fuentes más engañosas… los folletos antisemitas y las publicaciones periódicas racistas "compradas por unos centavos" durante sus días de Viena, que sirvieron para reforzar sus prejuicios y gratificar su ansia de pornografía. Es claro por la naturaleza histérica de los textos, por los dibujos animales y las ilustraciones escabrosas, que estas publicaciones no eran tratados políticos, sino que tenían

Retrato del místico Guido von List.

el propósito de satisfacer los apetitos sádicos y sexuales de los lectores de sexo masculino.

Se ha afirmado que Hitler también recibió la influencia de los "místicos" *völkisch* Lanz von Liebenfels (1874-1954) y Guido von List (1865-1919), además de otros seudointelectuales que adoptaron nombres aristocráticos para ocultar sus orígenes dentro de la clase trabajadora. Pero no parece haber entendido su complicado razonamiento… sólo lo repetía mecánicamente. Las analogías entre List, Liebenfels y Hitler son similares en forma sorprendente, tanto que no hay duda de que Hitler tan sólo utilizó su impresionante facilidad para memorizar pasajes completos de los manifiestos de sus mentores.

PREJUICIOS Y PLAGIOS

Por ejemplo, en 1934, Hitler consideró por primera vez la forma en que Alemania podía impedir la "decadencia racial" y entonces sugirió: "¿Debemos formar una Orden, la Hermandad de los Templarios alrededor del Santo Grial de la sangre pura?". Era una frase que repetía casi palabra tras palabra el gurú sombrío Lieben-

fels, quien había escrito en 1913 lo siguiente: "El Santo Grial de la sangre alemana que se debe defender de la Hermandad de los Templarios". Hitler también robó frases clave de List y Liebenfels como "la conspiración judía internacional con cabeza de hidra", que aparecía con monótona regularidad en sus discursos y divagaciones informales.

Las teorías antisemitas y *völkisch* de Liebenfels estaban regadas en todas las páginas de su revista *Ostara*, de la que Hitler era un lector ávido. El periódico vienés antisemita, *Deutsche Volksblatt*, también alimentó la retórica de odio de Hitler. Pero Hitler encontró más que frases políticas y racistas en las rancias páginas de *Ostara* y *Volksblatt*. Artículos histéricos y mal informados sobre los temas de los derechos de las mujeres, homosexualidad, sífilis y castración le proporcionaron la justificación para su temor a la intimidad. Se presentaba "evidencia" en forma de diagramas craneales en apoyo a la creencia del panfletista de que las mujeres eran inferiores en el intelecto y que se podían identificar "los profesores idiotas excesivamente educados, asesinos de raza, idiotas educativos y sin carácter" por la forma de sus cráneos.

Se alentaba a los lectores a hacer la prueba biológica racial de *Ostara*, la cual asignaba puntos de acuerdo a las características físicas. Se ganaban 12 puntos por tener ojos azules, mientras que, como es predecible, se restaban puntos por ojos oscuros. Hombres altos, rubios de piel blanca y con la "nariz de la forma correcta" sacaban calificaciones altas (las mujeres eran inelegibles) y se les consideraba el ideal ario; a quienes estaban en valores medios con una calificación total de menos de 100 puntos se les llamaba "raza mixta" y a quienes estaban bajo cero se les condenaba como "simiescos".

Sólo podemos imaginar lo que Hitler debió haber pensado de la afirmación de Liebenfels de que "la fuerza erótica más importante y decisiva para la gente de la raza superior es el ojo".

ARIOS Y ATLÁNTIDA

Tanto List como Liebenfels declararon que estaba equivocado el punto de vista de la historia

Iniciación temprana: las suásticas proliferaron mientras la ideología nazi dirigía a los alemanes desde la cuna hasta la tumba.

y que el pueblo teutónico era descendiente de una raza superior conocida como aria, la cual sobrevivió a la destrucción de su patria, Atlántida, en el momento del Diluvio. De acuerdo a la visión revisionista de los dos "místicos", los arios habían perdido sus poderes intelectuales y físicos debido a la reproducción con seres primitivos inferiores durante varios milenios. Por lo tanto, era su deber volver a su lugar legítimo como la Raza Superior, expulsando a los *Untermenschen* (subhumanos) de Europa... conservar para sí la pureza de su línea de sangre. List y Liebenfels predijeron que marcaría el inicio de este Nuevo Orden la llegada de un Mesías, el cual dirigiría al pueblo alemán a una batalla apocalíptica final con las razas inferiores... de forma específica los eslavos, los negros y los judíos, a los que Liebenfels se refería como los "oscuros". List profetizó que los

"ario-germanos exigen un Führer autoelegido al que se someterán por voluntad propia". Si eso es cierto, el pueblo alemán consiguió al líder que deseaban y merecían. Es sorprendente que esta fantasía juvenil absurda circulara como un hecho en Alemania y Austria en los años anteriores a la Primera Guerra Mundial.

Al adoptar la mitología de los "místicos" völkisch (ya que les gustaba pensar que lo eran, a pesar de que no tenían valores espirituales de ningún tipo), Hitler se rodeó de un manto de pseudofilosofía y respetabilidad, y al fin encontró un centro de atención para su neurosis. También consiguió un símbolo potente que se iba a convertir en el emblema del Partido Nazi y su brutalidad... la esvástica. Tanto List como Liebenfels abogaron por la adopción de la *Hakenkreuz* (cruz ganchuda) como emblema del poder ario (un símbolo nórdico antiguo del fuego primitivo de donde evolucionó el universo), mientras que List promovía la runa sig doble del alfabeto nórdico como símbolo de pureza racial, símbolo que adoptarían como insignia las odiadas SS.

Otra influencia perniciosa en el joven Hitler fue el "filósofo" racista Theodor Fritsch (1852-1934), cuyo *Manual de la cuestión judía* "estudió intensamente". De nuevo, el texto no estaba al mismo nivel intelectual de Nietzsche o Hegel. Era tan sólo una colección de ensayos cortos que acusaba a los judíos de los peores crímenes en la historia, junto con una sección de fragmentos que parecían antisemitas, atribuidos a autores famosos, que el político habría memorizado para apoyar sus propios puntos de vista. El rabioso ataque de Fritsch a Heine, el poeta y ensayista del siglo XIX, es en verdad típico de su lógica pervertida.

"En Heine se nota que dos fuerzas luchan entre sí. Es como si una parte del espíritu teutónico en su interior estuviera tratando de ascender a alturas más ideales, mientras que los judíos de repente lo jalaran de nuevo hacia abajo, hacia la ciénaga en que entonces se revuelca con placer y se burla de todos los ideales".

Lo que es notable en particular respecto a Fritsch es su ataque frenético a Freud, al que acusa de intentar "destruir el alma alemana...

Abril de 1936. Los miembros del Sindicato de Panaderos en Berlín parecen más bien solemnes mientras exhiben el fruto de su trabajo: un pastel enorme para celebrar el cumpleaños 47 del Führer.

y la familia alemana". Hitler aprovecharía esa idea en particular, ya que minimizaba la autoridad y los conocimientos de la ciencia emergente del psicoanálisis, que hubieran hecho que un hombre con su catálogo de complejos se sintiera incómodo sin duda.

WAGNER

Tal vez la influencia más insidiosa de todas en la ideología nihilista de Adolfo Hitler y su Partido Nazi fue la del compositor Ricardo Wagner (1813-83). Sin duda, Wagner fue un genio musical, pero como hombre, según el decir de todos, era tan detestable como Hitler. De hecho, ambos hombres compartieron muchas de las mismas características, de manera que nos vemos obligados a preguntarnos si la admiración de Hitler se intensificó gracias a que se identificaba con su ídolo. Como admitió el mismo Hitler: "Tengo la familiaridad más íntima con los procesos mentales de Wagner".[8]

Ambos hombres eran intolerablemente tercos y obsesionados con ellos mismos y ambos estaban enamorados del sonido de sus propias voces. Ambos se consideraban expertos en una amplia variedad de temas, pero sus escritos y sus conversaciones grabadas revelan que sólo tenían una comprensión superficial de lo que estaban comentando y no podía ofrecer conocimientos de valor. Como hizo notar Robert Waite, autor de *El Dios psicópata*, si su reputación e influencia hubieran dependido sólo de sus obras escritas, se les hubiera rechazado como excéntricos racistas. Waite también hace notar que ambos hombres escribieron una "prosa deplorable", que era tan complicada y deficiente en la gramática que a menudo sus traductores se veían obligados a rendirse y apoyarse en el alemán original.

Esta característica atestiguaba su modo irracional de pensar más que su falta de educación… aunque en el caso de Hitler, su espantosa gramática y ortografía siguieron siendo demasiado malas para un líder político moderno.

Waite sugiere que ambos hombres pudieron adoptar una exagerada imagen de machos con el fin de ocultar su homosexualidad latente. Wagner se ponía vestidos de seda rosa y componía entre nubes de perfume, mientras que Hitler blandía una fusta… una vez golpeó a su perro con ella para impresionar a una admiradora. Ambos hombres también mostraban desenfado infantil cuando estaban satisfechos y rabietas para llamar la atención cuando no se salían con la suya. Pero tal vez la obsesión más

> "SOY EL HOMBRE ALEMÁN, SOY EL ESPÍRITU ALEMÁN".
>
> *Richard Wagner*

significativa que compartían era sus sospechas de que sus verdaderos padres fueran judíos. Con el fin de borrar ese temor, denunciaron a los judíos con más vehemencia que cualquier otro antisemita. En ninguno de los casos se probó jamás su ascendencia judía, pero la posibilidad los atormentó hasta el final de sus días.

NATURALEZA TURBULENTA

Bajo toda la pompa y el esplendor nacionalistas de las óperas de Wagner, que ensalzaban las virtudes y heroísmo alemanes, se encontraba su obsesión con el incesto y el empalagoso amor materno. Estos temas y trasfondos, que bordeaban lo edípico, debieron ser claros para Hitler, para quien la música de Wagner era casi religiosa y terapéutica en el aspecto emocional. Como comentó Kubizek: "La música de Wagner producía en él ese escape a un sueño místico que necesitaba con el fin de soportar las tensiones de su naturaleza turbulenta".

Los panfletistas racistas habían politizado al joven Hitler, pero las palabras de Wagner sobre la llegada de un héroe alemán lo habían enardecido con un celo misionario. Habría un nuevo Barbarroja, afirmó Wagner, que restauraría el honor alemán y barrería la democracia parlamentaria, a la que descartaba como engaño franco-judío. El hombre era una bestia de presa, escribió Wagner, y las grandes civilizaciones se fundaron mediante la conquista y el sometimiento de razas más débiles.

Aunque los apologistas de Wagner sostienen que sus desvaríos no nos deben impedir disfrutar su música, se tiene que recordar que fue Wagner quien propuso por primera vez la idea de una "solución final" para la "cuestión judía". Puede haber poca duda respecto a lo que estaba proponiendo; ya que habló de un tiempo en el que no habría más judíos, a los que llamó "el enemigo de la humanidad".

Así era la diatriba inmoderada del artista que se podía permitir vivir en un mundo de

---

[8] Hermann Rauschning, *The Voice of Destruction*.

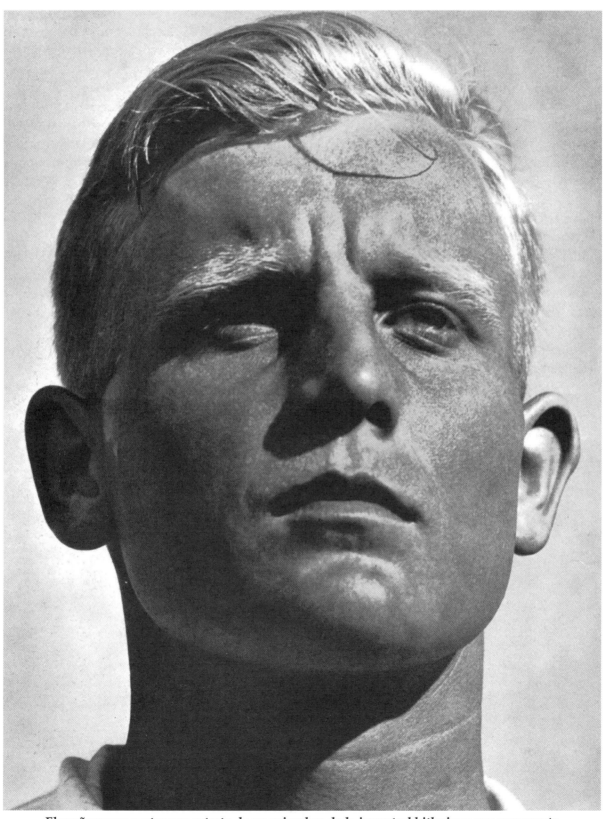

El mañana me pertenece: retrato de un miembro de la juventud hitleriana que representa el tipo ario ideal tan amado por la ideología racista nazi y al que Hitler se parecía muy poco.

fantasía de su propia creación. Hitler tomó al pie de la letra las palabras de su ídolo y juró dirigir esa lucha entre los superhombres teutónicos y los subhumanos, o perecer en el proceso.

EL DESERTOR

El resultado inmediato de la exposición de Hitler a los panfletos racistas fue inscribirse, junto con su amigo Kubizek, en la Liga Antisemita Austriaca. Para Hitler, Viena ya no era la capital cultural de su país, sino una "Babilonia racista" plagada de judíos.

Pero antes de que empezara a predicar su nueva fe, se enteró de que lo iba a arrestar el ejército austrohúngaro por evadir el servicio militar obligatorio. Así que en mayo de 1913 huyó a Múnich, donde encontró habitaciones cómodas y bien amuebladas sobre una sastrería en Schwabing, el distrito artístico, por sólo 20 marcos al mes. Su ingreso promedio en ese tiempo era de 100 marcos al mes, lo cual satisfacía muy bien sus necesidades diarias. Para

conseguirlo vendía sus pinturas a un precio de entre 10 y 20 marcos cada una. Según él mismo admite fue el periodo de su vida "más feliz y más satisfactorio". Pero el 18 de enero del siguiente año, las autoridades austriacas por fin lo encontraron. Lo arrestaron como desertor y lo llevaron al consulado austrohúngaro para que explicara el no haberse presentado para el servicio militar.

Hitler debió protagonizar un espectáculo patético y actuar la parte del *Nebbish* (un tonto sincero, pero inofensivo) al máximo, ya que tuvo éxito en persuadir al cónsul general de que "merecía trato considerado". Lo liberaron con la condición de que se presentara en la Comisión Militar de Salzburgo para evaluación. El 5 de febrero de 1914, la comisión lo declaró inapropiado para el servicio militar debido a una dolencia no especificada y lo rechazaron.

Volvió a la vida fácil y a sus habitaciones sobre la sastrería hasta agosto, cuando el viejo mundo de imperios llegó a un final repentino y violento.

CAPÍTULO CUATRO
TIEMPOS TURBULENTOS

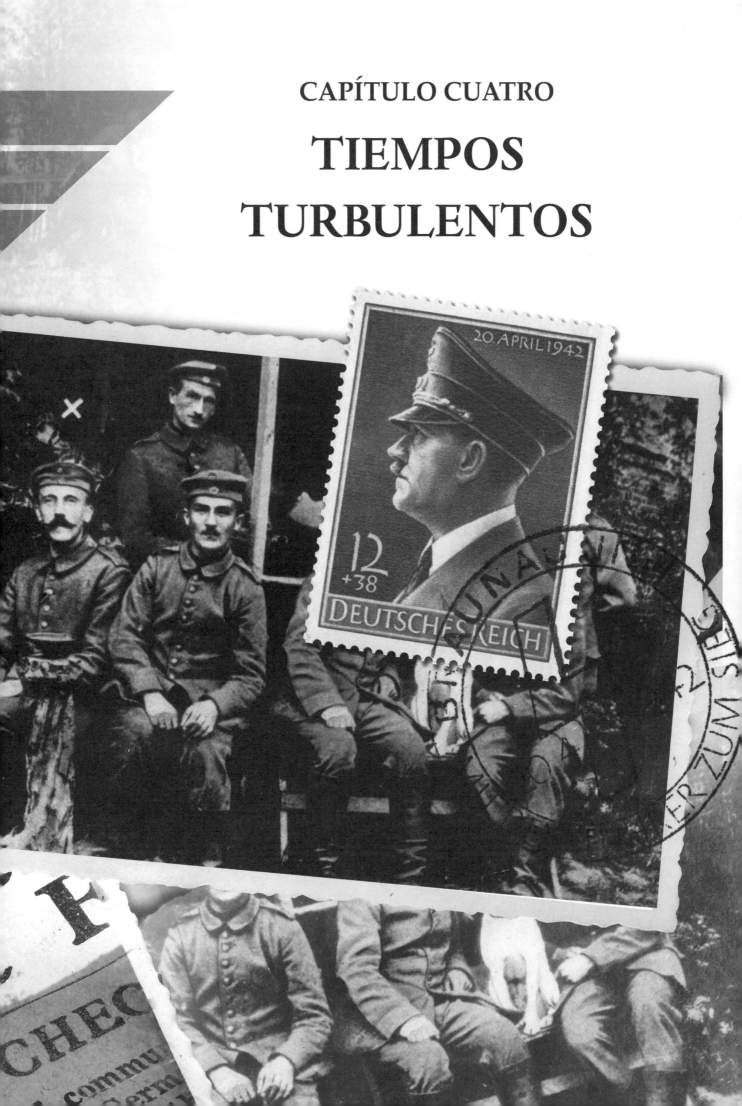

GUERRA DECLARADA

Existe una famosa fotografía que se le tomó a la multitud en la Odeonplatz de Múnich el día en que se declaró la guerra en agosto de 1914. Entre las miles de personas que vitoreaban se encuentra Adolfo Hitler, de 25 años de edad, captado en un momento de euforia. Sin duda, sus compañeros ciudadanos compartían su patriotismo y la creencia de que la próxima guerra era justa y bien podía terminar para Navidad. Pero para Hitler la guerra que se aproximaba no era sólo para vengar el asesinato del archiduque austriaco o para apoyar a un aliado: era la "liberación" de una vida monótona y sin aspiraciones y como tal le dio un nuevo sentido.

Captan al jubiloso Hitler entre la multitud cuando anunciaron la guerra en 1914.

"Esas horas llegaron como una liberación de la angustia que pesaba sobre mí durante los días de mi juventud. No estoy avergonzado de decir que, llevado por el entusiasmo del momento, me dejé caer de rodillas y agradecí al cielo desde lo profundo de mi corazón por otorgarme la buena fortuna de que se me permitiera vivir en un momento así".[9]

La guerra también le dio una sensación de identidad y la oportunidad de vengar la violación de su patria.

Hitler tuvo una "buena" guerra en todo sentido. Ganó un ascenso a cabo en el Regimiento List y su valor le hizo ganar una Cruz de Hierro de Segunda Clase en 1914 y una Cruz de Hierro de Primera Clase en 1918; pero no le agradaba a sus compañeros. No lo ascendieron a un grado superior porque los oficiales sabían que los hombres no seguirían sus órdenes.

EL CUERVO BLANCO

Había algo extraño en el comportamiento de Hitler que hacía que sus compañeros lo rechazaran. Uno recordó que veía su rifle "con placer, como una mujer ve sus joyas". Lo llamaron "cuervo blanco" ya que nunca se reía o bromeaba, a menos que fuera en respuesta a infortunios de otros. Hitler despreciaba a sus compañeros por su falta de patriotismo y de respeto por sus oficiales, y ellos a su vez desconfiaban de él porque se mantenía distante y no hacía esfuerzo alguno por participar.

Había algo inquietante en su limpieza compulsiva, que llegaba a niveles de manía, y su aversión casi religiosa a fumar, beber y a las mujeres. En el batallón se le conocía como "el enemigo de las mujeres" y era común que les diera conferencias sobre los peligros de las relaciones interraciales. En cualquier oportunidad ha-

9 Adolfo Hitler, *Mi lucha.*

En los márgenes: Hitler (a la izquierda, señalado con una cruz) con sus compañeros soldados durante la Primera Guerra Mundial. Se mantenía aislado de sus compañeros, pues sentía que les faltaba respeto por sus oficiales y por su patria.

blaba sin parar de los males del marxismo, la masonería y la Conspiración Internacional Judía para entretenimiento de sus compañeros, que lo provocaban a propósito con el fin de aliviar el tedio de la vida en las trincheras.

"Lo maldecimos y lo encontramos intolerable", recordó un compañero, el cual estaba desconcertado por la misteriosa habilidad de Hitler para evadir la muerte segura. Una y otra vez escapaba ileso de un bombardeo fuerte o surgía indemne de un enfrentamiento en el que mataban o herían a otros.

Las cartas y tarjetas que escribió desde el frente son rígidas y formales, sin revelar nada

> "SE ESTÁN APAGANDO LAS LUCES EN TODA EUROPA. NO SÉ SI LAS VOLVEREMOS A VER EN NUESTRA VIDA".
> *Edward Grey, primer vizconde de Fallodon* [10]

del carácter de quien escribía… sólo obsesiones. En su correspondencia a su casero, y al panadero que ofendió su sensibilidad al enviarle un paquete de comida, Hitler advierte de "un mundo de enemigos" y repite su inquebrantable creencia de que se le había perdonado milagrosamente para cumplir con una misión especial. No hay esbozo de humanidad, sólo de sus neurosis.

Incluso después de que lo hiriera una metralla en el hombro, en octubre de 1916, Hitler rogó poder volver al frente de manera que pudiera pasar Navidad solo ahí en el cuartel, donde

---

[10] Edward Grey (1862-1933) fue un estadista británico.

Hitler en uniforme de campo, aproximadamente en 1915: encuentros cercanos con la muerte alimentaron su sensación de estar destinado.

servía como mensajero. Ya desde que su madre había muerto, se había asegurado de estar solo en Navidad, práctica que continuaría incluso después de subir al poder. De esa forma en el día más festivo del año podía jugar al mártir al máximo.

APUÑALADO POR LA ESPALDA

Cuando se anunció el armisticio en noviembre de 1918, Hitler estaba en el hospital Pasewalk, Pomerania, donde se estaba recuperando de los efectos del gas cloro inhalado durante la batalla de Ypres el mes anterior. La derrota era algo que sencillamente no podía comprender, a pesar de que los Aliados ahora tenían a los estadunidenses de su lado. Era intolerable pensar que Alemania se había rendido después de todas las privaciones y sacrificios que había soportado.

"Todo empezó a ponerse negro de nuevo ante mis ojos. Tropezando, busqué a tientas el camino de vuelta a la sala, me arrojé en mi cama y enterré mi cabeza ardiente en la colcha y las almohadas. No había llorado desde el día que estuve frente a la tumba de mi madre".

Fue entonces que nació el mito de los "Criminales de Noviembre". Los soldados alemanes que no podían creer que sus todopoderosas fuerzas armadas habían sido derrotadas empezaron a hablar de ser "apuñalados por la espalda" por los derrotistas en la patria.

"Pudimos haber llevado la lucha a una conclusión favorable si… hubiera existido cooperación entre el ejército y los que se quedaron en la patria. Pero aunque el enemigo mostraba una voluntad mayor por lograr la victoria, los intereses de partido divergentes empezaron a mostrarse entre nosotros… No se debe culpar al núcleo sólido del ejército… Es bastante claro en quien recae la culpa". (General Hindenburg, noviembre de 1919).

VERSALLES

Los términos excesivamente duros del Tratado de Versalles, que impuso reparaciones punitivas a Alemania en junio de 1919, prepararon el terreno en el que se enraizarían el extremo nacionalismo y el amargo fruto del fanatismo. Los términos que contenían la pérdida de todas las colonias del extranjero, la entrega de Alsacia y Lorena a Francia y la ocupación de región de Sarre y Renania por su importancia estratégica, tenían la intención clara de castigar y humillar a Alemania, a la que se exigía aceptar toda la culpa por las hostilidades.

En total, los vencedores tomaron 13% del territorio alemán, lo que significó que de la noche a la mañana 6 millones de alemanes perdieron su ciudadanía. Como si fuera poco, 20% de las industrias alemanas de carbón, hierro y acero se las apropiaron los vencedores y el ejército alemán se redujo a 100 000 hombres… una fuerza que hubiera sido insuficiente para defender Berlín. Los británicos confiscaron la mayor parte de la armada alemana y se le prohibió a Alemania poseer submarinos, tanques y artillería pesada; ademas se le prohibió formar una fuerza aérea. De hecho, despojaron a Alemania de sus bienes, le negaron los medios

Depresión y desesperación: después de la Primera Guerra Mundial, Berlín estaba en la indigencia y el estado de ánimo era sombrío. Pronto se iniciaron las peleas en las calles entre los partidadarios de izquierda y derecha, y los nazis empezaron a prepararse para llegar al poder.

para defenderse y le cobraron el daño y sufrimiento que había causado... que se valoraron en 6 600 millones de libras en 1921.

Los términos del tratado no eran negociables. Fue, como dicen los franceses, un *fait accompli*, o un *Diktat*, como lo llamaron los alemanes (una paz impuesta). Para poner sal en la herida, también se negó la admisión de Alemania a la recién formada Liga de Naciones, lo que daba a entender que la nación como un todo no era de confianza, ni siquiera en una empresa tan cooperativa.

NACIMIENTO DE UNA REPÚBLICA

"Tiempos extremos requieren medidas extremas". Era el sentimiento con el que millones de ciudadanos alemanes racionalizaron su decisión de votar por el Partido Nazi en la década de 1920... y con cierta justificación. En el perio-

do posterior a la Primera Guerra Mundial, Alemania se estaba haciendo pedazos. Durante las últimas semanas de la guerra, los generales habían persuadido al káiser Guillermo II que transfiriera el poder al Reichstag (el Parlamento alemán) de manera que pudieran culpar a los políticos por su derrota. El 3 de octubre de 1918, el príncipe Max von Baden formó un nuevo gobierno y ese mismo día pidió un armisticio a los Aliados. El pueblo alemán quedó aturdido por la repentina rendición, ya que los informes de periódico afirmaban que sólo era necesario "un empujón más" para asegurar la victoria final.

La reacción inmediata de las tropas fue amotinarse. Los marinos se apoderaron del puerto de Wilheishaven y de la base naval de Kiel, además de otras instalaciones clave en todo el país, mientras que ayuntamientos elegidos a la

Una nación alborotada: se ve a soldados y marinos revolucionarios manteniendo bajo control a las multitudes en 1919, durante una manifestación afuera del Palacio Imperial.

carrera, que estaban compuestos por soldados y trabajadores, tomaban el control de las ciudades importantes. En Baviera, los radicales del ala izquierda declararon una república socialista y una serie de huelgas y manifestaciones paralizaron Berlín. Entonces, en un esfuerzo por restablecer el orden, el káiser abdicó y se formó un nuevo gobierno bajo Friedrich Ebert. En enero de 1919, se realizaron elecciones para una nueva Asamblea Nacional y en el siguiente mes se reunieron los miembros en la ciudad de Weimar, después de lo cual Ebert declaró que ya no existía la Alemania Imperialista. El país era ahora una república y él era su presidente.

UNA EPIDEMIA DE EXTREMISMOS

Pero el nacimiento de la república fue difícil, por decir lo menos. Durante los primeros cinco años de su vida, le dio una sucesión de revoluciones armadas e intentos de golpe de estado, ya que extremistas de todos los lados del espectro político luchaban con violencia por el control. La respuesta del gobierno fue la formación de Freikorps... voluntarios armados que actuaban bajo las órdenes de antiguos oficiales del ejército. Se les permitió actuar con libertad y disparar a cualquiera de quien sospecharan que apoyaba a los insurgentes. Se vivió anarquía en las calles con el ejército de un lado y los trabajadores del otro. Se paralizaron transportes y comunicaciones en un esfuerzo por forzar a renunciar a los Freikorps. Esta situación intolerable culminó con el llamado Kapp Putsch de marzo de 1920, el cual sólo terminó cuando millones de trabajadores alemanes dejaron sus herramientas. Esto fue suficiente para que los líderes del levantamiento, Wolfgang Kapp y el general von Luttwitz, huyeran a Suecia.

Entonces Ebert exigió que se disolvieran los Freikorps, lo cual sólo enardeció a los radicales del ala derecha. Prometieron seguir luchando, y con ese fin formaron organizaciones clandestinas y escuadrones de asesinatos, que llevaron a que se produjeran 354 asesinatos para finales de 1923. Es mentira que Hitler y los nazis fueron los únicos responsables de incitar al extremismo del ala derecha en Alemania en ese tiempo, ya que el nacionalismo extremo había alcanzado entonces proporciones epidémicas en la república de Weimar. Un ingenioso lo describió como "una república con pocos republicanos".

El ejército como un todo simpatizaba con la derecha y, por lo tanto, no se podía confiar en él para apoyar al gobierno, mientras que los jueces trataban a los extremistas del ala derecha con extraordinaria indulgencia, socavando el imperio de la ley.

La situación se volvió incluso más intolerable por el hecho de que después de 1920, la república fue dirigida por gobiernos de coalición que no sólo estaban todo el tiempo en desacuerdo, sino que luchaban por evitar que comunistas y nacionalistas ejercieran influencia alguna en la política. No es sorprendente que en una situación tan imprevisible e inestable el lema fuera pedir un "hombre fuerte" para traer orden al caos.

En 1925, eligieron como presidente de la república al avejentado mariscal de campo Paul Hindenburg en un esfuerzo por restaurar la confianza en la administración pública. Sin embargo, no era un secreto que Hindenburg no apoyaba la república, sino que, de hecho, favorecía la restauración de la monarquía y la vuelta del káiser. En esto lo apoyaban los nacionalistas, que entonces eran el segundo Partido más grande en el parlamento, además de la administración pública, los industriales, los jueces y, lo más significativo, el ejército.

UNA ABSURDA Y PEQUEÑA ORGANIZACIÓN

Muchos hombres que sobrevivieron a los horrores de la guerra de trincheras volvieron amargados y desilusionados de la llamada

"guerra para terminar las guerras", pero Hitler volvió a Múnich más amargado que la mayoría. No sólo hicieron pedazos su creencia en la supremacía alemana, sino que se adhirió al mito de que la verdadera razón de la derrota no estuvo en el campo de batalla, ni siquiera en los cuarteles generales, sino en la anónima confabulación de conspiraciones que no tenían la determinación para continuar la guerra de desgaste. Al ser paranoico, tomó la traición como algo personal y prometió vengarse. No tuvo que esperar mucho, ya que en septiembre de 1919, sus superiores del ejército lo asignaron para informarse sobre un pequeño partido político. La idea era que asistiera a las reuniones en función de *Vertrauensmann* (el "representante de confianza" del ejército).

"Fue un tiempo en que cualquiera que no estuviera satisfecho con los acontecimientos… se sentía obligado a formar un nuevo partido. En todas partes surgían organizaciones de ese tipo de la nada, sólo para desaparecer en silencio después de un tiempo. No consideré que el Partido Alemán de los Trabajadores fuera diferente".

El Deutsche Arbeiterpartei (DAP) era una colectividad dispareja de radicales clandestinos con agenda racista, afiliación de menos de 60 y pocas posibilidades de causar algún efecto en la política local. Lo había fundado Anton Drexler, maquinista, y Karl Harrer, periodista, con la intención de crear un movimiento nacional que mejoraría la suerte de los trabajadores. Sin embargo, ninguno de ellos tenía talento para hablar en público o para organizar.

Escogieron a Hitler para asistir a una reunión en la cervecería Sterneckerbrau, en el distrito de la ciudad, donde el DAP había invitado a un experto autoproclamado en economía para hablar sobre el tema de "esclavitud por beneficio". Cuando terminó, una persona del público se levantó para exponer el caso de la soberanía bávara, que era un tema espinoso, pero de actualidad en ese momento. Esto

> "FUE UN TIEMPO EN QUE CUALQUIERA QUE NO ESTUVIERA SATISFECHO CON LOS ACONTECIMIENTOS… SE SENTÍA OBLIGADO A FORMAR UN NUEVO PARTIDO".

indignó a Hitler, el cual surgió de entre las sombras para callarlo. Fue su convicción inexpugnable más que la fuerza de su argumento lo que impresionó a Drexler, Harrer y al pequeño público. Todos estuvieron de acuerdo en que Hitler era un orador excelente; era emotivo y tenía una actitud intimdate que no permitía desacuerdos.

Cuando terminó la reunión, Drexler puso un folleto en la mano de Hitler titulado "Mi despertar político". A la siguiente mañana, Hitler lo leyó con interés, mientras estaba recostado en su catre en las barracas.

Más tarde el mismo día, recibió una invitación por escrito para que se uniera al partido, pero en ese momento no tenía la intención de hacerlo. Más adelante afirmó que había pensado con seriedad formar su propio partido político y que sólo asistió a la segunda reunión con el fin de decirle al comité que no tenía intención de unirse a su "absurda y pequeña organización".

En la segunda reunión, en Alte Rosenbad, en Herrenstrasse, se estaba discutiendo el lamentable estado de las finanzas del partido en medio del olor a cerveza y humo de cigarrillo rancio. Como Hitler recordó más adelante en *Mi lucha*: "A la luz deprimente de una pequeña lámpara de gas estaban sentadas cuatro personas ante una mesa… Se leyeron las minutas de la última reunión y el secretario dio un voto de confianza. Luego vino el informe de tesorería… en total, el partido poseía siete marcos y cincuenta céntimos… por los cuales el tesorero recibió un voto de confianza. También se agregó a las minutas… ¡Terrible, terrible! Era la vida de un club del peor tipo. ¿Me iba a unir a una organización así?".

La palabra: **pintura de propaganda de Hitler hablando en Sterneckerbrau…. De un inicio tan pequeño amplió la organización del Partido Nazi hasta que se convirtió en la entidad gobernante.**

En su muy embellecida narración de esa fatídica reunión, Hitler describió cómo luchó con su conciencia por días, antes de decidir unirse, pero al final se sometió al destino. De hecho, su superior, el teniente Mayr, le ordenó unirse al partido, cuando se dio cuenta que la organización del ala derecha tenía el potencial para atraer exsoldados y trabajadores alejándolos de los comunistas, a los que se les consideraba una amenaza para el ejército y la estabilidad del estado alemán.

APROVECHAR EL MOMENTO

En enero de 1920, Hitler se inscribió como el miembro 55 del DAP. Más tarde lo cambiaron al número 7 para que pareciera que había estado desde el principio. Otro de los primeros miembros fue el dramaturgo Dietrich Eckhart, cuya adicción a la morfina y al alcohol le había ganado una permanencia forzosa en un manicomio, donde logró atraer a los pacientes a escenificar sus obras. Eckhart fue una influencia inicial y significativa para Hitler. Lo adiestró en el arte de hablar en público, reescribió sus discursos y artículos para mejorar su gramática deficiente y lo presentó a amigos adinerados, los cuales se volvieron patrocinadores del partido con la esperanza de que ayudaría a sus intereses. Pero Eckhart no vivió para ver que el partido tomara el poder. Murió tres años después, como adicto sin arrepentimiento. Sus últimas palabras iban a adquirir un significado que no es posible que haya previsto.

"No lloren por mí ya que he influido en la historia más que cualquier otro alemán".

Durante los primeros meses de su afiliación, Hitler se dedicó a escribir a máquina invitaciones a reuniones que tenían lugar en un sombrío cuarto interior en Sterneckerbrau, sólo para ver a los mismos siete miembros tomar su lugar en la sala vacía. Frustrado, puso un anuncio en un periódico local y se emocionó cuando se presentaron más de cien personas. Estaba tan encantado que ignoró las objeciones de Harrer y presentó un discurso improvisado, que recibieron con gran entusiasmo. Al siguiente mes, para horror de los otros miembros del comité, Hitler organizó una reunión en Hofbrauhaus,

que podía contar con 2000 personas. Harrer estaba tan furioso que renunció, afirmando después que fue el antisemitismo de Hitler lo que lo forzó a marcharse. Pero para sorpresa de todos, la reunión tuvo un enorme éxito. El orador invitado era otro excéntrico "experto" en economía y el público cada vez más inquieto recibió sus teorías con un silencio sepulcral. Aprovechando el momento, Hitler se puso en pie y empezó una diatriba contra los "criminales de noviembre" y los judíos.

"Se produjo una lluvia de gritos, se dieron violentos enfrentamientos en la sala… Después de media hora, los aplausos empezaron a ahogar los gritos y alaridos… Cuando, después de cuatro horas, la sala se empezó a vaciar, supe que los principios del movimiento que ya no se podían olvidar, estaban saliendo hacia el pueblo alemán".

Entonces se cambió el nombre al partido… se convirtió en el Partido Nacionalsocialista Obrero Alemán (Nationalsozialistische Deutsche Arbeiterpartei o NSDAP, de donde surge la palabra "nazi"). Su manifiesto, parte del cual se puede ver aquí, se sacó en su mayor parte del discurso de Hitler de ese día, el 24 de febrero de 1920.

Programa del Partido Nacionalsocialista Obrero Alemán

1. Basados en el derecho de la autodeterminación nacional pedimos la construcción de una Gran Alemania que reúna a todos los alemanes.
2. Pedimos la igualdad de derechos para la nación alemana respecto a las otras naciones y la abrogación de los tratados de Versalles y Saint-Germain.
3. Pedimos tierra (colonias) para alimentar a nuestro pueblo y reabsorber nuestro exceso demográfico.
4. Únicamente camaradas raciales pueden ser ciudadanos. Sólo una persona de sangre alemana, sin importar su confesión religiosa, puede ser camarada racial. Por lo tanto, ningún judío puede ser camarada racial.
5. Los no ciudadanos no pueden vivir en Alemania, sólo estarán como huéspedes,

y deben someterse a la jurisdicción sobre extranjeros.

6. Por lo tanto, pedimos que todo puesto público, sin importar de qué tipo y sin importar que sea nacional, estatal o local sólo pueda ser ocupado por ciudadanos. Nos oponemos a la corrupta práctica parlamentaria de hacer concesiones a los partidos, sin preocuparse ni del "carácter ni de las capacidades", para los nombramientos a puestos oficiales.

7. Pedimos que el estado convierta en su deber principal proporcionar medios de vida para todos sus ciudadanos. Si resulta imposible alimentar a toda la población, se deberá expulsar a los miembros de naciones extranjeras (no ciudadanos) de Alemania.

8. Se debe impedir cualquier nueva emigración de no alemanes. Pedimos que se obligue a todos los no alemanes que entren a Alemania después del 2 de agosto de 1914 a abandonar de inmediato el Reich.

9. Todos los ciudadanos tienen los mismos derechos y los mismos deberes.

10. El primer deber de todo ciudadano es realizar trabajos físicos o intelectuales. La actividad del individuo no debe de ser perjudicial a los intereses de la colectividad y debe ejercerse en el marco de ésta y en beneficio de todos.

Entre los 15 puntos restantes del manifiesto estaban promesas para terminar con todas las rentas (es decir, intereses en ahorros y dividendos de acciones), confiscar los beneficios de guerra, nacionalizar las corporaciones y tiendas departamentales, promover la salud a gran escala y la reforma educativa, y poner

DINERO, DINERO, DINERO

Si se puede hablar de un factor único que inclinó la balanza a favor de los nazis durante los años de Weimar, fue la inflación desenfrenada en la que los alemanes ordinarios pagaban por una barra de pan lo que alguna vez fue el sueldo de un mes. Los clientes que llevaban carretillas llenas de marcos del Reich casi sin valor se volvieron algo común en pueblos y ciudades alemanes, algo que les hizo comprender la naturaleza precaria de su economía y la inoperancia de su gobierno. Los salarios se devaluaban de la noche a la mañana y desaparecían los ahorros. Los empleadores se veían obligados a pagar a sus trabajadores dos veces al día, de manera que pudieran comprar alimento y bebida para sus familias antes de que el marco perdiera más de su valor.

El problema había tenido su causa en el káiser, quien había pedido prestado mucho dinero para tener fondos para la guerra, pero esto se exacerbó gracias al gobierno republicano que imprimía más dinero del que la economía podía manejar, con el fin de hacer el balance de sus libros. Para la primavera de 1923, estaban gastando siete veces más de lo que recibían en rentas públicas, viéndose obligados a comprar carbón en el extranjero. Los franceses habían ocupado el Ruhr, ya que el gobierno alemán había admitido que no se podía permitir hacer más pagos de reparación. En julio de 1914, cuatro marcos equivalían más o menos a un dólar de Estados Unidos. Para el final de la guerra, se necesitaban el doble de marcos para comprar un dólar. Para enero de 1923, un dólar compraría casi 18 000 marcos y para el final de ese año, un dólar valía 4 200 millones de marcos. En diciembre de 1918 un marco podía comprar dos barras de pan. Para diciembre de 1922, una barra costaba 165 marcos y en menos de un año el precio de una barra había subido a 1 500 000 marcos. Los alemanes perdieron la paciencia con sus representantes electos y en el pánico reinante creyeron que todo era mejor que seguir igual. En un estado así estaban preparados para dejar de lado las críticas que se pudieran tener de los "excesos nazis" y estaban dispuestos a darles a los nacionalistas extremos una oportunidad.

Tiempo de partido: En 1936 el NSDAP tuvo su reunión anual en la ópera de Múnich. En la primera fila están miembros del sanctasanctórum de los nazis, entre ellos Hess, Goebbels, Hitler y Goering.

a la prensa bajo el control del estado, ya que se decía que la debían dirigir sólo "camaradas raciales". Nadie puede decir que no estaban advertidos. Incluso en sus primeros días el partido no intentó esconder su racismo virulento. El manifiesto terminaba con una petición de un "fuerte poder central" con "autoridad incondicional sobre todo el Reich".[11]

En el verano de 1920, Hitler adoptó la suástica como símbolo del NSDAP. Lo que una vez fue un emblema de unidad en la tradición esotérica, ahora se convirtió en la insignia del fanatismo. Se piensa que Hitler debió verla empleada como emblema de los partidos antisemitas austriacos, o tal vez adornando los cascos de

los Freikorps que marcharon a Múnich para detener el Kapp Putsch. Cualquiera que fuera la fuente, Hitler fue lo bastante astuto para insertar a su nuevo símbolo entre los elementos de la tradición al colocar la cruz ganchuda negra en un círculo blanco con borde rojo... los colores de la antigua Prusia Imperial.

"En el rojo vemos el ideal social del movimiento, en el blanco la idea nacionalista, en la suástica la misión de la lucha por la victoria de los arios".

Pero engañó a pocos, ya que tiempo después los nazis revelaron su verdadera naturaleza al escenificar el desastroso Putsch de Múnich.

LA BANDA DE HITLER
Rudolf Hess fue el primero de los acólitos de Hitler en unirse al partido. Había servido con Hitler en la Gran Guerra, pero no había lo-

---

[11] El programa se sacó en su mayor parte del discurso de Hitler de ese día, 24 de febrero de 1920.

grado impresionar a su futuro líder. Fue sólo después de que escuchó a Hitler hablar en un mitin en 1921 y le entregó un ensayo que ensalzaba las cualidades del líder alemán ideal, que lo recibieron en el redil. Escribió: "Sólo un hombre del pueblo puede establecer su autoridad… Él no tenía nada en común con la masa: como todo gran hombre era todo personalidad… Cuando lo ordena la necesidad, no vacila ante un baño de sangre… Con el fin de alcanzar su meta, está preparado para pisotear a sus amigos más íntimos…".

Hitler se sintió halagado de que lo retrataran en esos términos y de inmediato ofreció al antiguo estudiante de economía de 26 años de edad el papel de secretario. Hess estaba fuera de sí de alegría, como un hombre "abrumado por una visión". Volvió a casa con su esposa repitiendo una y otra vez: "¡El hombre!, ¡el hombre!". Había encontrado al amo para el que había nacido para servir.

Es tentador comparar la relación del ceñudo Hess con Hitler, el maestro del mesmerismo, con el del Cesare cataléptico con Caligari en el clásico del cine expresionista mudo alemán: *El gabinete del Doctor Caligari*. La película se escenifica en una feria, donde el doctor Caligari exhibe a Cesare, un sonámbulo. En la noche, todavía profundamente dormido, Cesare asesina en silencio a los habitantes de la ciudad cercana por órdenes de su amo.

De hecho, uno de los profesores de Hess, en la universidad de Múnich, describió la mirada desconcertante de su alumno como "de sonámbulo" y recordó que Hess era extraordinariamente "lento" y "aburrido". Hitler valoraba la obediencia incondicional de Hess y su deferencia, pero admitió que lo encontraba un compañero tedioso.

"Toda conversación con Hess se convierte en una tensión imposible de soportar", comentó Hitler.

Usó a Hess como usaba a cualquiera que entrara a su esfera de influencia, pero despreciaba la falta de interés de su subordinado en el arte y la cultura. También pensaba que la obsesión de Hess con las terapias alternas excéntricas, las dietas biodinámicas y las ideas esotéricas,

Exhibición pública de unidad: en privado Hitler se quejaba de que su subordinado Hess era un excéntrico.

como la astrología, eran síntomas de una mente confusa y desordenada.

Hermann Goering era una figura mucho más formidable. Expiloto de combate en el famoso escuadrón del barón von Richthofen, se consideraba un héroe de guerra, un aristócrata y un cazador de piezas mayores. Pero estaba más interesado en conseguir medallas y uniformes nuevos que en ganar la guerra. Su imagen jovial y paternal escondía una naturaleza miserable y vengativa, que lo hacía llevar un pequeño libro negro en el que registraba, para arreglar cuentas, el nombre de cualquiera que lo ofendiera. Fue Goering quien estableció los primeros campos de concentración y de nuevo fue Goering quien creó la Gestapo. Después de unirse al partido en 1921, su primer puesto fue de lugarteniente de las SA (Sturm Abteilung o "camisas cafés"), pero pronto se elevó a la posición de lugarteniente del líder. El único hombre al que temía era a Hitler, el cual le prometió un papel activo y destacado en la próxima lucha.

"Me uní al partido porque era revolucionario", alardeó Goering, "no por alguna tontería ideológica".

Una silueta temida por muchos: Hermann Goering en el Sportpalast de Berlín en 1935.

Apenas de 1.5 metros de altura e incapacitado por una cojera clara, el doctor Paul Joseph Goebbels no era la figura más imponente en el partido, pero era una personalidad formidable. Un maestro cáustico y mordaz de la manipulación, sus enemigos lo apodaron "el enano venenoso". Había estudiado en ocho universidades antes de recibir por fin su doctorado, después de lo cual trató y falló en establecerse como dramaturgo y periodista. Pero encontró su vocación cuando Hitler habló en el circo Krone en Múnich en junio de 1922.

"¡En ese momento renací!", exclamó. Cuando encarcelaron a Hitler en Landsberg, después del Putsch de Múnich (ver más adelante), Goebbels le escribió una carta muy efusiva que tenía la intención de hacer que el líder recordara su nombre.

"Como una estrella que se eleva apareciste ante nuestros ojos maravillados, llevaste a cabo

Joseph Goebbels en compañía de un miembro de las Juventudes de Hitler: el Ministro de Propaganda podía, afirmó, tocar la voluntad popular como un piano, haciendo que todo el pueblo alemán bailara a su ritmo.

milagros para aclarar nuestras mentes y, en un mundo de escepticismo y desesperación, nos diste fe… Le pusiste nombre a la necesidad de toda una generación… Un día Alemania te lo agradecerá".

Siguió la carrera de su Führer con interés desde ese día, pero siempre desde lejos, ya que sus puntos de vista socialistas estaban en conflicto con los de Hitler. En particular, Goebbels creía que el estado tenía derecho a la tierra y riqueza que dejó atrás la familia real. Era un tema que estaba preparado para defender en un debate público con su ídolo. En Bamberg, el 14 de febrero de 1926, logró su deseo, pero fue el magnetismo personal y el poder de persuasión de Hitler los que parecen haber convertido por fin al doctor Goebbels, en lugar de la lógica de su argumento. La anotación en el diario de Goebbels para el 13 de abril revela la profundidad de su devoción:

"[Hitler] puede hacerte dudar de tus propios puntos de vista… Ahora estoy cómodo respecto a él… Me inclino ante el gran hombre, ante el genio político".

En octubre de 1926, Hitler recompensó a Goebbels su fiel e inquebrantable "escudero" de 29 años de edad, con el puesto de *Gauleiter* (líder de distrito) para Berlín, con órdenes de controlar a los brutos rabiosos de las SA y aplas-

Alfred Rosenberg fue un notorio antisemita con gran influencia en la ideología nazi.

Heinrich Himmler (cuarto desde la izquierda, primera fila) se veía como regente en un tipo de Camelot nazi.

tar a los comunistas de la capital. Goebbels aseguró a Hitler que no lo desilusionaría.

Sin duda la figura más siniestra en el círculo interno nazi era Heinrich Himmler, exsecretario de Gregor Strasser, quien se convirtió en superior de las SS, la guardia pretoriana de Hitler, en 1929. Sólo tenía 28 años de edad. En ese tiempo el burócrata de anteojos mandaba sólo a 200 hombres, pero en menos de cuatro años aumentaría esa cifra a 50 000 e introduciría un duro programa de selección que aseguraría que se considerara a las tropas uniformadas de negro como la elite. Es irónico que el enjuto hipocondriaco no hubiera satisfecho sus propios criterios de ingreso, ya que sufría de mala vista y molestias estomacales crónicas y se decía que se enfermaba con sólo ver sangre. Pero Himmler, como Hitler, tenía la intención de que otros mataran por él.

Para compensar sus defectos físicos, Himmler desarrolló un lado místico en el que creía que era la reencarnación del rey Enrique el Pakarero, fundador del Primer Reich. Como resultado, podía afirmar que su fuerza procedía del espíritu… algo que nadie podía probar y estar a la altura.

Hitler camina delante de Ernst Röhm mientras pasan con rapidez frente a compañías nazis de banderas, en Frazen Feld, Brunswick. El desalmado Röhm prometió a sus hombres cerveza gratis, uniformes y tanta acción como pudieran manejar.

Otras estrellas en el partido de los primeros días incluían al "filósofo" chiflado Alfredo Rosenberg, quien reemplazó al enfermo Eckhart como editor del periódico del partido. "Hitler me valora mucho, pero no le agrado", admitió con franqueza.

La reputación de Rosenberg se basaba en ser el autor del repugnante libro antisemita *El mito del siglo XX*, que rivaliza con *Mein Kampf (Mi lucha)* por la distinción de ser el libro de grandes ventas menos leído en la historia.

RADICALES DE CUARTO INTERIOR

Desde el momento en que Hitler tomó la palabra en las reuniones del partido a nadie se le permitió eclipsarlo. No se toleraba la oposi-

ción. El desacuerdo se ahogaba en un torrente de palabras que salían de él como si se hubiera roto una presa. Hitler había encontrado su voz y su plataforma; el partido tenía su nuevo vocero y su fortuna estaba asegurada.

Un seguidor del principio del partido, Kurt Ludecke, describió el dominio que Hitler ejercía en su público en esos días.

"Cuando habló de la desgracia de Alemania, me sentí listo para saltar contra cualquier enemigo… Experimenté tal júbilo que sólo se podía comparar con una conversión religiosa".

Pero la creciente influencia de Hitler en el partido no se debía sólo al poder de su personalidad. Los miembros estaban impresionados por la inyección de fondos casi ilimitados que

**"Ser judío es un crimen": cartel para una edición
antisemita especial de *Der Stürmer*.**

el pagador del ejército había puesto a su disposición, siempre y cuando lograra el control de
la organización.

Los discursos agitadores de Hitler empezaron a atraer grandes cantidades de simpa-
tizantes del ala derecha a las reuniones men-
suales en la cervecería de Múnich, pero los
partidarios de la oposición comunista también
se aglomeraban en la parte trasera de la sala
llena de humo. Tenían el propósito de afectar
los procedimientos. Peleas de puños y abu-
cheos se convirtieron en una característica normal, que Hitler decidió erradicar al reclutar lo
que en forma eufemística describió como una
cuadrilla de seguridad. Ernst Röhm, un desalmado exmilitar de cuello de toro reclutó a las
SA (Sturmabteilung). Prometió a sus hombres
cerveza gratis, uniformes y tanta acción como
pudieran manejar. Pero Hitler tenía otra razón
para desear rodearse de músculos. Las SA servirían para intimidar a la oposición cuando
sintiera que era el momento correcto para actuar y lograr el liderazgo del partido. Las filas de las guardias de asalto de camisas cafés
crecieron casi tan rápido como el público, al
que ahora se ofrecían los discursos de Hitler
sin interrupciones. Toda oposición era silencia-
da sin misericordia, en el callejón detrás de la

cervecería mientras resonaban las palabras de
Hitler.

"Las SA tienen la intención de unir a los
miembros de nuestro joven partido para formar una organización de hierro, de manera
que pueda poner su fuerza a disposición de
todo el movimiento para actuar como un arie-
te".[12]

Hitler fue más explícito cuando describió la
parte que las SA iban a representar en la lucha
por venir.

"El movimiento Nacionalsocialista impe-
dirá sin misericordia, si es necesario por la
fuerza, todas las reuniones o conferencias que
puedan distraer la mente de nuestros conciu-
dadanos".[13]

La contribución de Röhm al ascenso del partido no se limitó a proporcionar protección y
persuasión. Como oficial del ejército tenía influencia en las autoridades de Baviera, que se
hacían de la vista gorda a la violencia nazi y
a la intimidación hacia sus rivales políticos.
Creían que los nazis aplastarían la amenaza
marxista en la región. Pero en menos de diez
años, las tácticas gangsteriles de las camisas
cafés de Röhm iban a manchar la imagen del
partido y sus aventuras homosexuales iban a
ser una vergüenza que el liderato no estaría
preparado para tolerar. En 1934, Hitler ordenaría su ejecución y la de cientos de líderes de las
SA en una matanza conocida como la Noche
de los cuchillos largos. Era la "política" nazi en
la práctica.

PELEAS INTERNAS

A pocos meses de unirse al partido, Hitler presionó a Drexler para que lo nombrara jefe de
propaganda. Luego, tal y como lo había planeado, obligó a los fundadores a elegirlo líder
en el verano de 1921, después de escenificar
una pataleta y amenazar con marcharse si no
se hacía lo que él quería.

Parece que Hitler se había vuelto demasiado
autocrático para el gusto del partido y demasiado ambicioso. En un intento por popularizar al

---

[12] *Völkischer Beobachter,* 1921.

[13] Konrad Heiden, *Der Führer.*

partido más allá de Baviera, viajó a Berlín con el fin de negociar con los nacionalistas alemanes del norte. Mientras tanto, Drexler estaba considerando una alianza con el Partido Socialista Alemán, que tenía su sede en Núremberg y lo dirigía el sádico azuzador de judíos y pornógrafo Julius Streicher, editor de *Der Stürmer*. Parecía como si el partido se dividiría antes de que tuviera una oportunidad de hacer impresión. Hitler volvió a Múnich para enterarse que su propio partido estaba tramando en su contra y estaba produciendo folletos difamatorios que atacaban su liderazgo y lealtades.

"Un deseo de poder y ambición personal ha causado que Herr Adolfo Hitler vuelva a su puesto después de seis semanas de permanencia en Berlín, de la que no se ha revelado el propósito. Considera que es el momento oportuno para causar desunión y fractura en nuestras filas, gracias a personas imprecisas que lo respaldan y así ayudar a los intereses de los judíos y sus amigos. Cada vez es más claro que su propósito es tan sólo emplear al partido Nacionalsocialista como trampolín para sus propios propósitos inmorales y apoderarse del liderazgo para obligar a que el partido siga un camino diferente en el momento psicológico preciso… No se equivoquen. Hitler es un demagogo".

Fue una verdadera acusación condenatoria, pero no como la que Hitler empleó con el fin de fortalecer su influencia en el partido. Bajo la amenaza de una acción legal se obligó a los disidentes a bajar de puestos y a Drexler se le dejó a un lado cuando aceptó el papel de presidente honorario. Ahora se reconocía a Hitler como el líder absoluto del partido.

SE ESPARCE LA PALABRA

Conforme aumentaba la popularidad del partido, Hitler empezó a celebrar las reuniones en salas más grades y sitios al aire libre. Las grandes filas de las SA portando banderas causaban gran impresión en la prensa y en los dig-

EL VERDADERO NACIONALSOCIALISTA[14]

¿Cuál es el primer mandamiento de todo Nacionalsocialista?
¡Amar a Alemania más que nada y a los compañeros alemanes
más que a ti mismo!...

¿Qué significa ser Nacionalsocialista?
Ser Nacionalsocialista no significa más que:
Lucha, Fe, Trabajo, Sacrificio.

¿Qué deseamos para nosotros los Nacionalsocialistas?
¡Nada!...

*¿Qué nos ata a los Nacionalsocialistas en esta lucha por
la libertad de Alemania dentro y fuera de nuestras fronteras?*
La conciencia de pertenecer a una comunidad del destino, a una comunidad empapada con un espíritu de innovación radical, a una comunidad cuyos miembros deben ser compañeros, unos con otros, en los buenos tiempos y en los malos.

¿Cuál es la contraseña del Nacionalsocialista para la libertad?
¡Dios ayuda a los que se ayudan ellos mismos!...

---

[14] Panfleto del partido nazi *Das kleine abc des Nationalsozialisten.*

natarios visitantes por su disciplina militar y sentido del orden.

Uno de los primeros personajes del exterior en informar sobre el creciente movimiento fue el capitán Truman Smith, agregado militar asistente de la embajada estadunidense en Berlín. Se le había ordenado ir a Múnich para evaluar la importancia del partido y su nuevo líder. Su informe, con fecha de 25 de noviembre de 1922, deja en claro que Hitler se estaba convirtiendo en una fuerza a considerar.

"La fuerza política más activa en Baviera en la actualidad es el Partido Nacionalsocialista del Trabajo. Es menos un partido político que un movimiento popular; se le debe considerar la contraparte bávara de los *fascisti* italianos… Hace poco ha alcanzado una influencia política fuera de toda proporción a su fuerza numérica real…

"Desde el principio, Adolfo Hitler ha sido la fuerza dominante en el movimiento, y sin duda la personalidad de este hombre es uno de los más importantes factores que contribuyen a su éxito… Su habilidad para influir en una asamblea popular es asombrosa".

Antes de volver a Berlín, el capitán Smith logró conseguir una entrevista privada con Hitler en su habitación, la cual Smith describió en su diario como una "pequeña recámara desnuda en el segundo piso de una casa destartalada", en el 41 de Thierschstrasse, un distrito de clase media baja. Después registró sus opiniones del hombre al que consideró "un maravilloso demagogo". Escribió: "Rara vez he escuchado a un hombre tan lógico y fanático".

Menos de un año después Hitler trataría de cumplir su promesa tomando el poder de la ciudad por la fuerza.

EL *PUTSCH* DE MÚNICH

"Le doy mi palabra de honor, ¡nunca en tanto viva haré un putsch*!"*

Garantía de Hitler al ministro del interior bávaro, verano de 1923

> "LE DOY MI PALABRA DE HONOR, ¡NUNCA EN TANTO VIVA HARÉ UN PUTSCH!" (GOLPE DE ESTADO).
>
> *Adolfo Hitler*

Para noviembre de 1923, Hitler estaba impaciente por tener el poder. Ya no era un agitador de podio, sino una figura prominente en el movimiento nacionalista radical. Había visto las películas de noticias de la marcha de Mussolini a Roma el año anterior con respeto y lo inspiró para intentar un *coup d'état* (golpe de estado) similar en Alemania. Su idea original era movilizar las dispares fuerzas nacionalistas antirrepublicanas en Baviera y con el respaldo de esos grupos, reclutar el apoyo de las ligas patrióticas armadas y el ejército bajo Röhm. Entonces todos marcharían a Berlín con Hitler a la cabeza de la columna. Fue un plan audaz y absurdamente ambicioso y estaba condenado al fracaso.

Parte del problema era que la gente de Weimar, estaba en franco desafío a la ocupación francesa del Ruhr y no veía con buenos ojos la rebelión armada. Pero el liderazgo de las SA estaba inquieto por actuar, ya que las autoridades estaban amenazando con cerrar el periódico del partido y arrestar a los líderes de los grupos armados con los que contaba Hitler para que se le unieran.

"Está llegando el día", le dijo el teniente comandante de las SA Wilhelm Brueckner, "en que no podré detener a los hombres. Si no sucede nada ahora, nos abandonarán".

Temeroso de que lo abandonaran sus "tropas", Hitler sintió pánico y dio órdenes para la toma del poder de la ciudad.

El plan original era interrumpir un desfile militar en el Día de los Caídos, el 4 de noviembre, y tomar como rehenes a los dignatarios de visita. Entre ellos estaría el príncipe heredero Rupprecht y tres líderes regionales: el comisionado del estado, von Kahr, el general Otto von Lossow y el coronel Hans von Seisser, jefe de la policía estatal. Pero se tuvo que abandonar el plan cuando les llegó noticia a los conspiradores de que policías armados habían cerrado la ruta de su ataque como precaución.

En 1938 Hitler y su equipo marchan para conmemorar el Putsch de Múnich de 1923. Visto a través de sus ojos, una Comedia desorganizada se había convertido en una gloriosa victoria para los nacientes nazis.

Se trazó un plan alterno a la carrera para la mañana del 11 de noviembre, Día del Armisticio. Las SA iban a tomar por asalto puntos estratégicos de la ciudad, mientras un destacamento intentaba forzar a Kahr, a Lossow y a Seisser a unirse a la revolución. Se fijó una fecha, pero se adelantó cuando Hitler se enteró de que los tres líderes regionales iban a sostener reuniones públicas en Bürgerbräukeller en los suburbios de Múnich, el 8 de noviembre. Temía que el propósito de la reunión fuera proclamar la independencia bávara junto con la restauración de la monarquía… así que era ahora o nunca.

ENGAÑO Y ERROR
A las 8:45 de la noche del 8 de noviembre, Hitler dirigió un destacamento grande de las SA al Bürgerbräukeller y ordenó que lo rodearan. Se puso una ametralladora en la entrada y se sellaron las salidas de atrás. Hitler entró de golpe, interrumpiendo el discurso de Kahr, mientras la multitud desconcertada se quedó sentada en silencio, insegura de lo que estaba sucediendo. No tuvo que esperar mucho para averiguarlo. Hitler se subió a una mesa, mientras blandía una pistola y disparaba un tiro al techo. Luego se bajó de un salto y caminó con rapidez al escenario. Blandiendo el arma al jefe de la policía, le ordenó hacerse a un lado… lo que hizo junto con Kahr. Esto dejó el escenario libre para que Hitler se dirigiera a la multitud.

"¡Ha comenzado la Revolución Nacional! Este edificio está ocupado por 600 hombres muy bien armados. Nadie debe salir de la sala. A menos que haya silencio inmediato, haré que pongan una ametralladora en la galería. Se han destituido los gobiernos bávaro y del Reich y se formó un gobierno nacional provisional. Las barracas del Reichswehr y la policía están ocupadas. El ejército y la policía están marchando en la ciudad bajo la bandera de la suástica".

La última parte de la declaración de Hitler era mentira. Sin embargo, la multitud estaba intimidada por la presencia de las SA armadas. Pero no por Hitler… un testigo lo describió

El general von Ludendorff se enfureció cuando se enteró que Hitler había usado su nombre en vano.

como que se veía "ridículo" en su chaqué que no le ajustaba. Continuó diciendo: "Cuando lo vi saltar a la mesa en esa ropa ridícula, pensé: ¡El pobre meserito!".

Algunos llamaron a la policía para contraatacar. Pero su petición cayó en oídos sordos, ya que se había ordenado a la policía en secreto que no se resistiera. Un infiltrado entre los nazis de la policía había telefoneado a su oficial comandante más temprano esa noche y les había advertido lo que estaba a punto de suceder. Entonces Hitler llevó a los tres líderes a una habitación interna a punta de pistola y amenazó con matarlos ahí si no se unían a su nuevo gobierno. Mientras tanto, Goering estaba tratando de callar a la multitud quejosa en la sala, recordándoles que no tenían nada que temer y mucha cerveza gratis.

Kahr se arriesgó y llamó charlatán a Hitler al evidenciar al antiguo cabo como el estafa-

"¡MAÑANA NOS ENCONTRARÁN COMO GOBIERNO NACIONAL O MUERTOS!".

dor de poses que era. Acorralado, Hitler jugó su carta de triunfo. Anunció que tenía el apoyo del general von Ludendorff, héroe de la Primera Guerra Mundial y que el general estaba en camino para pedirles que reconsideraran la oferta de unirse a los rebeldes. En realidad, habían mantenido en la ignorancia a von Ludendorff respecto al golpe de estado y cuando llegó a la sala se puso lívido al enterarse que se había usado su nombre para avalar una acción tan caótica. También se puso furioso al enterarse de que Hitler tenía la intención de declararse líder del nuevo régimen, mientras que él, Ludendorff, sería relegado a comandante del ejército. Pero en la mente del viejo soldado, se había desenvainado la espada y no se podía devolver a su funda sin deshonor. Creía que la única opción que le quedaba era decirles a los tres rehenes que sería en interés de Alemania que se unieran a la causa. Mientras tanto, Hitler volvió a la sala donde el público se estaba inquietando y le informó que sus líderes habían estado de acuerdo en formar un gobierno nuevo.

"¡Mañana nos encontrarán como gobierno nacional o muertos!".

Esta declaración fue recibida con ovaciones eufóricas que persuadieron a los hombres en la habitación interna que sería mejor estar de acuerdo con la multitud por el momento. Fue entonces que Hitler cometió un error crucial. Se marchó del Bürgerbräukeller para solucionar un enfrentamiento entre un batallón de las SA y una unidad del ejército regular en las barracas de ingenieros, dejando al general von Ludendorff al mando. Entonces el general liberó a los líderes de oposición con el entendimiento de que organizarían sus fuerzas en apoyo al golpe de estado. En lugar de eso, de inmediato movilizaron al ejército y a la policía, las cuales se apostaron en el centro de la ciudad para esperar a los rebeldes.

Nadie había pensado en cortar las comunicaciones con el mundo exterior, así que pronto llegó a Berlín la noticia de que se estaba llevando a cabo un levantamiento armado y se mandaron órdenes al ejército bávaro para reprimirlo antes de que pudiera extenderse. El comisionado del estado Gustav von Kahr incluso tuvo tiempo para imprimir y distribuir carteles por toda la ciudad, los cuales refutaban los rumores de que había accedido a las peticiones de los rebeldes y los acusaba de traidores.

"El engaño y la traición de camaradas ambiciosos ha convertido una manifestación en una escena de repugnante violencia. Las declaraciones que nos obligaron a hacer a mí, al general von Lossow, y al coronel Seisser, a punta de revólver, no son válidas. Se disuelven el Partido Nacionalsocialista Alemán de los Trabajadores, además de las ligas de combate Oberland y Reichskriegsflagge".

EL ENGAÑO FINAL

Después de volver a la cervecería para descubrir que su revolución se estaba deshaciendo, Hitler ahora se llenó de pánico respecto a qué hacer a continuación. No podía suspenderla, pero sin sus rehenes tenía pocas posibilidades de éxito. Fue Ludendorff quien persuadió al desmoralizado demagogo para que actuara. El general avergonzó a Hitler para que actuara, acusándolo de ser un derrotista y un revolucionario de sillón. El único camino que les quedaba, aseguró el general, era intentar otro engaño.

Hacia el mediodía, reunieron sus fuerzas en el jardín de la cervecería y las hicieron marchar por la estrecha Residenzstrasse que conducía al Odeonsplatz, con Ludendorff a la cabeza. Aunque se ha afirmado que pudieron ser hasta tres mil hombres armados que marchaban detrás de Hitler y del general esa mañana, no se veían tan intimidantes como lo habían esperado.

"Si veías a uno de nuestros escuadrones de 1923 pasar marchando, podías preguntarte: ¿De qué asilo de pobres se escaparon?", confesó Hitler más adelante.

Sin embargo, su presencia era lo bastante alarmante para atraer un destacamento de cien policías armados, que los esperaban al final de

Actuando como mártir: Hitler en su celda sorprendentemente lujosa en la prisión Landsberg.

la angosta calle. Los apoyaba una unidad del ejército en la retaguardia. Mientras la fuerza rebelde entraba a la plaza, Hitler sacó su pistola de la bolsa y exigió que se rindieran los policías. Un momento después sonó un disparo, nadie sabe quién disparó primero, y la policía vació una descarga en la columna que avanzaba. Murieron dieciséis nazis, mientras que los líderes se dispersaban con el sonido de los primeros tiros.

Hitler había enlazado su brazo con el hombre que marchaba junto a él y lo jaló hacia abajo cuando le dieron un balazo a su compañero. De acuerdo a varios testigos, incluyendo uno de los supuestos rebeldes, el doctor Schulz, Hitler "fue el primero en levantarse y dar la espalda". Escapó en un auto que lo esperaba sólo para que lo arrestaran unos días después, mientras se escondía en el ático de un partidario. Se informó que estaba "casi incoherente" por la ira.

Hermann Goering, que presentaba una figura formidable en el partido por su cintura ancha y su ferocidad de bulldog, recibió una herida grave, pero se las arregló para que lo tratara un médico judío local. Luego lo pasaron a escondidas por la frontera, a un lugar seguro en Austria donde aliviaba su dolor con morfina, droga a la que se volvió adicto. Hess también abandonó a sus camaradas caídos y corrió. Al final también encontró refugio temporal al otro lado de la frontera, en Austria, pero más adelante lo arrestaron. Sólo Heinrich Himmler escapó sin que lo notaran. No lo habían reconocido las autoridades cuando estaban reuniendo a los rezagados, de manera que pudo zafarse por calles secundarias y llegar a la estación del ferrocarril, donde abordó un tren para ir a casa.

Al general Ludendorff, la cabeza visible simbólica del golpe de estado abortado, le dieron pase libre a través de las líneas de policías, tratándolo con el respeto apropiado para un viejo soldado ofuscado que se había descarriado.

HITLER EN JUICIO

El *putsch* fue un desastre humillante para los nazis y un golpe personal para Hitler, cuya carrera política parecía haberse roto en pedazos. Pero el juicio iba a resultar ser un triunfo. Le habían asegurado a Hitler que los jueces eran favorables a la causa del ala derecha. Estaría seguro al sostener que no era correcto enjuiciarlo por traición, cuando sólo había tratado de derribar a quienes habían quitado el poder al káiser. Tomando el escenario en el banquillo de los acusados ante la prensa del mundo, dio uno de los discursos más vehementes de su vida. Durante cuatro horas sostuvo que no era un traidor, sino un contrarrevolucionario con la intención de restaurar el honor de la nación.

Sorprendiendo a quienes esperaban que negara su complicidad en la conspiración, como habían hecho los conspiradores del Kapp Putsch años antes, admitió con franqueza su participación. Aquí estaba Adolfo Hitler el actor, disfrutando su momento en el centro de la atención pública, sabiendo que cada palabra sería registrada por los reporteros reunidos.

"Sólo yo tengo la responsabilidad. Pero no soy un criminal por eso. Si hoy estoy aquí como revolucionario, es como revolucionario contra la revolución. No existe nada que sea traición contra los traidores de 1918".

Juicio de Hitler, 1924: una de las pocas fotografías que quedan de un evento que se convirtió en un golpe de propaganda.

Tampoco negaría que su participación en el *putsch* estaba motivada por la ambición personal.

"El hombre que nace para ser dictador no está por la fuerza. Lo desea. No lo impulsan a avanzar, sino que se impulsa a sí mismo… El hombre que se siente llamado a gobernar al pueblo no tiene derecho a decir: 'Si me quieren, llámenme, yo cooperaré'. ¡No! Es su deber ofrecerse".

Al terminar se volvió hacia los jueces.

"No son ustedes, caballeros, quienes me juzgarán. Pueden declararnos culpables más de mil veces, pero la Diosa de la eterna corte de la historia sonreirá y romperá en pedazos el informe del fiscal del estado y la sentencia de esta corte. Ya que nos absuelve".

De acuerdo al Artículo 81 del Código Penal Alemán los jueces estaban obligados a encontrarlo culpable por incitar la rebelión armada, pero mostraron dónde estaban sus verdaderas simpatías al imponer una sentencia mínima de cinco años, sabiendo que sólo cumpliría una fracción de eso. Hitler había perdido el caso, pero había ganado la admiración de los nacionalistas alemanes y la publicidad lo había convertido en una figura nacional. Los nueve meses que pasaría en la prisión Landsberg iban a demostrar ser los más productivos de su vida.

MEIN KAMPF (MI LUCHA)

La vida en Landsberg era lo más cercano al lujo que Hitler había experimentado hasta ese momento. Se le dio un cómodo cuarto privado amueblado, con vista al río Lech, y le servían tanto los prisioneros como los guardias. Cada uno de ellos consideraba un honor actuar como su sirviente. Dormía hasta mediodía todos los días y se le permitía abstenerse de hacer ejercicio, el cual despreciaba. Su razón era que los líderes políticos no pueden permitirse tomar parte en el deporte y otras actividades frívolas en caso de que los derrotaran y perdieran prestigio. Un constante grupo de visitantes le llevaba regalos y le proporcionaba el muy necesario público, y en su cumpleaños 35, sus admiradores le enviaron frutas, flores y vino de toda Alemania. Para el final del día, la "celda" parecía una "tienda de alimentos".

Cuando el gerente del partido, Max Amann, se ofreció a publicar sus memorias, Hitler se alegró por la oportunidad de aliviar el tedio. Empezó a dictar a su fiel sirviente y secretario Rudolf Hess, quien corrigió la gramática de colegial de su líder y trató de dar forma y convertir sus monólogos intrincados y al azar en algo cohesivo y conciso. No fue fácil. Hitler se enardeció por la posibilidad de discutir cualquier tema que escogiera y una vez que encontró su voz, las palabras brotaban en torrente. Fue difícil y agotador mantenerlo concentrado en un tema. Pero Hess tenía ayuda de dos periodistas antisemitas, el padre Bernhard Staempfle y Josef Czerny, del *Völkischer Beobachter*, los cuales suavizaron e incluso editaron algunos de los pasajes más incendiarios.

Cuando lo terminó, enviaron el manuscrito a Amann, quien se mostró horrorizado al descubrir que la historia escrita por alguien del movimiento respecto al *putsch* abortado se había reducido a unas cuantas oraciones. Las restantes 782 páginas estaban dedicadas a discursos sobre cualquier tema en los que su autor se consideraba experto. Abarcaban desde libros cómicos hasta enfermedades venéreas, de las cuales Hitler divagaba por diez rimbombantes páginas. Incluso el título invitaba al ridículo. Con un plumazo redujo el rígido *Cuatro años y medio de lucha contra mentiras, estupidez y cobardía* a *Mein Kampf (Mi lucha)*. Luego insistió en publicar el voluminoso tomo en dos volúmenes de 400 páginas cada uno, pero incluso eso no aseguraba ventas razonables. En 1925, el primer año de publicación, vendió menos de 10 000 ejemplares y después de eso disminuyeron las ventas hasta 1933.

En ese punto Hitler se convirtió en canciller y se requería que cada alemán leal poseyera un ejemplar. Para 1940, se habían vendido 6 millones de ejemplares sólo en Alemania, y se vendieron en el extranjero muchos miles más, haciendo millonario a su autor. Pero es difícil creer que más de unas cuantas miles de personas se las arreglaron para terminarlo. Esto fue desafortunado ya que como observó William L. Shirer, autor de *Auge y caída del Tercer Reich*: "… el proyecto del Tercer Reich, y lo que es más, el brutal Nuevo Orden que Hitler impuso en la Europa conquistada… están expuestos en toda su atroz crudeza, en forma extensa y en detalle entre las cubiertas de este libro revelador".

Quienes persistieron en leerlo, se enteraron de su fanática devoción por el concepto de *Lebensraum* (espacio vital), que permitía a las naciones fuertes tomar territorio por la fuerza de sus vecinos más débiles. Esta teoría se unía al *Weltanschauung* (visión del mundo) que declaraba que la vida era una lucha por la supervivencia y que los más fuertes no necesitan tener compasión o preocupación por los débiles.

También descubrieron que el fracaso del Putsch de Múnich había convencido a Hitler de que la rebelión armada podía tener éxito a corto plazo, pero que no ganaría el corazón y la mente del pueblo. Se necesitaban persuasión y propaganda para convertir a la nación a la visión del mundo nazi.

"Debemos taparnos la nariz y entrar al Reichstag… Si superarlos en votos toma más tiempo que superarlos a balazos, ¡al menos los resultados estarán garantizados por su propia constitución!... Tarde o temprano tendremos una mayoría y después de eso debemos tener a Alemania".

REINVENTAR A HITLER

La inversión en la suerte del partido coincidió con un cambio drástico de imagen para su líder. El hombre responsable en su mayor parte por reinventar a Hitler y hacerlo presentable

Perfeccionar la pose: esta secuencia de fotografías ilustra los gestos cada vez más afectados en el podio. Como un actor, practicaba los ademanes que podían conmover a la multitud.

como político fue el profesor Karl Haushofer (1869-1946). El académico había sido un visitante regular a la prisión Landsberg, donde había iniciado a Hitler en las teorías de geopolítica y el concepto de *Lebensraum*. Estas dos ideas eran cruciales para la formación de la política externa de Hitler, pero igual de importantes fueron los cambios que el profesor hizo a la imagen personal de Hitler.

Haushofer persuadió a su protegido para que cambiara su *Lederhosen* bávaro por un traje a la medida o un uniforme de las SA y descartara el fuete que se había convertido en su característica. Luego convenció a Hitler de que debía beber té herbal después de un discurso prolongado con el fin de saciar su sed y aclarar su cabeza. Su jarra acostumbrada de cerveza bávara podía tener un efecto adverso en sus poderes. El profesor también ofreció entrenar a Hitler en el arte de hablar en público, que requería que practicara una gama de gestos que servirían para enfatizar sus argumentos y aumentar su confianza.

EN LA JUNGLA

Hitler necesitaría toda la confianza en sí mismo que pudiera juntar para cuando saliera de prisión el 20 de diciembre de 1924. Habían declarado ilegal a su partido, habían cerrado su periódico por orden del estado y Hitler mismo tenía prohibido hablar en público. Incluso se hablaba de deportarlo a su natal Austria. Pero se hizo poco por imponer las prohibiciones a los nazis y su periódico, o para impedir que Hitler hablara a grupos privados de seguidores que se mantenían leales a pesar de los reveses.

La principal razón de por qué nadie se preocupaba por Hitler en ese tiempo es porque ya no se le consideraba una amenaza. Había curado la inflación desenfrenada de principios de la década de 1920 un recién llegado al gobierno republicano, el doctor Hjalmar Schacht, y se habían puesto en vigor varias medidas para reducir la carga a la economía alemana. Por ejemplo, se había introducido el Plan Dawes, que reducía los pagos de reparación de Alemania y atraía inversión de Estados Unidos. Se habían abordado los temas de seguridad en los Tratados de Locarno y se había llegado a un compromiso aceptable entre la administración de Weimar y los Aliados, que prometía añadir a Alemania en la Liga de Naciones en su momento. En conjunto, estas medidas ayudaron a aliviar la ansiedad pública e impulsaron el

Uno de los raros momentos de descuido de Hitler (con su sobrina Geli Raubal): el "tío Adolfo" empezó a pasar más y más tiempo en compañía de Geli y sentía celos cada vez que ella mostraba interés en otro hombre.

En público, Hitler se ponía con los héroes del pasado de Alemania, pero según sus generales, carecía de las cualidades de un liderazgo disciplinado para aprovechar su primer éxito militar.

voto por los Socialdemócratas en el gobierno durante las elecciones que se llevaron a cabo ese diciembre. El voto nazi se redujo a la mitad.

Mientras sus acólitos rondaban a su líder desmoralizado, pidiéndole que reencendiera la flama vacilante del partido, parecía menguar el interés de Hitler en la política. Una nueva obsesión se había apoderado de él. Su nombre era Geli Raubal.

ATRACCIÓN FATAL

Geli era la sobrina de 20 años de Hitler, la hija más joven de Ángela, su media hermana. Hacía poco Ángela había respondido al llamado de Hitler para servir como su ama de llaves en su nuevo retiro alpino, Haus Wachenfeld, en Obersalzberg, cerca de Berchtesgaden. Hitler compró más adelante la villa y la reconstruyó ampliamente, cambiándole el nombre a Berghof.

Al principio, el "tío Adolfo" sólo era atento con la hermosa morena con piel aperlada y sonrisa infecciosa. Luego su madre se dio cuenta de que él estaba pasando más tiempo con ella que con sus compañeros de partido y que estaba en celos intensos siempre que ella mostraba interés por otro hombre.

Si Ángela tenía dudas respecto a la naturaleza de su relación, las miradas furtivas, los largos paseos sin chaperón en el campo, se las guardó. Pero se debió dar cuenta de que su hija tenía más o menos la misma edad que su madre cuando se casó y que la diferencia de edades entre Geli y Adolfo era similar a la que había existido entre Klara y Alois. También habían empezado a llamarse entre sí "tío" y "sobrina" en lugar de usar sus nombres, igual que como habían hecho los padres de Adolfo. No era algo a lo que pudiera poner objeciones, pero de todos modos debió hacer que se sintiera incómoda.

Y luego estaban los pleitos frecuentes y furiosos que surgían de la ambición de Geli de dedicarse a una carrera de canto en Viena. Siempre que discutían, se caía la máscara de docilidad enamorada de él, revelando celos violentos que dejaban a Geli llorando. Él le exigía que dejara esas tonterías y le aseguró que le proporcionaría todo lo que necesitara después de que se mudaran a Múnich. Acababa de comprar un lujoso departamento para ellos ahí, usando fondos del partido. Esto pareció calmarla por el momento y reanudaron sus caminatas en el campo y sus viajes a la ciudad. Es seguro que ella disfrutaba de esta lealtad mansa como de cordero y apreciaba sus muchos regalos.

El fotógrafo oficial de Hitler, Heinrich Hofmann, comentó: "Observaba y se recreaba con ella como un sirviente con una flor rara y encantadora, y apreciarla y protegerla era su única preocupación".

UN SECRETO VERGONZOSO

Pero con el paso del tiempo la naturaleza despreocupada de Geli se marchitó bajo la personalidad dominadora de Hitler. Y ella resintió que la espiara la policía del partido siempre que salía y el personal de la casa siempre que él estaba fuera. Cuando se sintió presionada, Geli se quejó con su madre por la intensa atención de Hitler que era sofocante, y que él deseaba controlar todo aspecto de su vida, incluyendo su elección de ropa y la compañía que elegía.

Pero Angela sospechaba que su hija podía estar atormentada por un secreto más vergonzoso. El biógrafo de Hitler, Konrad Heiden menciona una carta comprometedora con fecha de 1929 en la que se dice que Hitler confesaba que necesitaba a Geli para satisfacer sus deseos masoquistas.

La carta cayó en manos del hijo del casero, pero la recuperó entonces el padre Staempfle. Era obvio que lo que hubiera en la carta era tan dañino para el Führer en potencia que no quedó satisfecho con su recuperación, ya que el conocimiento de su existencia le costó la vida a Staempfle durante la purga de sangre de 1934.

Otras personas allegadas hablaron de que era "algo muy poco común" respecto a la relación de Hitler con Geli que resultó ser "insoportable" para ella y que estaba desesperadamente infeliz porque no podía hacer "lo que él quería".[15] A pesar de todo, se cree que la madre

_____

[15] Otto Strasser, *The Gangsters Around Hitler*.

Wall Street cuatro días antes del crac del Mercado de Valores de 1929: "En Estados Unidos sólo los mafiosos obtuvieron ganancias. En Alemania era el turno de los *gangsters* políticos".

siguió sin saber este secreto y tan sólo pensaba que Geli deseaba liberarse de su vigilancia constante.

Cuando enfrentaba las ansiedades de Ángela, Hitler le aseguraba que no había nada de qué preocuparse, que Geli tan sólo resentía que él le hubiera prohibido seguir una carrera operística. Bien podría ser así, ya que la tarde del 17 de septiembre de 1931, mientras él se marchaba a una reunión en Núremberg, escucharon a Geli gritarle a su tío desde una ventana del piso de arriba.

—¿Así que no me vas a dejar ir a Viena?—.
—¡No! —le contestó con sequedad.

A la mañana siguiente encontraron a Geli muerta con una bala alojada en el corazón y la pistola Walther 6.35 mm de Hitler a su lado. Sólo tenía 23 años de edad, víctima de un supuesto suicidio.

No se recuperó una nota de suicidio, sin embargo, una carta inconclusa dirigida a un amigo en Viena estaba cerca del cuerpo. Terminaba así: "Cuando vaya a Viena, espero que muy pronto, iremos juntos a Semmering un…". Sugiere que pudo haberse disparado después de que Adolfo faltara a una promesa anterior de dejarla ir. Algunos historiadores han especulado que la carta estaba sin terminar porque la interrumpió alguien a quien habían ordenado silenciarla… tal vez Himmler. Pero si hubiera sido así, es seguro que hubieran destruido la carta y no dejarla para dar esa impresión.

La noticia de su muerte hizo que Hitler volviera a la carrera. Su pesar casi acabó con él. Después de una semana de dolor intenso, Hitler salió de su soledad autoimpuesta y manifestó que bajo ninguna circunstancia se debía mencionar el nombre de ella en su presencia. Luego ordenó que se conservara la recámara de ella como un santuario y prohibió a todos entrar, con la excepción de su leal sirvienta, la matrona frau Winter. Cuando se redujo su pena, encargó una escultura y se pintaron retratos póstumos de fotografías. Los mantuvo en su alcoba junto con el retrato de su madre, los cuales colgaron sobre su cama hasta su muerte.

Confesó que Geli fue la única mujer que amó en verdad jamás, pero es evidente que la había sofocado con lo que su amigo Hanfstaengl más adelante llamó "su retorcido cariño".

UN BREVE INTERVALO (1924-1929)

Se puede argumentar que el elevamiento de los nazis al poder era inevitable si se consideran las condiciones imperantes en Alemania durante los años de Weimar. La inversión temporal de las desgracias de la nación que logró el canciller Gustav Stresemann y su nuevo gobierno después de 1923 tal vez sólo retrasó lo inevitable. Stresemann no se engañaba respecto a las medidas que había tomado (entre las que estaba reemplazar el marco alemán con una nueva moneda, el rentenmark, y asegurar más de 25 000 millones de marcos en préstamos extranjeros) que eran similares a poner una curita en una herida abierta. Alemania estaba enferma y la cura era demasiado horrible de considerar. Como dijo en 1929:

"La posición económica sólo está floreciendo en la superficie. De hecho, Alemania está danzando sobre un volcán. Si piden los préstamos a corto plazo las instituciones financieras estadunidenses, se colapsaría una gran parte de nuestra economía".

Del otro lado del Atlántico, por fin explotó el alto nivel artificial de los mercados financieros basado en los beneficios del contrabando de la bebida y el juego. El crac del Mercado de Valores de 1929 causó la Gran Depresión. Como Stresemann había temido, los bancos estadunidenses de inmediato pidieron sus préstamos en un esfuerzo frenético por salvarse y al hacerlo causaron la quiebra de incontables negocios prósperos en su país y en el extranjero. Millones se quedaron sin trabajo y el Oeste se hundió en las tinieblas y la desesperación. Había terminado la fiesta que llamaron los "Felices Años Veinte". Había empezado la Gran Depresión. En Estados Unidos sólo la mafia tuvo ganancias. En Alemania, fue el turno de los *gángsters* políticos.

CAPÍTULO CINCO

TOMAR POR ASALTO EL PODER

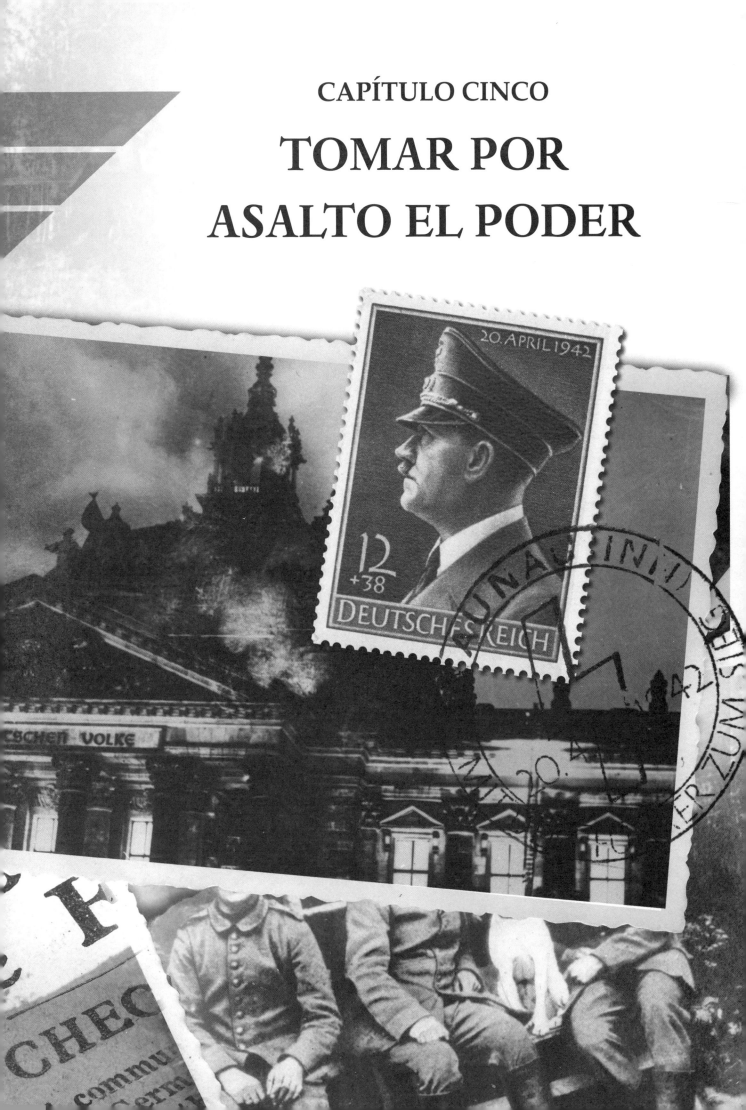

LLEGAR A LAS MASAS

Entre 1924 y 1928, los nazis cometieron un grave error táctico al tratar de atraer a los trabajadores industriales, los que seguían siendo fieles a comunistas y socialdemócratas. Esta estrategia también aisló al partido de las clases medias, que pensaban que los nazis ahora sólo estaban interesados en hablar por las clases trabajadoras. Como consecuencia, disminuyó su porción de votos. En las elecciones nacionales de 1924, ganaron 32 escaños en el Reichstag, la mitad que el partido comunista y más o menos un tercio del número de escaños que ganaron los nacionalistas y los socialdemócratas, los cuales ganaron 95 y 100 escaños respectivamente. Al final de ese año se llevó a cabo una segunda elección, después de la cual los dos partidos principales lograron más escaños a costa de los comunistas, que bajaron de 62 a 45, mientras que el partido nazi perdió 18 escaños. Cuatro años después, en mayo de 1928, su porción de escaños cayó al nivel más bajo de todos los tiempos, a sólo 12.

Treinta y un millones de alemanes habían ejercido su derecho democrático a las urnas, pero menos de un millón había votado por los nazis. Los comentaristas políticos los descartaron como una fuerza agotada. El corresponsal estadunidense William L. Shirer observó: "Rara vez escuchábamos de Hitler o de los nazis, excepto como blanco de bromas". Pero la Gran Depresión alteró todo eso. En poco más de un año, el desempleo se triplicó a casi cuatro millones y medio. Era *Schadenfreude* escrito en grande. La mala fortuna de la nación fue el milagroso golpe de suerte de los nazis.

Hitler ordenó a los activistas concentrarse en las comunidades rurales, donde los granjeros habían sufrido un gran golpe por los precios decrecientes y los artesanos estaban amenazados con la extinción por la producción en masa. Los nazis también hicieron campaña en pueblos pequeños. Aquí los tenderos luchaban por la supervivencia contra las cadenas de tiendas y los trabajadores de clase media habían visto que desaparecía el valor de sus ahorros.

Como informó el periódico del partido en mayo de 1928: "Los resultados de la elección en áreas rurales en particular han demostrado que con un menor gasto de energía, dinero y tiempo se pueden lograr mejores resultados que en las grandes ciudades. En los pueblos pequeños las reuniones masivas con buenos oradores son eventos trascendentes, y a menudo se habla de ellos por semanas, mientras que en las grandes ciudades los efectos de las reuniones, incluso con tres o cuatro mil personas desaparecen pronto".

Combatientes de las calles: las tropas nazis portan con orgullo la bandera de la Calavera en Braunschweig en 1931.

Goebbels resultó ser un maestro para la manipulación y no se oponía a jugar sucio si le ayudaba a ganar votos extra. Su filosofía era simple: si repites una mentira con suficiente frecuencia, la gente empezará a creerla. También Hitler creía que para adoctrinar a las masas, era necesario recalcar el mismo mensaje una y otra vez hasta que se derrumbara toda resistencia y se hubieran convertido incluso a los ciudadanos más intransigentes.

Un folleto nazi típico de abril de 1932 dice: "¡Ciudadanos de clase media! ¡Minoristas! ¡Artesanos! ¡Comerciantes!

"¡En Hanover se está preparando y llevando a cabo un nuevo golpe que tiene la meta de arruinarlos!

"El sistema actual permite a la empresa WOOLWORTH (Estados Unidos) construir un nuevo negocio vampiro en el centro de la ciudad. Pon fin a este sistema. ¡Defiéndete ciudadano de clase media! Únete a la poderosa organización que es la única que está en posición de vencer a tus archienemigos. Pelea con nosotros en la Sección para Artesanos y Minoristas dentro del gran movimiento por la libertad de Adolfo Hitler".

> "QUIENQUIERA QUE CONQUISTA LAS CALLES, CONQUISTA LAS MASAS, Y QUIENQUIERA QUE CONQUISTA LAS MASAS, CONQUISTA EL ESTADO".
>
> *Máxima nazi*

Es claro por el ejemplo anterior que los nazis obtuvieron mucho apoyo dirigiéndose directamente al interés personal de los electores (a pesar de afirmar lo contrario) y que explotaron los temores y prejuicios respecto a las grandes empresas y corporaciones propiedad de judíos. Pero por lo general se pasa por alto que el núcleo de los partidarios de Hitler en la década de 1920 y principios de la década de 1930 no tenían motivación política, sino que eran ciudadanos comunes que deseaban con desesperación creer en su promesa de proporcionarles las necesidades básicas: trabajo y comida. Quienes sabían de las actividades de las SA se tranquilizaban pensando que una vez que Hitler estuviera en el poder, pondría en orden a los extremistas. No se daban cuenta que el partido nazi era extremista por definición.

Hitler aprovechó la oportunidad para diseminar su mensaje por radio, lo que garantizaba una audiencia de millones e hizo viajes agotadores por el país con la creencia de que una aparición personal del líder dejaría una impresión más duradera. En las elecciones presidenciales de 1932, cruzó el país en avión, lo que le permitió hablar en varias ciudades cada día. Se diseñaron carteles para atraer a grupos particulares de electores, como madres, trabajadores, granjeros y tenderos. Incluso el momento de la campaña de carteles estaba calculado para lograr el máximo impacto.

Goebbels escribía a los activistas locales en su calidad de organizador de las elecciones de 1932.

"El cartel muestra una fascinante cabeza de Hitler en un fondo totalmente negro. De acuerdo al deseo del Führer, el cartel se debe poner sólo durante los últimos días de la campaña. Como la experiencia muestra que durante los últimos días hay diversos carteles coloridos, este cartel con su fondo negro por completo contrastará con todos los demás y producirá un enorme efecto en las masas".

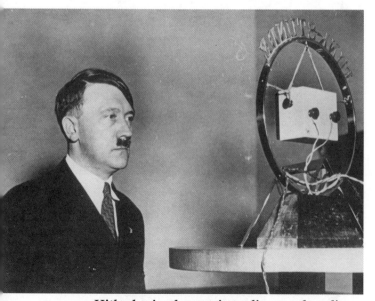

Hitler haciendo su primer discurso de radio para el pueblo alemán el 1 de febrero de 1933.

> ### *Llamamiento del Partido Nazi a los Electores, Elección Presidencial de 1932* [16]
>
> ### LLEVA A ALEMANIA A LA LIBERTAD
>
> Hitler es la contraseña para todos los que creen en la resurrección de Alemania.
>
> Hitler es la última esperanza para aquellos privados de todo; de granja y casa, de ahorros, de empleo, supervivencia y que sólo les queda una posesión: su fe en una Alemania justa que de nuevo otorgue a sus ciudadanos honor, libertad y pan.
>
> Hitler es la palabra de liberación para millones que están desesperados y ven en este nombre un camino a una nueva vida y creatividad.
>
> Hitler recibió el legado de los 2 millones de camaradas muertos en la Guerra Mundial que no murieron por el sistema actual de destrucción gradual de nuestra nación, sino por el futuro de Alemania.
>
> Hitler es el hombre del pueblo odiado por el enemigo, ya que comprende al pueblo y lucha por él.
>
> Hitler es la furiosa voluntad de la juventud de Alemania, la cual, en medio de una generación cansada, está luchando por encontrar nuevas formas y que tampoco puede, ni desea abandonar su fe en un mejor futuro alemán. Por lo tanto, Hitler es la contraseña y la flameante señal de todos los que desean un futuro alemán.
>
> Todos ellos el 13 de marzo desafiarán a los hombres del antiguo sistema que les prometieron libertad y dignidad, y que en lugar de eso repartieron piedras y palabras: Ya sabemos suficiente de ustedes. ¡Ahora ustedes sabrán de nosotros!
>
> ¡Hitler ganará porque el pueblo quiere su victoria!

Un año después el partido se unió con el Partido Nacionalista Alemán, lo que aumentó en forma considerable el número de miembros y el fondo para luchar, además de darle un barniz de respetabilidad. El líder del PNA, Alfred Hugenberg, era un propietario de periódicos, adinerado e influyente que también adquirió los estudios de películas y la cadena de cines UFA. De inmediato puso sus periódicos y películas de noticias a disposición de Hitler. Ahora nadie se estaba riendo.

CANCILLER HITLER

Al contrario del mito popular, los nazis no tomaron el poder por la fuerza, ni lo eligieron. En las últimas elecciones nacionales, antes de que Hitler se volviera canciller de Alemania, su porción de votos en realidad cayó de 37 a 33 por ciento, dándoles menos de 200 escaños en el Reichstag, sólo un tercio del total. Ganaron poder porque Hindenburg entregó la cancillería a Hitler con la esperanza de que terminara con las disputas políticas internas que habían puesto de rodillas al gobierno de Weimar.

Para Alemania, las repercusiones del Crac de Wall Street de octubre de 1929 fueron más que financieras. Se ampliaron las fisuras en la coalición ya precaria hasta que al fin se derrumbó cuando los nazis y los comunistas se negaron a apoyar la estructura vacilante. Entonces el presidente Hindenburg se vio obligado a encargarse en persona.

De 1930 en delante, Alemania estuvo gobernada por el viejo soldado casi senil, que

---

[16] *Völkischer Beobachter*, 3 de marzo de 1932.

1933: Hitler saluda a Hindenburg con la mano extendida y le hace una reverencia respetuosa, pero el "cabo austriaco advenedizo" fue más astuto que el arrogante aristócrata cuando le entregó las riendas del poder.

recibía consejos de un ambicioso oficial del ejército, Kurt von Schleicher. Éste manipuló a Hindenburg para que nombrara a cancilleres que estamparían medidas que beneficiaran al ejército. El primero de ellos fue Franz von Papen, el cual sucedió a Brüning en mayo de 1932. En diciembre de ese año, von Schleicher reemplazó a von Papen. El enojado von Papen le ofreció a Hitler un lugar en su gobierno si Hitler estaba de acuerdo en ayudarlo a derrocar a Schleicher. Pero primero von Papen tenía que conseguir el apoyo de Hindenburg, que se sabía desconfiaba de Hitler, al cual llamaba el "cabo austriaco advenedizo".

Antes en ese año, en agosto y de nuevo en noviembre, Hitler había exigido la cancillería sólo para que von Hindenburg lo rechazara enérgicamente. Las minutas de esa primera reunión entre Hindenburg y Hitler el 13 de agosto revelan que el viejo soldado no estaba tan senil para no darse cuenta de la amenaza que Hitler y su partido planteaban a la democracia y a la libertad personal.

"Al considerar la importancia del movimiento nacionalsocialista Hitler tendría que exigir el liderazgo para él y para su partido. Por lo tanto, el presidente Hindenburg declaró categóricamente que tenía que responder a esta petición con un claro y decidido 'no'. No podía, ante Dios, su conciencia y la patria cargar con toda la responsabilidad de confiar toda la autoridad del gobierno a un solo partido, lo que es más, un partido que tenía una actitud tan parcial hacia personas con convicciones diferentes a las suyas…".

Pero von Papen persistió y al final se las arregló para persuadir al achacoso presidente que podía refrenar a Hitler en dos formas. Ante todo limitando el número de ministros nazis en el gobierno y luego al insistir en que

Marzo de 1933: Los soldados nazis desafían la lluvia con un paseo triunfal a través de la Puerta de Brandenburgo, mostrándose ante las cámaras de noticieros y recibiendo el saludo de la multitud con el brazo extendido.

Hitler tuviera que trabajar con los rivales políticos en el gabinete.

Hindenburg cedió y despidió a Schleicher. El 30 de enero de 1933 nombraron canciller de Alemania a Adolfo Hitler.

DE DEMOCRACIA A DICTADURA

Los nazis celebraron su sucesión con un desfile masivo de tropas de asalto camisas cafés portando antorchas por las calles de Berlín. Ahora nadie podía dudar que Alemania estaba bajo el tacón de una dictadura militar fascista. Pero incluso mientras Hitler saludaba con la mano a las multitudes que lo adoraban desde el balcón de la cancillería, se daba clara cuenta de que millones de alemanes todavía estaban fuera de sintonía con el movimiento. Se tenía que cortar la madera muerta de las instituciones democráticas, dejando sólo la robusta reserva del partido. Así que la primera proclamación del

nuevo gobierno estaba dirigida a tranquilizar a la gente respecto a su presentación conservadora.

"El nuevo gobierno nacional considerará su primer y supremo deber restaurar la unidad de voluntad y espíritu de nuestra nación. Protegerá y defenderá el fundamento en que reposa la fuerza de nuestra nación. Protegerá con firmeza la cristiandad, la base de toda nuestra moralidad, protegerá a la familia… Apoyará la educación de la juventud de Alemania en la reverencia por nuestro gran pasado, en el orgullo de nuestras viejas tradiciones. Por lo tanto, declarará la guerra al nihilismo espiritual, político y cultural… el gobierno de nuevo hará de la disciplina nacional nuestra guía".

EL INCENDIO DEL REICHSTAG

Todavía no moría el eco de las botas de montar de las tropas de asalto en el Unter den Linden

Cuando el Reichstag se incendió, Hitler tuvo el pretexto perfecto para tomar el poder.

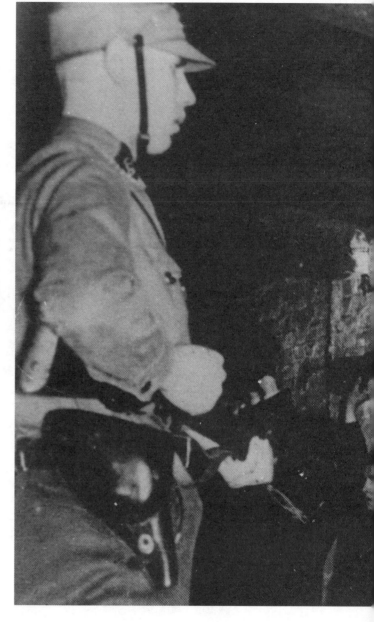

y Hitler ya sabía que los comunistas, que compartían su desprecio por la democracia, todavía podían desafiar su control del poder. En la última elección, 63 por ciento de los electores había rechazado la llamada a las armas de los nazis y nadie en el liderazgo podía permitirse descartar la posibilidad de una contrarrevolución financiada por los soviéticos. Los nazis eran una minoría en el Parlamento y el presidente Hindenburg tenía el poder para destituir a Hitler en cualquier momento que lo deseara hacer.

Hitler no se apaciguaría hasta que estuviera seguro su control del poder. Lo que se necesitaba era una amenaza específica al nuevo régimen. Nadie tiene la seguridad de a quién se le ocurrió la idea de prenderle fuego al Reichstag y culpar a los comunistas, algunos historiadores culpan a Goering, pero fue una demostración brillante y despreciable de la política nazi en efecto.

El 27 de febrero el fuego destruyó el interior del edificio del Reichstag en Berlín y se juzgó con precipitación a un comunista solitario,

Marinus van der Lubbe, y se le ejecutó por el crimen. Éste era un chivo expiatorio, al que escogieron los nazis ya que era débil mental y no hablaría en su defensa. La conspiración imaginaria dio al régimen la excusa que necesitaba para encarcelar a 4 000 dirigentes del Partido Comunista y pedir elecciones nuevas para aprobar sus políticas.

El 28 de febrero, Hitler exigió con éxito que Hindenburg aprobara un decreto de emergencia que prohibía la libertad de expresión y las reuniones políticas de la oposición y también autorizaba al estado para registrar casas particulares. Pero aunque esto restringió en gran

Reinado de terror: policías auxiliares (matones de las SA reclutados en la policía) arrestan a miembros del partido comunista cuando se intensificó la batalla entre izquierda y derecha por las ciudades alemanas en 1933.

medida la habilidad de los partidos de oposición para hacer campaña, los nazis no recibieron el abrumador apoyo que habían predicho con confianza. Aseguraron 288 escaños, pero todavía faltaba para ser mayoría. Se necesitarían medidas más draconianas. Se prepararon una serie de leyes con la intención de reforzar el dominio del gobierno sobre la democracia.

Ante todo, estaba la Ley de Habilitación. Aprobada por los nazis el 24 de marzo, le daba a Hitler el derecho a hacer leyes sin necesitar la aprobación del Parlamento. Luego, en mayo,

se aprobaron otros decretos que prohibían el partido comunista. El mes siguiente fue el turno de los socialdemócratas. En julio el régimen presionó al Vaticano para que cerrara el Partido Católico del Centro en Alemania en intercambio por la garantía de que se permitiría a la iglesia actuar sin interferencia del estado.

También en julio el régimen aprobó la segunda ley importante, la Ley Contra la Formación de Partidos. Prohibía a cualquiera formar un nuevo partido político, bajo la amenaza de encarcelamiento. El año nuevo recibió la abolición de los parlamentos estatales que representaban a las regiones. Partido y estado ahora eran uno y lo mismo.

La tercera medida significativa fue la Ley Respecto al Jefe del Estado Alemán, que se puso en vigor tras la muerte del presidente von Hindenburg el 1 de agosto de 1934. Esta ley combinaba las oficinas de presidente y canciller, de manera que Hitler se convirtió en gobernante absoluto de Alemania. Antes de que se pudiera enterrar al anciano, Hitler abolió la oficina del presidente y asumió el papel de Jefe de Estado. Su primer acto fue exigir que todos los miembros de las fuerzas armadas juraran lealtad personal a su Führer, movimiento astuto y cínico que aseguró que no pudieran desobedecer una orden de Hitler sin ser desleales a la Patria.

Con la muerte de Hindenburg, se puso a descansar a la vieja Alemania Imperial. Hitler era ahora Führer de un nuevo imperio. Presumía que duraría mil años. De hecho, el Tercer Reich de Hitler duró apenas 12 años.

LA NOCHE DE LOS CUCHILLOS LARGOS

Si alguien abrigaba esperanzas de que los nazis se someterían una vez que estuvieran en el gobierno, sufrieron una cruel desilusión con los eventos del 30 de junio de 1934. Ese día Hitler ordenó que se asesinara a los suyos en un baño de sangre que haría que nadie tuviera dudas respecto a lo que representaba el régimen… ni a lo lejos veía lo que estaban dispuestos a hacer para ir con el fin de aplastar a la oposición y encubrir sus "errores" pasados.

Por algún tiempo Hitler y Röhm habían estado en desacuerdo respecto al papel futuro de las SA. Hitler estaba en deuda con su viejo compañero, quien había jugado un papel decisivo en su elevación al poder. Pero los enfrentamientos cada vez más iracundos en el Reichstag con el general von Blomberg, el primer

"¿NO HE TRABAJADO DURO TODA MI VIDA POR ESTA TIERRA Y LE HE DADO A HITLER TODO LO QUE TENÍA? ¿DÓNDE ESTARÍA SIN MÍ? SERÁ MEJOR QUE HITLER TENGA CUIDADO, LA REVOLUCIÓN ALEMANA SÓLO ESTÁ EMPEZANDO…".
Ernst Röhm a Kurt Ludecke
junio de 1933 [17]

ministro de defensa de Hitler, se habían vuelto una vergüenza y una amenaza para la autoridad del Führer. Una y otra vez, Röhm había exigido que se reconocieran oficialmente a las SA como el "ejército revolucionario del pueblo". También había pedido que se purgara de la elite de oficiales prusianos al ejército regular y que a las tropas se les incorporara a las SA.

Desde el punto de vista de Röhm no era una solicitud irracional. Con un total de 3 millones de hombres bajo su mando, dirigía una de las fuerzas armadas más grandes de Europa, una que superaba al ejército regular cuatro a uno. Pero los oficiales prusianos quedaron horrorizados por la posibilidad de que un grupo de matones y desviados sexuales, como creían, manchara la honorable tradición de sus regimientos. Los rumores de las actividades homosexuales de Röhm y de su círculo interno, circulaban cada vez con mayor fuerza y era sólo cuestión de tiempo para que pasaran a formar parte del público. Era algo que desacreditaría al movimiento por completo.

Como el general von Brauchitsch observó: "…el rearme era un asunto demasiado serio y difícil como para permitir la participación de especuladores, borrachos y homosexuales".

También perturbaba a Hitler saber que sus respaldos financieros compartían la preocupación del ejército. Por ejemplo, Gustav Krupp, que había comprometido en persona 3 millones de Reichsmarks a los fondos del partido, confirmó los temores del Führer de que ahora se consideraba a las SA como el ejército privado de Röhm y, por lo tanto, eran una amenaza para el estado. Al ser el dueño de la fábrica más grande de hierro y acero, Krupp era crucial para el programa de rearme de Alemania.

La noticia de que las SA se estaban armando con ametralladoras de alto calibre en franco desafío al Tratado de Versalles, no podía con-

---

[17] Ernst Röhm a Kurt Ludecke, junio de 1933 (citado en *I Knew Hitler* de Ludecke).

tinuar sin respuesta. Hitler no tenía amigos íntimos y podía volverse contra un camarada leal por la menor infracción. Sin embargo, se esforzó en repetidas ocasiones por persuadir a Röhm de que había llegado el momento para desbandar a los "viejos combatientes" y aceptar que la revolución había terminado.

Pero Röhm era arrogante y no era alguien con quien se pudiera razonar. El punto decisivo llegó el 11 de abril de 1934, durante ejercicios navales en Prusia Oriental a los que asistieron el general von Fritsch y el almirante Raeder. Hitler sabía que tenía que asegurar su apoyo si deseaba consolidar su control del po-

Presentar los respetos: Adolfo Hitler y Ernst Röhm avanzan hacia el cenotafio en Núremberg, en septiembre de 1933. Menos de un año después, ejecutaron a Röhm, después de que Hitler lo considerara superfluo.

der, en especial una vez que el achacoso Hindenburg ya no estuviera. Por lo tanto, mientras cenaban a bordo de un crucero, el *Deutschland*, en ruta a Koenigsberg ahora Kaliningrado les presentó una idea general para construir una flota que fuera la envidia del mundo. También describió su visión de un nuevo Wehrmacht que estuviera equipado con tanques y artillería pesada, desafiando el odiado tratado, sin importar el costo.

A su vez, los presionó para que le garantizaran que cuando Hindenburg muriera, lo nombrarían su sucesor y ordenarían a cada miembro de las fuerzas armadas jurar lealtad a su Führer como supremo comandante. Si Fritsch y Raeder ponían en él su confianza, podía poner freno a las SA y garantizar que las fuerzas regulares serían las únicas portadoras de las armas en el nuevo Reich. ¿No había puesto en marcha, con un costo de miles de millones de marcos, un programa enorme de obras públicas que revitalizarían la economía y restaurarían el orgullo de la nación? ¿Cómo podían decir no a una oferta así? Después de asegurar su apoyo, Hitler estaba libre para actuar contra el enemigo interno.

SE SALDAN VIEJAS CUENTAS
Cuando llegó a Hitler la noticia de que Röhm estaba planeando un *putsch*, fantasía creada por Himmler y Goering para incitar a su líder a actuar, Hitler dio órdenes para su arresto y ejecución inmediatos junto con el liderazgo de alto nivel de las SA. Era la orden que Himmler y Goering habían estado esperando: la oportunidad de saldar viejas cuentas con la bendición del Führer y sin tener que dar explicaciones de sus acciones.

En la noche del 30 de junio de 1934, los miembros de las camisas negras de la guardia personal de Himmler, las SS, y los escuadrones de policía especial de Goering acorralaron a 150 miembros del liderazgo de las SA en Berlín y los ejecutaron sumariamente. Muchos murieron con un último "Heil Hitler" en los labios, creyendo que eran Himmler y Goering quienes habían ordenado su muerte y no el Führer.

28 de junio de 1934: Hitler en la boda de Josef Terboven con Ilse Stahl, en un tiempo amante de Goebbels.

Esa misma noche una columna de limosinas negras se detuvo frente al hotel Hanslbauer en Wiessee, cerca de Múnich, donde el líder de las SA estaba de vacaciones. Hitler, con adusta decisión, observó mientras docenas de sorprendidos miembros de las SA eran arrastrados fuera de su cama y ejecutados de inmediato. Entonces Hitler entró a la habitación de Röhm y le lanzó un torrente de insultos y acusaciones. Después de su partida, llevaron a Röhm a la prisión Stadelheim, donde le entregaron una pistola cargada y le dijeron que aceptara la muerte de un soldado.

"Si me van a matar, dejen que Adolfo lo haga por sí mismo", contestó, desafiante hasta el final.

Entonces entraron dos guardias de las SA a la celda y le dispararon a su líder en la nuca.

Nadie sabe con seguridad cuántos hombres murieron en lo que se llegó a conocer como la Noche de los Cuchillos Largos. En su discurso al Reichstag del 13 de julio, en el que buscó justificar las ejecuciones, Hitler admitió 77 muertes. Pero en un juicio posterior a la guerra, algunos de los perpetradores admitieron que habían asesinado a "más de 1000". Esta cifra incluía a Gustav von Kahr, que había ayudado a frustrar el Putsch de Múnich y al padre Staempfle, quien había editado *Mi lucha* y se decía que tenía conocimiento de las verdaderas circunstancias de la muerte de Geli Raubals. Kahr fue tasajeado con picos hasta morir y lo tiraron en un pantano cerca de Dachau; encontraron a Staempfle de bruces en un bosque a las afueras de Múnich, con el cuello roto y tres balas alojadas en su pecho.

Otras víctimas fueron dos oficiales del ejército, el general von Bredow y el general von Schleicher (el predecesor de Hitler como canciller) además de Gregor Strasser, quien había desafiado con franqueza la autoridad de Hitler en los primeros días del partido. Mataron a docenas más al azar, mientras las SS y los escuadrones de asesinato de las SA saqueaban las oficinas y las casas de los oficiales del partido, de los que sospechaban de deslealtad o de otras indiscreciones. El exprimer ministro de Prusia, Franz von Papen escapó con vida, pero mataron a su secretario; otros asociados murieron después en prisión. Balacearon a Erich Klausener, jefe de Acción Católica, en su oficina y mandaron a todo su personal a un campo de concentración.

Ahora Alemania estaba en estado permanente de emergencia, pues se habían suspendido indefinidamente las garantías individuales. Bajo tales circunstancias, pocos se consolaron en la aseveración de Hitler de que no habría otra revolución en Alemania por mil años.

A la siguiente mañana, los alemanes leyeron la noticia con adusta resignación y se dieron cuenta de que el nuevo orden significaba que la justicia se administraría sin siquiera la apariencia de un juicio. Encarcelamiento y muerte se impondrían al antojo del reichsführer Himmler, Goering y el resto del equipo de Hitler, todos los cuales actuaban como los nuevos señores feudales. En ese sentido, tenían razón… Alemania había descendido a una nueva Edad Media.

SECUELAS

Fueron profundas las implicaciones de la complicidad del ejército en la masacre. No sólo había proporcionado el transporte para los prisioneros, sino también las armas para los verdugos. Al alabar a Hitler por su rápida y decisiva acción contra los "traidores" en los días que siguieron a la matanza, el general von Blomberg había puesto al ejército del lado de la dictadura. Cualquier pensamiento que los generales hubieran considerado respecto a la expulsión forzada de Hitler ahora estaba fuera de lugar, ya que Blomberg había expresado su aprobación a las acciones del Führer. A partir de este momento, la credibilidad del cuerpo de oficiales estaba mortalmente comprometida.

30 de junio de 1934: el cuerpo de Ernst Röhm parece estar saludando por última vez después de la ejecución.

CAPÍTULO SEIS

EL REICH DE MIL AÑOS

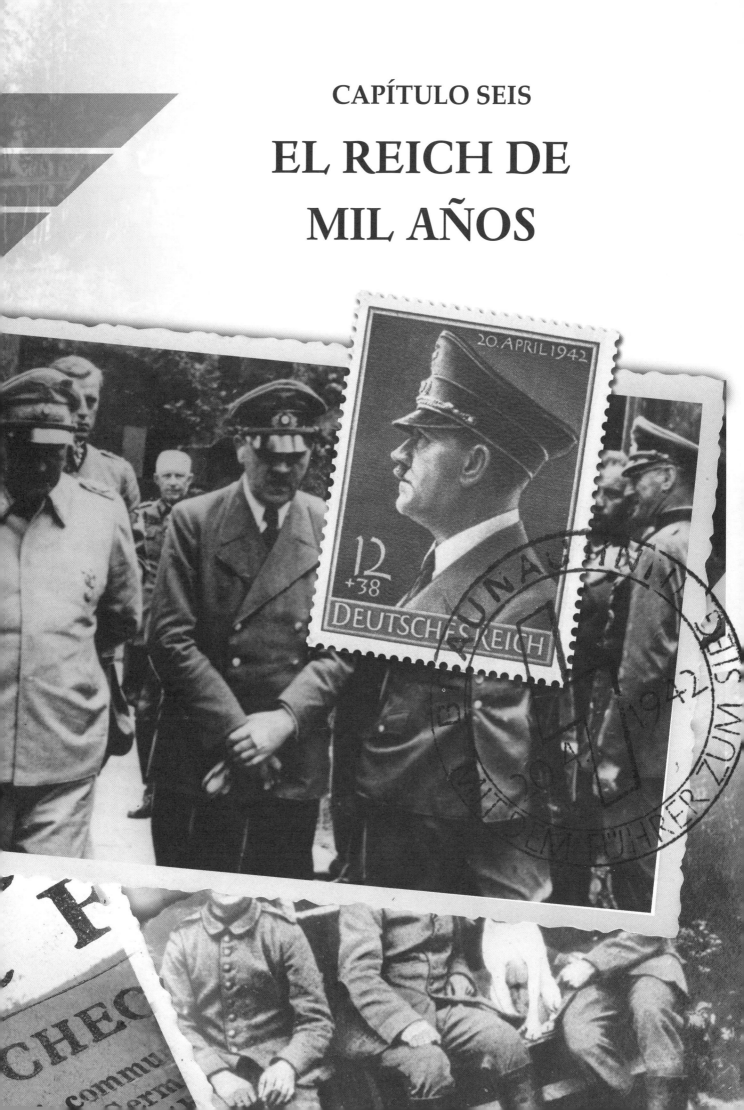

EL ARQUITECTO DE HITLER

Seis semanas después de que Hitler se convirtiera en canciller, un joven arquitecto desconocido, pero prometedor, recibió una llamada telefónica citándolo en Berlín. Albert Speer, entonces de sólo 27 años de edad, aceptó la invitación sin dudar y condujo durante la noche desde su casa en Mannheim, para llegar cansado, pero impaciente al cuartel del partido. Se reunió con el líder de la organización del distrito Hanke, el oficial que lo había convocado a la capital, y le dijo que se presentara con el "Herr Doctor", que deseaba que inspeccionara un imponente edificio del siglo XIX que había escogido para su nuevo ministerio.

El doctor Goebbels saludó a Speer con una cordialidad desacostumbrada y no perdió tiempo en guiarlo a su auto oficial. Juntos condujeron a Wilhelmsplatz, donde una gran multitud se había reunido con la esperanza de ver al Führer, cuya cancillería se encontraba justo enfrente. Speer estudió las caras ilusionadas de los extraños que ahora compartían un lazo común: esperanza para el futuro y fe en su Führer. Mientras el auto giraba en el espacioso patio del ministerio, tuvo la sensación de que estaba empezando una nueva época y que estaba tomando su lugar en el centro de todo.

Speer se había unido al partido en una etapa relativamente tardía, en 1931, y se había desalentado al descubrir que los miembros locales del partido eran burócratas insignificantes de un "bajo nivel personal e intelectual". No los podía imaginar gobernando la nación. Pero le quedaría claro en las siguientes semanas que era la fuerza de la personalidad de Hitler lo que daba poder a esas personas insignificantes. Y era su deseo de complacerlo lo que aceitaba las ruedas del gobierno.

Mientras recorrían el edificio, Goebbels dejó en claro que no se debía escatimar en gastos para renovar las oficinas y las grandes salas en

La construcción de un futuro: Albert Speer esboza sus planes para una nueva arquitectura alemana.

el gran estilo imperial que era el más adecuado para su condición. En común con todos los proyectos de construcción del régimen, no se había acordado un presupuesto y no se habían aprobado planes determinados, así que Speer tenía total libertad. A pesar de eso, cuando preparó sus bocetos, optó por modestas líneas clásicas en concordancia con las intenciones del arquitecto original. Para su desilusión, estos embellecimientos no recibieron la aprobación de Goebbels. Los encontró "insuficientemente impresionantes" y comisionó a una compañía de Múnich para remodelar el edificio en lo que Speer más adelante se refirió como "estilo transatlántico".

Sin embargo, se dio una segunda oportunidad a Speer después, cuando Goebbels le pidió que restaurara su residencia privada, comisión que el joven arquitecto sin reflexionar prometió completar en sólo dos meses. Empleando tres equipos de obreros que trabajaban las 24 horas del día, Speer se las arregló para terminar el trabajo antes de la fecha límite, hazaña que atrajo la atención de Hitler, como esperaba. Los otros miembros del círculo interno del Führer, al principio estaban recelosos del recién llegado y resentían tener que compartir la atención y los favores de su líder.

Sin importar lo que pensaran, tal vez era inevitable que Hitler, él mismo un arquitecto malogrado, aceptara a Speer y le confiara la realización de sus fantasías imperialistas. Le daba al Führer gran placer tener a alguien a su alrededor con el que pudiera discutir sus planes para reconstruir Berlín y Linz, como la nueva capital de Austria.

GERMANIA

Berlín iba a ser una ciudad de impresionantes monumentos y edificios públicos. Todo se construiría a una escala que empequeñecería las estructuras del mundo antiguo. Por el centro de la ciudad correría una avenida amplia de 122 metros de ancho y 5 kilómetros de largo. Habría un arco del triunfo de 122 metros de alto en un extremo, en el que se grabarían los nombres de los alemanes muertos en la guerra y una sala de conferencias con domo en el otro extremo. Se trazaron planes detallados y se construyeron modelos a escala, pero la guerra se interpuso y "Germania" como se iba a renombrar a Berlín, nunca se construyó.

En lugar de eso, indujeron a Speer para que rediseñara las residencias de los oficiales de alto nivel del partido. Esto le dio la oportunidad de observar al liderato de cerca y apreciar lo desconfiados que eran entre ellos. Se sabía que Goebbels odiaba a Goering, Ribbentrop y Bormann, mientras que Ribbentrop despreciaba a todos en la administración… y el sentimiento era recíproco. Goering desconfiaba de Ribbentrop, Goebbels, Bormann y Speer, aunque encargó a Speer rediseñar su casa a sólo unos meses de que había sido restaurada con un considerable costo. Y todo porque Hitler se había quejado porque era como un mausoleo. Parecería que los principales nazis se adherían a la creencia de que uno debe mantener a sus amigos cerca, pero más cerca a los enemigos.

UNA CATEDRAL DE LA LUZ

Con cada encargo aumentaba la reputación de Speer, pero su contribución más significativa al régimen fue diseñar el escenario para los Mítines de Núremberg anuales. Cuando llegó por primera vez a Berlín, notó un boceto para el montaje de una reunión de partido en el aeropuerto Tempelhof de Berlín y de inmediato afirmó que lo podía hacer mejor. Inspirándose en el teatro y en la antigua Roma, diseñó un gran escenario; en la parte posterior se alzaban tres enormes banderas con la esvástica, cada una más grande que un edificio de diez pisos. Las banderas se iluminaron con poderosos reflectores.

Más adelante, cuando se puso a diseñar el escenario para los Op, fue más allá. Requirió 130 reflectores antiaéreos que colocó a intervalos de 12 metros, cada uno apuntando hacia arriba para crear la ilusión de gigantescos pilares que se elevaban hacia el cielo sin bóveda. En esta "catedral de la luz", Hitler asumía una estatura mesiánica ante los ojos de sus fanáticos seguidores. El evento se convirtió en una celebración ritual del poder militar y el poder de la voluntad colectiva.

Si Speer sentía remordimientos, se los guardó, ya que el único pecado imperdonable en el Tercer Reich era la deslealtad al Führer. Todas las demás indiscreciones se pasaban por alto.

CENTRO DEL IMPERIO

A menudo Hitler presumía que su imperio duraría mil años, así que requería edificios que reflejaran el significado histórico del régimen. En 1938 confió a Speer el diseño de una nueva

La "Catedral de la Luz" de Albert Speer, el monumento supremo del Mitin de Núremberg de 1937. Ciento treinta reflectores antiaéreos apuntaban hacia el cielo, creando la ilusión de pilares gigantescos.

cancillería en Berlín. Se iba a erigir en el sitio de la antigua Cancillería Imperial y se extendería una manzana completa de la ciudad en Voss Strasse. Estaba concebida en una escala que invitaba a la comparación con los monumentos del mundo antiguo y estaba diseñada para intimidar a los dignatarios visitantes. Hitler esperaba que se marcharan asombrados por el "poder y grandeza del Reich alemán". Con seguridad la entrada era impresionante. El patio, que tenía más de 61 metros de largo, conducía a un tramo corto de escaleras. Éstas estaban flanqueadas por columnas neoclásicas de 13 metros de alto y dos estatuas de bronce diseñadas por el escultor favorito de Hitler, Arno Brecker.

En el interior, el piso y los muros de la Sala de los Mosaicos, de 46 metros de largo, estaban construidos con mármol rojo. Tenía águilas de mármol gris incrustadas y estaba adornada con figuras de oro que recordaban los palacios de los emperadores romanos. Hitler incluso había adoptado el Águila Imperial como emblema. Águilas de oro estaban posadas sobre cada entrada, en coronas y sosteniendo esvástica en sus garras.

Con el fin de llegar a la oficina del Führer, los visitantes pasaban por la Gran Galería de Mármol que con 146 metros de largo era de dos veces la longitud de la Galería de los Espejos en Versalles. Estaba cubierta de tapetes invaluables en préstamo permanente del museo de la capital. La oficina de Hitler era imponente como era de suponerse, y estaba amueblada con gusto; la característica reveladora era un motivo de espada medio desenvainada, incrustado en la parte superior de su escritorio.

"Cuando los diplomáticos la vean, aprenderán a estremecerse y temblar", comentó.

Más allá de la oficina privada de Hitler se encontraba la Sala del Gabinete, en el centro de la cual estaba una larga mesa de conferencias rodeada por dos docenas de sillas imperio. Todas estaban decoradas con el águila y la esvástica. Es irónico que Hitler nunca tuviera una reunión de gabinete, así que los ministros tenían que contentarse con una breve visita con el fin de ver sus nombres estampados en oro en la libreta de notas en su lugar de honor.

Se contrataron más de 4 500 trabajadores para construir la nueva cancillería y se emplearon miles más en todo el país para la producción de las lujosas instalaciones. Entre ellas estaban enormes puertas de caoba de 5 metros de alto, luces de pared de oro y placas de oro que describían las cuatro virtudes de Platón: Sabiduría, Fortaleza, Templanza y Justicia. Su presencia no causó impresión en Hitler, el cual presumía: "Apenas creerías el poder que una mente pequeña adquiere sobre la gente a su alrededor cuando es capaz de mostrarse en circunstancias tan imponentes".

Fue una de las pocas afirmaciones en verdad intuitivas que iba a hacer en su vida, pero es claro que no comprendió la ironía.

BORMANN, LA EMINENCIA CAFÉ

La indolencia y el desdén de Hitler por el papeleo significaba que nadie en la nueva administración sabía cuáles eran sus deberes y que

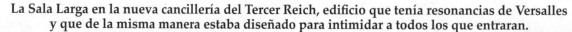

La Sala Larga en la nueva cancillería del Tercer Reich, edificio que tenía resonancias de Versalles y que de la misma manera estaba diseñado para intimidar a todos los que entraran.

todo el mundo estaba siendo continuamente debilitado o destruido por sus colegas. Hitler, cuyas órdenes sin variación eran vagas y contradictorias, resumió su actitud hacia el caos que creaba, comparándose con un jardinero que ve sobre la cerca de vez en cuando para observar a sus plantas luchando por llegar a la luz. La situación no mejoraba con la estructura de la administración de Hitler, un laberinto kafkiano de burócratas en el que cada distrito era dirigido por un *Gauleiter* (líder de distrito). Estos funcionarios podían bloquear o retrasar las órdenes si no les gustaba la oficina que las había mandado.

Como secretario de prensa de Hitler, Otto Dietrich, una vez afirmó: "Hitler creó en el liderazgo político de Alemania la mayor confusión que haya existido jamás en un estado civilizado".

Tal vez estaba desafiando en forma inconsciente a su padre, cuyo sentido del orden y el respeto por la burocracia eran de las cosas que más odiaba Hitler.

Por suerte para el Führer, estaba rodeado por aduladores siempre dispuestos a llevar a cabo sus directivas y a registrar todos sus pensamientos para la posteridad. El más fiel de estos subalternos era Matin Bormann, cuya devoción obstinada y sumisión incondicional excedía incluso la de su superior, Rudolf Hess.

Bormann era un hombre bajo y fornido, con hombros muy arqueados y voz tenue y aguda que le impedía hablar en público. En lugar de eso, se mantuvo en las sombras; eran una presencia anónima pero constante. De hecho, protegía su acceso al Führer con tanto celo que se negaba a tomar un día de descanso por temor a que alguien más pudiera ganarse con halagos la confianza de Hitler. En consecuencia, la jerarquía completa nazi lo insultaba, y le puso la Eminencia Café en referencia al color de su uniforme y su presencia siempre al acecho. Su deber oficial era encargarse de las finanzas personales del Führer, las cuales llevaba a cabo con un celo obsesivo. Fue Bormann quien tuvo la idea de exigir regalías al servicio postal alemán por cada estampilla que tuviera el retrato de Hitler. Esto ascendió a millones de marcos en unos cuantos años. Fue Bormann quien administró un fondo para usos ilícitos con las contribuciones que hacían los industriales ricos que se habían enriquecido con los lucrativos contratos del rearme. El fondo ascendía a más de 100 millones de marcos sólo en el primer año.

Julio de 1944: Hitler y oficiales de alto nivel seis días después del intento de asesinato de Claus von Stauffenberg en la Guarida del Lobo. Por órdenes de ellos, se realizó la venganza más cruel que fue posible.

Pero en lugar de llenarse los bolsillos, como muchos oficiales se pudieron sentir tentados a hacer en un régimen tan poco estricto y convenenciero, Bormann se congració con su Führer, derrochando millones de marcos en renovar el Beghof, el retiro alpino de Hitler en Berchtesgaden. El pabellón original de tamaño modesto se extendió como un chalé de múltiples niveles, donde los pisos bajos estaban tallados en la ladera para dar cabida a alojamientos, cocinas y despensas. Pero la característica más espectacular era el enorme ventanal, que ofrecía una vista espectacular de los Alpes Austriacos. A pesar de que la residencia en la cima de la montaña era casi inaccesible, estaba rodeada por alambre de púas y contaba con una guardia numerosa en todo momento. A mediados de la década de 1930, Bormann encontró fondos para construir un salón de té en la cima, conocido como Nido de Águila, que estaba conectado por un elevador privado que se tuvo que excavar en el granito. Se decía que esta única característica había costado hasta 30 millones de marcos, dando lugar a la burla de que Bormann era la única persona que había creado una fiebre de oro a la inversa al meterle dinero a una montaña.

A pesar de ser una figura poco atractiva, Bormann tuvo una historia pintoresca. Después de unirse al partido en 1927, a la edad de 26 años, participó con un escuadrón de asesinatos nazi y lo enviaron un año a prisión por su participación en el asesinato de su antiguo maestro de primaria. Pero después de que se casó con la hija de un oficial nazi de alto rango, pudo persuadir a Hess que lo nombrara su delegado. Entonces sagazmente se puso a disposición para el tedioso papeleo que sabía que Hess aborrecía.

Burócrata de nacimiento, sabía que el verdadero poder de una administración se encontraba en restringir el acceso a quien toma las decisiones. Así que seguía a Hitler con libreta y lápiz desde el momento en que el líder se levantaba a mediodía hasta la madrugada. Registraba cada orden, cada observación de pasada. Ningún comentario o pregunta era demasiado trivial para que lo escribiera Bormann. Por este medio se congració con Hitler, el cual llegó a confiar en él para redactar sus comentarios casuales como órdenes oficiales y resumir los temas que requerían su atención. Hitler le hizo a Bormann el mayor cumplido que éste podía imaginar cuando afirmó: "Con él, me encargo en diez minutos de una pila de documentos para los cuales con otro hombre necesitaría horas".

Bormann incluso parecía compartir el gusto del líder por las comidas vegetarianas, pero a espaldas de Hitler, salía a hurtadillas a su propia habitación y se llenaba con chuletas de cerdo y milanesas.

CAPÍTULO SIETE

HITLER: FUERA DE LA VISTA

TÉ CON UN TIRANO

Entre las guerras, los dignatarios extranjeros se reunían en ocasiones en Berchtesgaden para tomar té con el líder que había producido un "milagro económico" al regenerar a Alemania. Sin excepción, quedaban impactados al encontrarse con un anfitrión indolente y descortés que dormía hasta mediodía, que se dedicaba a practicar monólogos sin propósito y que comía abundantes cantidades de tartas de crema y chocolates. Lo que es más, perdía el tiempo en las noches, viendo películas como si fuera un hombre retirado, sin asuntos de estado apremiantes a los cuales atender.

"ME VOLVERÉ EL HOMBRE MÁS GRANDE DE LA HISTORIA, TENGO QUE LOGRAR LA INMORTALIDAD, INCLUSO SI PERECE LA NACIÓN ALEMANA COMPLETA EN EL PROCESO".
Adolfo Hitler [18]

Cuando consentía a reunirse con ministros y su círculo interno, muchas decisiones importantes se tomaban en forma intuitiva, o sin las consideraciones que sus visitantes le hubieran solicitado. Actuaba como un príncipe de Ruritania que se preocupaba más por la pompa, y el esplendor que por las realidades de la diplomacia moderna. Aunque a menudo en su tiempo se le reconocía una astuta visión política y sagacidad en el arte de gobernar, sus primeros éxitos fueron el resultado de una combinación de bravuconería y suerte. Lo que demostraba era poco más que pura astucia animal. Era capaz de sentir la debilidad de su presa y la falta de decisión de sus enemigos para proteger a un aliado débil.

Pero por un tiempo engañó a la crema y nata. El rey Eduardo VIII y su nueva esposa Wallace Simpson estuvieron entre los visitantes al Nido del Águila en Obersalzberg. El ex primer ministro británico David Lloyd-George fue otro visitante. Fue tan entusiasta en sus alabanzas que se tuvieron que suavizar sus comentarios antes de que los publicaran en el *Daily Express*.

"Ahora he visto al famoso líder alemán y también el gran cambio que ha llevado a cabo… Por primera vez desde la guerra hay una sensación general de seguridad. La gente está más alegre… Es una Alemania más feliz. Un hombre ha logrado este milagro. Es un líder innato de los hombres. Una personalidad magnética y dinámica con un propósito resuelto, una voluntad decidida y un corazón intrépido… Los viejos confían en él. Los jóvenes lo idolatran. No es la admiración que se otorga a un líder popular. Es la veneración de un héroe nacional que ha salvado a su país del total desaliento y degradación… no he escuchado ni una palabra de crítica o desaprobación sobre Hitler.

"Lo que Hitler dijo en Núremberg es verdad. Los alemanes resistirán hasta la muerte a todo invasor de su país, pero ya no tienen el deseo de invadir cualquier otra tierra".[19]

HITLER EN PRIVADO

A pesar de todo lo que se habla de su magnetismo personal y de sus poderes de oratoria, la impresión perdurable de Hitler, que proviene de quienes lo conocieron y lo atendieron todos los días, era de un burgués superficial, torpe e inaguantable. Le encantaba escandalizar a sus invitados y compañeros. Por ejemplo, tenía el hábito de decirle a las mujeres que su maquillaje se había fabricado con grasa humana, agua de drenaje o desperdicios de cocina. Cuando se servía carne, el vegetariano decla-

---

[18] US OSS sourcebook 1943.
[19] "I Talked To Hitler", *The Daily Express.*

En la cima del mundo: Adolfo Hitler e invitados comparten el sol de la montaña en la terraza de Berghof.

rado señalaba su semejanza con un bebé asado o describía la escena dentro de un matadero con detalles gráficos. Sin embargo, se inquietaba por su té como una *Hausfrau* de clase media.

Con el fin de evitar que le recordaran sus defectos intelectuales, Hitler se rodeaba a propósito con quienes consideraba sus inferiores. Si tenían deformidades físicas, mucho mejor. Sus ayudantes personales, Bruckner y Burgdorf, tenían poca habilidad intelectual, al igual que sus tres asesores de las SS, Fegelein, Günsche y Rattenhuber. Rudolf Hess era otro ejemplo. Con seguridad debió ser el reemplazo del líder más deficiente en el área intelectual de un país europeo moderno. Su vuelo malogrado a Escocia en mayo de 1940, en busca de la paz, fue ingenuo en extremo y es muy posible que sugiriera demencia.

En el aspecto físico, también eran un surtido extraño. El chofer de Hitler era tan bajo que tenía que poner bloques bajo su asiento para poder ver sobre el volante. Esta perversa política también se podía ver en el nombramiento de Goebbels con pie zambo, el administrador de empresas del partido con un brazo, Max Amann, y un asistente del secretario de prensa sordo como una tapia.

Después del asesinato de Ernst Röhm, Hitler nombró al tuerto Victor Lutze como su sucesor, mientras que Robert Ley, jefe del Frente de Trabajo, padecía un defecto del habla que entretenía a Hitler. Tenía la perversa diversión de darle tantos compromisos para hablar en público como podía organizar.

Pero no todos los nombramientos de Hitler tenían la intención de divertir. Muchos miembros de la elite nazi eran sádicos, degenerados sexuales, drogadictos, alcohólicos, pornógrafos y criminales menores, todos los cuales hubieran sido encarcelados de no haber escalado en la administración criminal de Hitler. Por ejemplo, Hermann Goering era considerado por su

Führer como "el mayor genio en la historia de la aviación", pero se pasó la mayor parte de la Segunda Guerra Mundial en una neblina narcótica. Mientras tanto, su ministro del extranjero, Joachim von Ribbentrop, tenía una lamentable comprensión de los asuntos mundiales como de estudiante de tercero de secundaria. El regocijo infantil de Hitler de causar confusión y su actitud displicente hacia los asuntos de estado lo llevó a duplicar diversos deberes, así que sus ministros y oficiales estuvieran demasiado ocupados en discutir entre ellos para plantear una amenaza para su liderazgo. También se decía que Hitler consideraba a cualquiera que hubiera estado hacía poco de vacaciones en el extranjero como experto en asuntos del exterior.

Pero como con todos los tiranos y dictadores, Hitler sembró las semillas de su propia destrucción al rodearse de aduladores e insistir en su propia infalibilidad. Si hubiera estado dispuesto a delegar autoridad a hombres más capaces y a escuchar el consejo de los oficiales más capaces en las fuerzas armadas, el Tercer Reich hubiera durado mucho más. Pero como

su secretario de prensa comentó: "En lugar de atraer hacia él hombres de elevado carácter, amplia experiencia y amplitud de visión, los evitaba y se aseguraba de que no tuvieran la oportunidad de influir en él… No permitía otros dioses aparte de él".

EL MESÍAS DEMENTE

En su estudio exhaustivo y perspicaz de la personalidad de Hitler, *El Dios psicópata*, el historiador Robert G. L. Waite sostiene que se puede considerar al estado nazi como la creación de una "fantasía infantil perversa". Continúa trazando paralelos entre el nuevo orden de Hitler y la sociedad salvaje creada por los estudiantes náufragos en la novela de William Golding, *El señor de las moscas*. Tanto Hitler como el personaje central del libro de Golding son personalidades psicópatas de libro de texto, que es típico que empiecen su carrera criminal como bravucones del vecindario. Dominarán a los débiles y "desafiarán" a sus seguidores a cometer delitos menores con el fin de fortalecer su control sobre ellos. Al cansarse de esto pueden buscar la notoriedad en la madurez como

Culto a la personalidad: antes de la guerra, enormes multitudes llegaban a Obersalzberg, donde Hitler y otros nazis tenían sus retiros de montaña, para dar un vistazo al Führer o tocar su mano.

Hitler se consideraba "el actor más grande de Europa": siempre era consciente de que estaba en el centro del escenario.

líderes de un culto o secta, ya que buscan adoración, autoengrandecimiento y confirmación de su odio contra el mundo.

Los hombres de este tipo desprecian a los débiles. Celebran la destrucción sin sentido y disfrutan de la crueldad injustificada. Una de sus tretas es escenificar rituales complejos con música, marchas y veneración de símbolos antiguos, con el fin de crear la ilusión de que sus subordinados pertenecen a una comunidad con una tradición respetable. Como resultado de este adoctrinamiento, será menos probable que sus seguidores cuestionen las órdenes del líder cuando se les pide que humillen, intimiden o incluso asesinen a quienes no están de acuerdo. Como carece de conciencia, su líder culpará a las víctimas por haber atraído ese destino sobre ellas, mientras que sus colaboradores se absolverán de responsabilidad, sin sentir compasión, ni remordimientos. Si se les piden cuentas, dirán que se les ha condicionado para seguir órdenes.

DETRÁS DE LA MÁSCARA

Es revelador que Hitler se considerara "el actor más grande de Europa", y con cierta justifica-

ción, ya que era un maestro de la manipulación y el engaño. Empleaba su don innato para la imitación, para engañar a sus enemigos, para que creyeran que era sincero y que se podía confiar en sus promesas. Lo logró mediante una combinación de cálculo y convicción, ya que no sólo estaba actuando un papel, sino viviéndolo hasta el máximo.

Pero también era capaz de recurrir al melodrama o fingir una de sus cóleras de triste fama si pensaba que podía lograr el efecto deseado. Durante un enfrentamiento con Hjalmar Schacht, el ministro de finanzas alemán en la administración de Weimar, Hitler logró que salieran lágrimas de sus ojos mientras rogaba con éxito que Schacht continuara en su puesto. Pero en el momento en que el ministro dejó la habitación, Hitler se dio la vuelta hacia sus asociados y dejó salir sus verdaderos sentimientos. El secretario de relaciones exteriores alemán fue testigo de otra actuación persuasiva el 23 de agosto de 1939, cuando Hitler impresionó al embajador británico, sir Neville Henderson.

"Sólo después de que Henderson dejó la habitación, me di cuenta que la representación de Hitler había sido premeditada y actuada".

También ensayaba una conversación con detalle en privado con su reemplazo Rudolf

Padre de la nación: Hitler abraza a una niña escogida con cuidado para la cámara.

Hess, antes de reunirse con un dignatario o diplomático extranjero, probando diferentes voces hasta que encontraba el tono apropiado.

Hitler era un actor consumado. Cumplía el papel que se esperaba de él, de manera que engatusaba a todos, pero cuando se marchó del escenario mundial para siempre, ni siquiera sus compañeros más cercanos podían expresar las cualidades que los habían cautivado.

Su arquitecto y ministro de armamento, Albert Speer, que se consideraba el único amigo que Hitler tuviera jamás, si en verdad alguna vez fue capaz de sentir amistad, confesó: "En retrospectiva, no tengo seguridad alguna de cuándo y dónde era en verdad él mismo, con su imagen sin distorsionar por representar un papel".

Su piloto personal, Hans Baur, recordó que era sólo en compañía de niños, a los que no impresionaba, que mostraba lo que parecerían sentimientos humanos genuinos. Y sin embargo, ordenó el asesinato y la esclavitud de cientos de miles de niños y fue responsable de que muchos más se convirtieran en huérfanos sin hogar.

Como el historiador Robert Waite comentó: "Hitler no poseía las cualidades y atributos que deseaba o que otros deseaban ver en él, sólo daba la ilusión de poseerlos".

La creencia de que Hitler era una personalidad limítrofe parece confirmarse con su capacidad para ser todo para todos los hombres y, sin embargo, mantenerse indefinible. Peter Kleist, quien sirvió como asistente del ministro del extranjero Joachim von Ribbentrop, comenta en sus memorias que la cara de Hitler siempre lo fascinaba por la "...multiplicidad de expresiones que contenía. Era como si estuviera compuesta por una serie completa de elementos individuales que no se resumían en un total único... Un fotógrafo, al elegir un momento individual fuera de contexto, podía mostrar sólo un aspecto, con lo que daba una falsa impresión de la duplicidad o multiplicidad del ser que se encontraba detrás...". [20]

---

[20] Kleist, *The European Tragedy*.

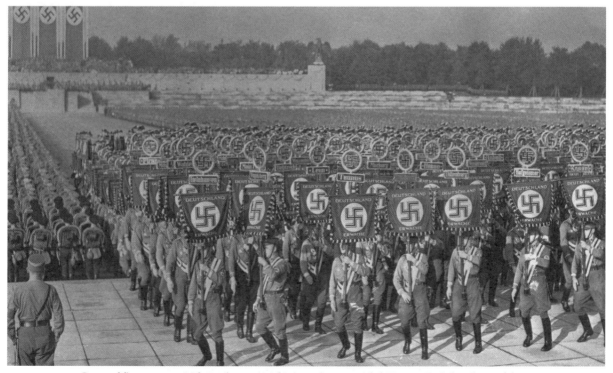

Geográficamente, Núremberg estaba en el centro del Tercer Reich y los mítines que se realizaban ahí, con una asistencia de hasta un cuarto de millón de personas, se planearon para mostrar el nuevo poder militar de Alemania.

INFALIBILIDAD

Son reveladores los ejemplos de la incapacidad de Hitler para manejar el desacuerdo y la desilusión. Una vez lo describió un diplomático inglés como que actuaba "como un niño malhumorado y malcriado" cuando alguien se atrevía a estar en desacuerdo con él, o si el tema de conversación no era de su agrado. Y sus momentos de cólera eran legendarios. Casi siempre los iniciaba un contratiempo para sus planes, que era considerado insignificante o leve más que uno importante. Las derrotas militares lo ponían serio, pero si un sirviente se atrevía a llevarle el tipo incorrecto de agua mineral o se sugería que estaba silbando mal una tonada, hacía una gran rabieta en ese instante sin importar quién lo estuviera viendo. Sacudía los puños, gritaba en forma incoherente e incluso se extendía como mártir contra una pared como si estuviera crucificado… estrategias que sin duda desarrolló al principio con el fin de obtener la atención de su madre. En una ocasión respondió a la crítica de una secretaria respecto a su silbido, asegurándole que él no se había desviado de la melodía… ¡que era el compositor el que estaba mal!

Un conocido de la infancia recordó que era incapaz de entregar algo con una sonrisa, mientras que un oficial de la oficina del extranjero recordó: "Respecto a la gente, los juicios de Hitler por lo general eran amargos y despectivos. Cualidades como tolerancia, sentido del humor e ironía respecto a sí mismo le eran totalmente ajenas".

Las únicas veces que reía era a expensas de otros. De acuerdo a su arquitecto y ministro de armamentos Albert Speer: "Parecía disfrutar destruyendo la reputación y la dignidad incluso de sus asociados cercanos y camaradas fieles".

Esto pudo deberse a que su arrogancia y desprecio dominantes por los demás se suavizaba por una tendencia a la autocompasión, lo que lo llevaba a buscar consuelo y lástima por todo lo que creía que había sufrido y sacrificado en nombre del pueblo alemán. Hitler todo el tiempo lloriqueaba respecto a su temor de ser olvidado con el fin de incitar a sus acólitos a tranquilizarlo de que era un gran hombre y que estaba destinado a que lo recordaran en los siguientes siglos.

Fue su obsesión morbosa con la muerte y el temor obsesivo a su propia mortalidad lo que lo impulsó a encargar la construcción de un número exorbitante de monumentos a los mártires del movimiento. También planeaba edificios imperiales monumentales, pensando en cómo se verían como ruinas después de que pasaran mil años, cuando el Reich hubiera pasado a la historia.

El motivo de la muerte era un tema tan dominante en el Tercer Reich como en muchas de las óperas de Wagner. Los mítines nazis se escenificaban como si fueran escenas de *Götterdämmerung (El ocaso de los dioses)*, con iluminación de teatro y masas de filas uniformadas de tropas de las SS en el papel de caballeros teutónicos, todo orquestado con música de Wagner. El objetivo era establecer el escenario y estimular el alma alemana. Es significativo que los nazis escenificaran las conmemoraciones a los héroes caídos con más efectividad que cualquier otro evento en su apretado calendario.

INFLEXIBILIDAD

Hitler también era estricto en sus rutinas y hábitos. Como hizo notar su jefe de prensa con exasperación: "Se mantenía perpetuamente en la misma compañía, entre las mismas caras, en la misma atmósfera, y, también puedo decir, en el mismo estado de monotonía y aburrimiento, produciendo todo el tiempo los mismos discursos y declaraciones".

Speer también comentó lo superficial que Hitler aparecía en privado, una mera sombra de su feroz personalidad pública. Al recordar los largos y repetitivos monólogos con que Hitler entretenía a sus invitados y compañeros, Speer dijo: "El repertorio seguía siendo el mismo. No lo extendía ni profundizaba en él, rara vez siquiera lo enriquecía con nuevos enfoques. Ni siquiera trataba de disimular las frecuentes repeticiones. No puedo decir que encontrara muy impresionantes sus comentarios".

Hitler tenía un lugar particular en los corazones y las mentes de las mujeres alemanas. Aquí, una mujer del partido lo observa embelesada durante uno de sus discursos. Porta la insignia nazi y "la cruz de madre".

Hitler hablaba sin cesar de sus temas favoritos: la lucha inicial del partido, su conocimiento de la historia, su gusto en arquitectura, su actriz de películas favorita y las indiscreciones privadas de oficiales del partido que, por supuesto, no estuvieran presentes. No se requerían contribuciones de los invitados, sólo el acuerdo mudo con todo lo que había dicho su anfitrión. Las horas de la comida no eran un evento social, sino una oportunidad para una audiencia colectiva con el Führer.

Pero éste era un lado que los ciudadanos ordinarios no veían. Al ser el gobernante absoluto de Alemania, Hitler estaba deificado ante los ojos de millones de seguidores que lo adoraban. Asumía una mística que era comparable a la de los emperadores romanos o de los faraones egipcios.

Goering resumió la fascinación del pueblo alemán por su Führer en un artículo poco común que se publicó en 1934.

"Es probable que no exista nadie más en este momento que atraiga tanto el interés general como el Führer. Y sin embargo, no existe nadie cuyas cualidades sean tan difíciles de describir como las de Adolfo Hitler... no tiene ninguna cualidad o característica individual que, ante nuestros ojos, no posea la más alta perfección... el Führer es infalible... Ahora bien, ¿cuál es el secreto de su poderosa influencia sobre sus seguidores?... hay algo místico, indecible, casi incomprensible respecto a este hombre. Y la persona que no siente de manera intuitiva eso, nunca lo comprenderá, ya que amamos a Adolfo Hitler porque creemos, con una fe que es profunda e inquebrantable, que nos lo envió Dios para salvar Alemania". [21]

---

[21] *Aufbau einer Nation,* Hermann Goering.

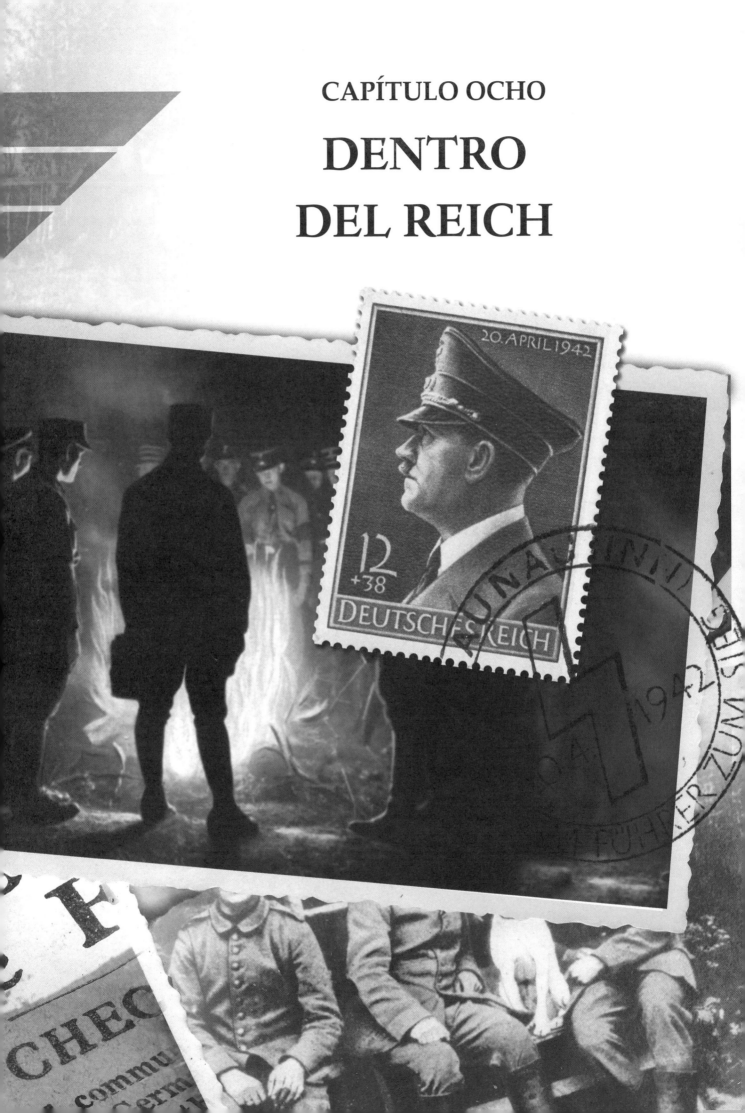

CAPÍTULO OCHO

DENTRO
DEL REICH

PRIMAVERA PARA HITLER

Gota por gota, se estaba adormeciendo la conciencia de una nación hacia la sumisión, como si se estuviera administrando un anestésico. Pero pocos se quejaban, al menos en público. La vida era buena. En el primer año de la cancillería de Hitler, el desempleo se había reducido en un tercio, de 6 millones a poco menos de 4 millones. Esto fue gracias a un programa masivo de obras públicas, con un costo de 18 000 millones de marcos, que garantizaba trabajo para los cientos de miles de miembros del Frente Laboral Alemán, bajo las órdenes del doctor Robert Ley. Las compañías privadas recibieron enormes subsidios si contribuían a la construcción del nuevo sistema de autopistas que contemplaba 7000 kilómetros de concreto entrecruzando el país. También se erigieron enormes edificios municipales nuevos en Berlín y otros centros administrativos, incluyendo una nueva cancillería del Reich para el Führer y un complejo de ministerios en una escala imponente. El Führer hizo en persona los bocetos de varios, por fin haciendo realidad sus ambiciones de adolescente.

En el siguiente año, un millón más encontró trabajo y la reducción aumentó año tras año hasta que para 1939 sólo 302 000 alemanes sanos estaban desempleados oficialmente, sólo 0.5 por ciento de la mano de obra total. Por esta razón, pocos se quejaban por la pérdida de los sindicatos, aunque ahora tenían prohibido exigir salarios más altos, menos horas o mejores condiciones. No se podían hacer huelgas bajo ninguna circunstancia. Incluso se prohibía a los trabajadores cambiar de empleo sin permiso. Se introdujo el salario relacionado con el desempeño, lo que beneficiaba a los trabajadores más jóvenes, pero que resultó perjudicial para la vida de los hombres y mujeres de mayor edad y menos capaces. La imposición de más horas de trabajo condujo a un aumento en el ausentismo. El progreso tenía su precio.

> "HEMOS PUESTO UN ALTO A LA IDEA DE QUE ES PARTE DE LOS DERECHOS CIVILES DECIR LO QUE SE QUIERA".
>
> *Adolfo Hitler, 22 de febrero de 1942* [22]

Las cifras de desempleo también eran engañosas. En 1935 se introdujo el reclutamiento, lo que significaba que se forzaba a entrar al ejército a cientos de miles de jóvenes, y por eso no aparecían en las estadísticas. Para 1939, un millón y medio de hombres usaban el uniforme y, por lo tanto, ya no estaban desempleados.

En las áreas rurales, los granjeros recibían subsidios para producir menos alimento. Se les desalentaba activamente de ser productivos con el fin de mantener los precios altos en forma artificial, mientras que en las regiones industriales, las fábricas estaban trabajando a toda capacidad para cumplir los objetivos del programa de rearme. El costo para la nación fue de 26 000 millones de marcos para 1938.

Hitler recibió el crédito por esta prosperidad, pero de hecho, la economía alemana mejoró como consecuencia de la recuperación global. La Depresión había terminado y se había restaurado la confianza en las instituciones financieras. Incluso el gran programa de construcción de carreteras que se acredita a Hitler en realidad lo promovió el gobierno de Weimar a finales de la década de 1920. Es un hecho poco conocido que en 1927 la república estaba

---

[22] Hitler en conversación informal, 22 de febrero de 1942.

**Los Juegos Alemanes, Núremberg, 1938: bajo el mando de Hitler era el deber principal
de todo ciudadano alemán servir al estado y, si era necesario, entregar su vida por la Patria.**

gastando más en nuevas carreteras de lo que hicieron los nazis en 1934.

Incluso se mantenía ocupada a la juventud de la nación con saludables actividades al aire libre que combinaban el entrenamiento físico con el adoctrinamiento de la ideología nazi.

LAS JUVENTUDES HITLERIANAS

La afiliación a las Juventudes Hitlerianas, que se habían fundado en 1926, se volvió obligatoria para los niños desde la edad de 6 años y para las niñas desde la edad de 10 años gracias a una ley que aprobaron en 1939, que declaraba: "Es de la juventud que depende el futuro de la nación alemana. Por lo tanto, es necesario preparar a toda la juventud alemana para que se le eduque en los aspectos físico, mental y moral con el espíritu del nacionalsocialismo, para servir a la nación y a la comunidad racial".

Antes de ese momento se alentaba a los padres a inscribir a sus hijos en la organización del partido. Como se habían prohibido otros grupos juveniles en 1933, y se abolieron los grupos juveniles de las iglesias tres años después, no les quedaba más que obedecer. A quienes se resistían los podían correr de su trabajo, multarlos o incluso encarcelarlos.

Se requería que los niños se uniera al *Pimpfen* (Pequeños Compañeros) de los 6 a los 10 años, en ese punto se inscribirían en el *Jungvolk* (Gente Joven) hasta que tenían 14 años de edad. Luego pasaban a las *Hitlerjugend* (Juventudes Hitlerianas), que los entrenaban para el servicio militar a la edad de 18 años.

Las niñas se unían a la organización *Jungmädel* (Niñas Pequeñas) a la edad de 10 años. Cuando llegaban a la edad de 14 años, pasaban al *Bund Deutscher Mädchen* o *Mädel* (la Liga de Niñas Alemanas) hasta la edad de 18 años.

En 1932, cuando el movimiento juvenil estaba en su infancia, tenía 108 000 miembros. Esa cantidad se elevó a casi cinco millones y medio

**Actividades patrocinadas por el estado:
se adoctrinaba a los niños desde temprana edad.**

La mayoría de los niños se sentía feliz de ser parte de un movimiento juvenil nacional y usaban su uniforme con orgullo. Respondían con entusiasmo a los ideales de camaradería, lealtad y honor, y a la promesa de competencias deportivas y acampar en el campo. Ahí podían aprender a leer mapas, disparar, hacer señales y el significado místico de los símbolos rúnicos. Para muchos era una aventura, una oportunidad de pertenecer a algo. Se podían ganar medallas al mérito por destrezas recién adquiridas y los individuos podían poner a prueba su capacidad para la autodisciplina y la resistencia física.

Pero no todos compartían su entusiasmo. Unos pocos se quejaban que la disciplina de estilo militar era opresiva. Toda actividad estaba precedida por ejercicios repetitivos supervisados por niños de 12 años de edad, que era claro que disfrutaban al gritarles órdenes a sus subordinados de 10 años de edad. Algunos disfrutaban la autoridad y la obediencia incondicional que podían exigir. Disfrutaban del derecho para castigar a quienes no hacían lo que se les decía. A los infractores se les imponían ejercicios extra y deberes de limpieza de letrinas.

El lema del movimiento de la juventud era: "La juventud debe dirigir a la juventud", pero en la práctica significaba que los bravucones podían atormentar a quienes les desagradaban. Una vez adoctrinados con la ideología aria, se les podía enseñar que era su deber "vigilar" a sus padres, a sus maestros y a otros adultos. También se les adoctrinaba para informar cualquier incidente o comentarios que se pudieran considerar actos de deslealtad al estado. La idea era tener pequeños Hitlers en formación.

El doctor Robert Ley, líder del Frente Laboral Nazi dejó en claro la política del régimen.

"Nuestro estado… no deja a un hombre ser libre de la cuna a la tumba. Comenzamos a trabajar cuando el niño tiene tres años de edad. En cuanto empieza a pensar se le pone una banderita en la mano. Luego viene la escuela, las Juventudes Hitlerianas, las Tropas de Asalto y el entrenamiento militar. No dejamos que se vaya ni un alma, y cuando se ha hecho todo

para 1936 y alcanzó su punto máximo en 1939, cuando la afiliación total de todas las organizaciones juveniles alcanzó 8 millones. Esto aseguraba que toda persona joven de menos de la edad de reclutamiento estuviera adoctrinada en forma adecuada con el programa nazi.

Cualquier padre preocupado que no estuviera infectado con la fiebre del nacionalsocialismo debió darse cuenta de que se estaba condicionando a los niños de la nación para que fueran sirvientes obedientes del estado y luego les inculcaban la propaganda nazi y con cinismo los preparaban para la guerra.

"Himmler está entrenando a los jóvenes que harán temblar al mundo", afirmó Hitler.

Era el cuento de hadas de los hermanos Grimm, *El flautista de Hamelín*, hecho realidad.

Salto político: 1936 y el movimiento Fuerza a través de la alegría en pleno auge.

eso, es el Frente Laboral el que toma posesión de ellos cuando han crecido y no los deja ir hasta que mueren, les guste o no".

FUERZA A TRAVÉS DE LA ALEGRÍA

El Frente Laboral Alemán fomentaba un programa de actividades recreativas y eventos sociales para los trabajadores conocido como *Kraft durch Freude* (Fuerza a través de la alegría) que tenía el propósito de mantenerlos felices y productivos. Se proporcionaban conciertos, visitas a teatros, vacaciones y cursos educativos a precios asequibles para los que de otra manera no podían permitírselos. Pero en la práctica, seguían siendo los trabajadores mejor pagados y la administración los que se las arreglaban para obtener lugares en las excursiones más deseables, como cruceros a Escandinavia y España. Una rama de la organización, conocida como el departamento de la

"Belleza del Trabajo", patrocinaba la construcción de instalaciones de recreo y comedores en fábricas y otros lugares de trabajo. Sin embargo, los trabajadores resentían el hecho de que se esperaba que construyeran las instalaciones en su tiempo de descanso y a su propio costo.

Robert Ley causó más resentimiento al prometer a cada trabajador un auto propio, siempre que lo pagaran a plazos. Se decía que el Volkswagen (auto del pueblo) con forma de escarabajo fue diseñado por el Führer mismo. Puso la primera piedra para la fábrica en 1938, en medio de mucho bombo y platillo. Pero un año más tarde se había convertido en una fábrica para la producción de municiones y nunca entregaron los autos a los trabajadores que los habían pagado.

EL PAPEL DE LAS MUJERES EN EL REICH

En el mundo de Hitler se veía a las mujeres sólo como ornamentos. Durante el Tercer Reich se les declaró inelegibles para jurados, ya que, en la opinión de Hitler, eran incapaces para el pensamiento lógico o el razonamiento objetivo.

Una vez le dijo a la esposa del líder de las SA, Franz von Pfeffer: "Una mujer debe ser una cosita linda, adorable e inocente… tierna, dulce y estúpida".

Su propia elección de una compañera, la sosa Eva Braun, con seguridad se ajustaba a esa descripción.

El papel de la mujer en el Tercer Reich se resume en el lema del partido: *Kinder, Kirche, Küche* (Niños, Iglesia, Cocinar). Aunque la elite nazi escogió bellezas delgadas para que fueran sus amantes, el ideal del partido era una mujer que fuera matrona, de caderas amplias y sin intereses fuera del hogar. Se decía que la carriola era "el tanque del frente en casa".

Los nazis creían que la fuerza de la población alemana estaba bajo amenaza por las generaciones que se unían con "razas inferiores"

> "LA MISIÓN DE LAS MUJERES ES SER HERMOSAS Y TRAER NIÑOS AL MUNDO".
>
> *Joseph Goebbels, 1929*

Der Bund Deutscher Mädel in der Hitler Jugend (La Liga de Chicas Alemanas en las Juventudes Hitlerianas): jovencitas bailan juntas, mientras las preparan para sus papeles futuros como esposas, madres y cuidadoras del hogar.

y que si la tendencia continuaba, era probable que los superaran los eslavos. En un esfuerzo por contrarrestar esta situación, el régimen alentaba a las mujeres a dejar el trabajo de tiempo completo para que pudieran casarse y tener hijos. Se ofrecían préstamos de matrimonio sin intereses, que se reducirían una cuarta parte con el nacimiento de cada hijo. Se otorgaba a las madres productivas medallas como reconocimiento por su lealtad y sacrificio. A quienes no se daban por aludidas, se les desalentaba activamente de continuar una carrera. Se redujeron en forma drástica los lugares para las mujeres en los cursos de mayor educación, con el fin de limitar sus opciones, y se obligó a muchas mujeres profesionales a dejar sus trabajos. Además de todo eso, se prohibieron las clínicas de control del nacimiento y se impusieron estrictas leyes antiaborto.

Si alguna rama de la ciencia se vinculara en concreto con el partido nazi, sería la práctica engañosa de la eugenesia, que tenía que ver con programas de crianza selectiva con el fin de lograr la "purificación" racial. En 1936, se establecieron los centros de crianza de niños Lebensborn. Mujeres aprobadas en el aspecto racial formarían parejas con hombres de las SS con la esperanza de que tuvieran una descendencia aria pura. Al mismo tiempo, los nazis promovieron un programa de eutanasia para eliminar a los ciudadanos "no productivos" de manera que no pasaran sus "defectos" a su descendencia.

EUTANASIA

En 1933, la Ley para la Prevención de la Descendencia con Enfermedades Hereditarias hizo que la esterilización fuera obligatoria para los discapacitados físicos, los ciegos, los sordos y cualquiera que sufriera de epilepsia o depresión. Incluso añadieron a los alcohólicos crónicos.

Luego, en 1935, se aprobó la Ley para la Protección de la Salud Hereditaria del Pueblo Alemán, la cual prohibía a la gente con enfermedades hereditarias o infecciosas casarse y procrear "descendencia enferma y asocial" que se convertiría en una "carga para la comunidad".

Limpiar y desinfectar lo mejor de ellos: Lebensborn consistía en un experimento extraño de procreación selectiva.

En menos de cuatro años se habían llevado a cabo 200 000 esterilizaciones obligatorias y se había planeado un programa paralelo para eutanasia con escalofriante eficiencia alemana. El hermano discapacitado mental de Gerda Bernhardt, Manfred, fue uno de los 5000 niños a los que les quitaron la vida los médicos nazis en los primeros años del régimen.

Gerda recuerda: "Manfred era un niño encantador, pero sólo podía decir 'mamá' y 'papá'… Además, aprendió a caminar muy tarde. Siempre le gustaba estar ocupado. Si mi madre decía: 'Sube un poco de carbón del sótano', deseaba hacerlo una y otra vez.

"Mi padre estaba a favor de ponerlo en algún tipo de hospital para niños y luego hablaron de Aplerbeck, ya que tenían una gran granja ahí y podrían mantener ocupado al niño".

Diseñaron a Aplerback como "Unidad de niños especiales", donde el personal decidía cuáles pacientes debían vivir y cuáles darían demasiados problemas por sus cuidados y que por lo tanto, se debían matar con una inyección letal.

Gerda recuerda la última vez que vio a su hermano vivo. "Llevaron al niño a la sala de espera. Ahí estaba un camillero cuando me mar-chaba. Manfred se quedó junto a la ventana y lo saludé una y otra vez con la mano y él también me saludó. Fue la última vez que lo vi".

En ese tiempo no existía una política oficial de eutanasia y ninguna ley que lo autorizara, sólo una *Führerstaat* (directiva). Los médicos únicamente estaban actuando de acuerdo a las instrucciones de sus superiores que sabían que Hitler había autorizado de manera informal la práctica en una carta a su médico personal. Eso fue suficiente para sellar el destino de miles a los que se les consideraba "indeseables" o que no merecían vivir. A los pacientes como Manfred Bernhardt se les daba una sobredosis de lumital o morfina y se atribuía su muerte a enfermedades comunes, con el fin de que no surgieran sospechas de las familias (antes de esto el método había sido la muerte por hambre). Los registros de la institución en Aplerbeck muestran que Manfred Bernhardt murió de sarampión. En la misma semana otros once niños sanos murieron en forma prematura.

SOSPECHAS

Pero no todos aceptaban la explicación oficial. A una familia le informaron que su pariente había muerto por apendicitis, pero sin que lo supiera la institución, habían extirpado el apéndice del paciente diez años antes. Errores similares despertaron las sospechas de docenas de familias más, que llevaron sus preocupaciones a los sacerdotes, sabiendo que la policía no los escucharía.

En septiembre de 1940, un clérigo protestante, el pastor Braune, escribió al Ministerio de Justicia con el fin de expresar sus preocupaciones respecto a la inanición sistemática de los pacientes en los manicomios fundados por la iglesia que estaban bajo su supervisión.

"Las visitas a las instituciones en Sajonia muestran con claridad que la tasa de mortalidad está aumentando al retirar el alimento… Como no es posible que los pacientes sobrevivan así, se les hace tomar una droga (paraldehído) que los pone apáticos. Los informes orales y escritos dicen que queda conmovedoramente claro que los pacientes una y otra vez repiten: 'Hambre, hambre'. Los empleados y las enfermeras que no pueden soportar esto en ocasiones emplean sus medios privados para calmar un poco el hambre. Pero el resultado es incuestionable. Cientos han muerto con rapidez en los últimos meses como resultado de estas medidas.

"En esto no están sólo los pacientes que están por completo más allá de las sensaciones. Por el contrario, están pacientes que saben muy bien qué está sucediendo y observan cuántos funerales suceden todos los días. Un informe describe el temor mortal de un paciente que tenía un presentimiento exacto del destino de sufrimiento que iba a tener él y sus compañeros".

No fue hasta agosto de 1941 que Hitler ordenó el final del programa de eutanasia en respuesta a una protesta pública y con gran publicidad de un clérigo importante, el obispo Galen de Munster, quien había presentado una protesta oficial con el fiscal de distrito y la policía.

"…se están elaborando listas en hospitales y hospicios de Westaflia, respecto a los pacientes que al ser denominados como 'ciudadanos improductivos' son trasladados y poco después los matan…

"Es probable que sea para proteger a los hombres que con premeditación matan a esas pobres y enfermas personas, miembros de nuestras familias, que los pacientes elegidos para morir se trasladan de un lugar cercano a sus casas, a una institución distante. Entonces se da alguna enfermedad como causa de muerte. Como incineran el cuerpo de inmediato, ni la familia ni el departamento de investigaciones criminales pueden averiguar si en realidad tuvo esa enfermedad y cuál fue la causa de la muerte.

"Sin embargo, me han asegurado que ni en el Ministerio del Interior ni en la oficina del líder de médicos del Reich, el doctor Conti, se hace un gran esfuerzo por ocultar el hecho de que ha tenido lugar el asesinato premeditado

"LOS CONCEPTOS NACIONALSOCIALISTA Y CRISTIANO SON IRRECONCILIABLES".

Martin Bormann,

julio 1941

de grandes números de enfermos mentales y que se planean más para el futuro".[23]

UNA VOZ DISCREPANTE

Pocos se atrevían a hablar en público contra el régimen, pero con seguridad los miembros del clero, tanto protestantes como católicos, criticaron a los nazis desde el púlpito cuando quedó claro que tenían la intención de reemplazar el cristianismo con una nueva religión pagana. La cruz cristiana sería reemplazada por la esvástica y se iban a retirar todas las imágenes de los santos de todas las capillas, iglesias y catedrales. Por último, se iba a reemplazar la Biblia por *Mi lucha* y se iba a poner una espada a la izquierda del altar.

En marzo de 1935, el pastor Martin Niemöller, de Berlín, publicó un llamamiento a las congregaciones de Prusia, advirtiendo de esta nueva idolatría.

"Vemos a nuestro pueblo amenazado por un peligro mortal. El peligro es el de una nueva religión".

Niemöller, un excomandante de submarino en la Primera Guerra Mundial, al principio se había alegrado por la llegada de los nazis, pero pronto se había desilusionado por los planes que tenían para una Iglesia del Reich controlada por el estado y por los sentimientos rabiosos anticristianos que expresaban Alfred Rosenberg y otros miembros del círculo interno de Hitler. En su amarga condena del régimen, Niemöller recordó a sus compañeros cristianos que la nueva religión sería una rebelión contra el primer mandamiento, que afirmaba que debían venerar sólo a un Dios. La veneración de la sangre y la raza, la nacionalidad, el honor y la libertad constituían nuevos ídolos, no ideales.

Sostenía que la fe en una "Alemania eterna" amenazaba con reemplazar la fe en el reino

---

[23] Johannes Neuhäusler, *Kreuz and Hakenkreuz.*

Veneradores de dioses falsos: el obispo Ludwig Müller con compañeros nazis en las escaleras de la Iglesia del Castillo en Wittenberg, donde Martín Lutero una vez clavó sus 95 tesis contra la venta de indulgencias.

eterno celestial de Cristo y esta "falsa fe" era una expresión del Anticristo.

Por lo tanto, era deber de la iglesia resistirse a la secularización de sus costumbres y la cristianización de sus días santos. La misión de la iglesia era proteger a sus miembros del adoctrinamiento en un "nuevo mito" que estaba en contra de las creencias cristianas.

La condición de clérigo de Niemöller no lo salvó de la ira del régimen. Después de que ignorara las amenazas y advertencias repetidas lo arrestaron en julio de 1937 y lo enviaron al campo de concentración de Sachsenhausen y luego a Dachau, donde continuó por siete años hasta que lo liberaron los Aliados. Arrestaron a más de 1000 sacerdotes y laicos tras la protesta de Niemöller. Ochocientos de ellos eran miembros de la Iglesia Confesional que él había fundado en respuesta al movimiento cristiano alemán pro-nazi.

Al retirar a los pastores con más principios y más ruidosos del púlpito, el resto a regañadientes dio su bendición al régimen. Los nazis no continuaron con su plan para una "Iglesia Nacional del Reich", pero se aseguraron de que todo aspecto de la vida religiosa estuviera cubierto con la esvástica y que se le diera un molde distintivo militar. Había bodas nazis, bautismos nazis y, por supuesto, funerales nazis.

GENOCIDIO Y JUDÍOS

Los judíos alemanes no desaparecieron de la noche a la mañana. Les robaron sus derechos y les privaron de su forma de ganarse la vida mediante un programa continuo y sistemático de leyes. La intención era aislarlos de la sociedad alemana hasta que se pudiera poner en práctica "la solución final" al problema judío. Estas leyes se hicieron públicas en boletines de

Nada era sagrado para los nazis: produjeron carteles para promover una nueva Iglesia del Estado Alemán.

noticias de radio, en las películas de noticias semanales del cine y en los periódicos, de manera que el pueblo alemán estaba bien consciente de lo que estaba sucediendo.

El acoso al azar a los judíos por parte de las SA en los primeros años del régimen nazi se convirtió en la política explícita del partido en abril de 1933, cuando Hitler ordenó el boicot de las tiendas y negocios judíos. Incluso el envejecido von Hindenburg sabía lo que estaba sucediendo. Expresó su desaprobación en una carta con fecha de 4 de abril de 1933.

Estimado señor canciller,

En los últimos días me han informado de gran cantidad de casos en los que jueces, abogados y oficiales de justicia, que son veteranos de guerra heridos y cuya conducta en el puesto ha sido impecable, fueron retirados por la fuerza y ahora están despedidos por su ascendencia judía.

Para mí en lo personal… este tipo de tratamiento de oficiales judíos heridos en guerra es del todo intolerable.

…Si merecieron pelear y sangrar por Alemania, se les debe considerar que merecen continuar sirviendo a la Patria en sus profesiones.

Con su tortuosidad característica, Hitler contestó que estas medidas sólo eran parte de un "proceso de limpieza" que tenía el fin de "restaurar el equilibrio saludable y natural" entre los alemanes y los judíos en ciertas profesiones. Continuó diciendo que era necesario purgar el sistema de un "cuerpo extraño" que lo estaba corrompiendo desde dentro.

PERSECUCIÓN LEGALIZADA

El 7 de abril la Ley para la Restauración de una Administración Pública Profesional legalizó el despido de todos los judíos de la administración pública y de puestos públicos. En el siguiente mes, se quemaron en público libros de autores judíos en Berlín. Más de un periodista se vio obligado a recordar a sus lectores que cien años antes el poeta romántico alemán Heine había advertido: "Donde uno quema libros, al final quema personas".

En septiembre, se les prohibieron todas las actividades culturales a los judíos y en octubre se despidieron a todos los periodistas judíos de sus trabajos sin compensación. Para 1934, se les prohibió a los estudiantes judíos hacer exámenes para títulos profesionales y en mayo expulsaron a todos los judíos de las fuerzas armadas. Ese septiembre las infames Leyes de Núremberg privaron a los judíos alemanes de su ciudadanía y la Ley para la Protección de la Sangre Alemana y el Honor Alemán prohibieron el matrimonio y las relaciones sexuales entre judíos y gentiles.

En 1936 se aplicaron una serie de leyes que expulsaban a los judíos de las profesiones médicas, de enseñanza y jurídicas. Sólo se permitía a los médicos judíos tratar a otros judíos, se restringió a los abogados judíos a aconsejar y actuar por clientes judíos y los maestros judíos sólo podían tener alumnos privados que fueran también judíos. Excluyeron de las escuelas alemanas a ambos, maestros y niños judíos.

También se les prohibió a los judíos asistir a lugares públicos como parques, restaurantes, películas y tiendas. Sin embargo, durante los

Como Heine advirtió: "Donde uno quema libros, al final se queman personas".

Juegos Olímpicos de 1936 se retiraron todas las señales de la calle que prohibían a los judíos ir al centro de Berlín por temor a atraer la crítica internacional. Pero fue sólo un asunto de tiempo antes de que la persecución legalizada de los judíos estallara en violencia franca y atrajera la atención de la prensa mundial.

KRISTALLNACHT

El 9 de noviembre de 1938, un pogromo nacional conocido como *Kristallnacht* (la noche de los cristales rotos) causó que casi 200 sinagogas ardieran hasta los cimientos, mientras se destruían 7000 negocios propiedad de judíos y se profanaban numerosos cementerios judíos. Arrestaron a treinta mil judíos y los encarcelaron en campos de concentración, a 2000 de los cuales asesinaron durante esa semana. La violencia había sido instigada por el liderazgo nazi que más adelante declaró que había sido una reacción espontánea de los indignados ciudadanos alemanes. Se afirmó que el asesinato de un diplomático alemán por un extremista judío había provocado al pueblo.

El ama de casa de Berlín, Emmi Bonhoeffer, no tenía paciencia con quienes negaban que supieran lo que estaba ocurriendo. "Por supues-

to, en 38, cuando estaban ardiendo las sinagogas, todos sabían lo que estaba sucediendo. Recuerdo que mi cuñado me contó que fue a su oficina en tren la mañana después del Kristallnacht y entre las estaciones de Zarienplatz y los Jardines del Zoológico, estaba una sinagoga judía en llamas y murmuró: 'Eso es una vergüenza para nuestra cultura'. De inmediato un caballero sentado frente a él giró su solapa y mostró su insignia del partido y presentó papeles que mostraban que era de la Gestapo. Mi cuñado tuvo que mostrar sus papeles, dar su dirección y le ordenaron ir a la oficina del partido a la siguiente mañana a las 9. Lo interrogaron y tuvo que explicar qué quería decir con ese comentario. Trató de salir de eso hablando, pero su castigo fue que tenía que arre-

Ilusiones despedazadas: después del Kristallnacht, estaban contados los días de los judíos en Alemania.

glar y distribuir las tarjetas de racionamiento para el área al principio de cada mes. Y lo hizo por siete años, hasta el final de la guerra. La familia tuvo que arreglar las tarjetas para cada categoría de la población, trabajadores, niños, etc., pero no se le permitía tener un ayudante. Tenía que ir solo. Así es como le rompían la espalda a la gente".[24]

Cuando Emmi se enteró de lo que estaba sucediendo en los campos de concentración, se lo dijo a sus vecinos, que dijeron que no querían escuchar esas historias de horror. Era demasiado para creerlo. Eso es lo que creaba la radio extranjera. Cuando el marido de Emmi escuchó lo que había estado diciendo, le advirtió que estaba poniendo a su familia en el más grave peligro. Le recordó que una dictadura era como una serpiente… si atacas la cola, tan sólo se da la vuelta y te muerde. Tienes que golpear la cabeza.

Pero actuar contra un gobierno no es algo que se lleve a cabo a la ligera y en una dictadura el riesgo de fallar es demasiado terrible de considerar.

Al final de 1938 se presentaron más medidas que legalizaban el robo de propiedad y negocios judíos. Ahora el estado los podía comprar a una fracción de su valor y arrojar a sus antiguos dueños a la calle o a un campo de concentración. En 1939, se exigía a los judíos entregar todos sus bienes, incluyendo joyería, antes de que los echaran de sus casas y los reubicaran en guetos.

Se iba a retirar físicamente a los judíos de todos los aspectos de la vida alemana y se iba a erradicar toda memoria de su existencia. Se borraron los nombres de los soldados judíos que habían caído en la Primera Guerra Mundial de monumentos y se destruyeron los registros militares de 100 000 judíos más que habían peleado por la patria.

NO ESCUCHAR EL MAL, NO VER EL MAL
Todos sabían lo que le estaba sucediendo a los judíos, pero la mayoría de las personas se hacía de la vista gorda o decidía creer los rumores de

que los iban a deportar. Muchos abrigaron esas falsas esperanzas hasta que los Aliados liberaron los campos de la muerte en 1945 y se reveló la horrible verdad para que la vieran todos. Pero otros individuos fueron testigos de la persecución de los judíos de primera mano en los primeros años del régimen. Pronto empezaron a darse cuenta de la horrible verdad respecto al destino de los millones de judíos que habían desaparecido.

La ama de casa alemana Christabel Bielenberg, cuyo marido ejecutaron más adelante por formar parte en la conspiración de julio para asesinar a Hitler, todavía se siente acosada por el recuerdo de la noche en la que le pidieron dar refugio a una pareja judía. Los aceptó en contra del consejo de un vecino, que también fue cómplice. Su vecino le recordó que por aceptar a los judíos arriesgaba no sólo su propia vida y la de su marido, sino también las de sus hijos, los cuales sin duda serían enviados a un campo de concentración si la Gestapo lo averiguaba. Sin embargo, ella hizo que la pareja estuviera lo más cómoda posible en el sótano.

"Tan sólo no pude decir 'no'", recuerda.

Los judíos se quedaron dos días. En la mañana del tercer día Christabel bajó al sótano para encontrarse con que la pareja se había marchado. Pero no antes de haber limpiado y arreglado para que ninguna señal de su estancia pusiera en peligro a su anfitriona.

Unos días después se enteró de que los habían atrapado, comprando un boleto en la estación del tren, y que los habían trasladado a Auschwitz.

"Me di cuenta que Hitler me había convertido en asesina", afirmó.

Medio millón de judíos tenían la ciudadanía alemana en 1933. Muchos de ellos se hubieran incorporado a la sociedad alemana mediante el matrimonio, si los nazis no los hubieran asesinado en forma sistemática. Algunos tuvieron la previsión de darse cuenta de qué destino les esperaba a manos del régimen y fueron lo bastante afortunados para que se les permitiera emigrar a Inglaterra o Estados Unidos. Entre ellos estaba el científico Albert Einstein y los ci-

---

[24] *Emmi Bonhoeffer: Essay, Gespräch, Erinnerung,* 2004.

neastas Alexander Korda, Fritz Lang y Michael Curtisz, además del actor Peter Lorre. En total, 280 000 judíos lograron huir a lugar seguro.

Sin embargo, muchos ciudadanos ordinarios se quedaron, fuera porque no deseaban abandonar a sus familias o porque se les había negado la visa para emigrar. Muchos países limitaron el número de refugiados que podían aceptar y no se les permitió huir a todos los que lo deseaban. Unos cuantos incluso se aferraron a la creencia de que los nazis no los dañarían, sino que los reasentarían en el este. Incluso hubo algunos que al principio estuvieron ciegos a las verdaderas intenciones de Hitler.

En su diario de marzo de 1933, el dramaturgo Erich Ebermayer registró una reunión con la joven viuda de su antiguo maestro. Él expresó sorpresa por la inocencia de ella respecto a los nazis: "…la joven viuda no se opone en absoluto a los nazis. Por el contrario, nos da conferencias sobre las características sobresalientes de Adolfo Hitler, sobre la grandeza de la época que nos tocó atestiguar, sobre el renacimiento nacional y tiene la firme convicción de que ningún daño sucederá a los judíos educados en Alemania. Me cuesta trabajo comprender este nivel de falsa ilusión… Tampoco parece ser un caso aislado. No hace mucho fui testigo de una escena en Leipzig, en la que la esposa del consejero de la suprema corte Simonson, bautizada y judía con claridad, le habló a mi padre respecto al último discurso de Hitler en el Reichstag: '¿No es como un salvador?'. Sentí que se me retorcía el estómago…".

LOS JUDÍOS SON NUESTRA DESTRUCCIÓN

No fue hasta 1941 que la estrategia judía del régimen pasó de la discriminación al exterminio. En noviembre de ese año se hizo explícita la política del liderazgo en un artículo escrito por Goebbels. Afirmó que compartía la paranoia de su Führer y dejó en claro que cualquie-

"SE EXTERMINARÁ A LOS JUDÍOS", DICE TODO MIEMBRO DEL PARTIDO. POR SUPUESTO, ESTÁ EN NUESTRO PROGRAMA LA EXCLUSIÓN DE LOS JUDÍOS, EL EXTERMINIO.

ra que ayudara a los judíos sería tratado como traidor al estado.

"Permítanme decir esto una vez más.

"1. Los judíos son nuestra destrucción. Provocaron y precipitaron esta guerra. Lo que querían lograr era destruir al estado y a la nación alemana. Se debe frustrar este plan.

"2. No hay diferencia entre un judío y otro. Todos los judíos son enemigos declarados del pueblo alemán. Si no muestran su hostilidad hacia nosotros es sólo por cobardía y astucia, no porque su corazón esté libre de ella.

"3. La muerte de todo soldado en esta guerra es responsabilidad de los judíos. La tienen en su conciencia; por lo tanto, deben pagar por ella.

"4. Cualquiera que use la estrella de los judíos se ha marcado como enemigo de la nación. Cualquier individuo que todavía mantenga relaciones sociales con ellos es uno de ellos; se le debe considerar como judío y tratar como tal. Merece el desprecio de toda la nación a la que ha abandonado en su hora de mayor peligro para unirse al lado de quienes la odian.

"5. Los judíos gozan de la protección de las naciones enemigas. No se necesita mayor prueba de su papel destructivo entre nuestro pueblo.

"6. Los judíos son mensajeros del enemigo entre nosotros. Cualquiera que se les una se está pasando al lado del enemigo en tiempos de guerra.

"7. Los judíos no tienen derecho a pretender que tienen iguales derechos que nosotros. Siempre que quieran abrir la boca en las calles, en las filas frente a las tiendas o en el transporte público, se les debe silenciar, no sólo porque estén equivocados en principio, sino porque son judíos y no tienen voz en la comunidad.

"8. Si los judíos actúan en forma sentimental ante ustedes, tengan en mente que están especulando con su falta de memoria. Muéstrenles de inmediato que conocen su juego y castíguenlos con desprecio.

Después de la invasión de Polonia en 1939, se exigió a los judíos usar una Estrella de David. Esto se reforzó en septiembre de 1941 con un decreto firmado por Richard Heydrich, el apuesto verdugo de Hitler.

"9. Un enemigo decente después de su derrota merece nuestra generosidad. Pero los judíos no son un enemigo decente. Sólo aparentan serlo.

"10. Se debe culpar a los judíos por esta guerra. El tratamiento que les damos no está equivocado. Ellos más que lo merecen…".[25]

Pero tal vez el ejemplo más revelador de la mentalidad nazi en funciones se encuentra en un discurso que dio Himmler a un grupo de líderes de las SS en Posen, en 1943. El Reichsführer estaba tratando de justificar la matanza a sangre fría de millones.

"Permítanme, con toda franqueza, mencionarles un capítulo terriblemente duro. Entre nosotros podemos hablar al respecto con claridad, aunque nunca diremos una palabra de esto en público… Estoy hablando sobre la ejecución de los judíos, del exterminio del pueblo judío. Es uno de esos temas en que las palabras salen con mucha facilidad.

'El pueblo judío va a ser exterminado', dice un miembro del partido. Por supuesto, está en nuestro programa. La exclusión de los judíos, el exterminio. Nos encargaremos de esto… La mayoría de ustedes comprenderá lo que significa ver 100 cadáveres juntos, o 500 o 1000. Haber pasado por eso y, dejando de lado casos de debilidad humana, habernos mantenido como personas decentes durante todo ese proceso, es lo que nos ha hecho duros. Es una página de gloria en nuestra historia que nuca se ha escrito y nunca lo será…

"Teníamos el derecho moral y el deber hacia nuestra nación de eliminar a este pueblo que deseaba matarnos… estábamos exterminando un germen… podemos decir que hemos cumplido con esta, la más pesada de las tareas, por amor a nuestro pueblo. Y no hemos sufrido daño en nuestra esencia, en nuestra alma, en nuestro carácter…".[26]

---

[25] *Das Reich*, noviembre de 1941.

[26] IMT document 1919-PS. XXIX.

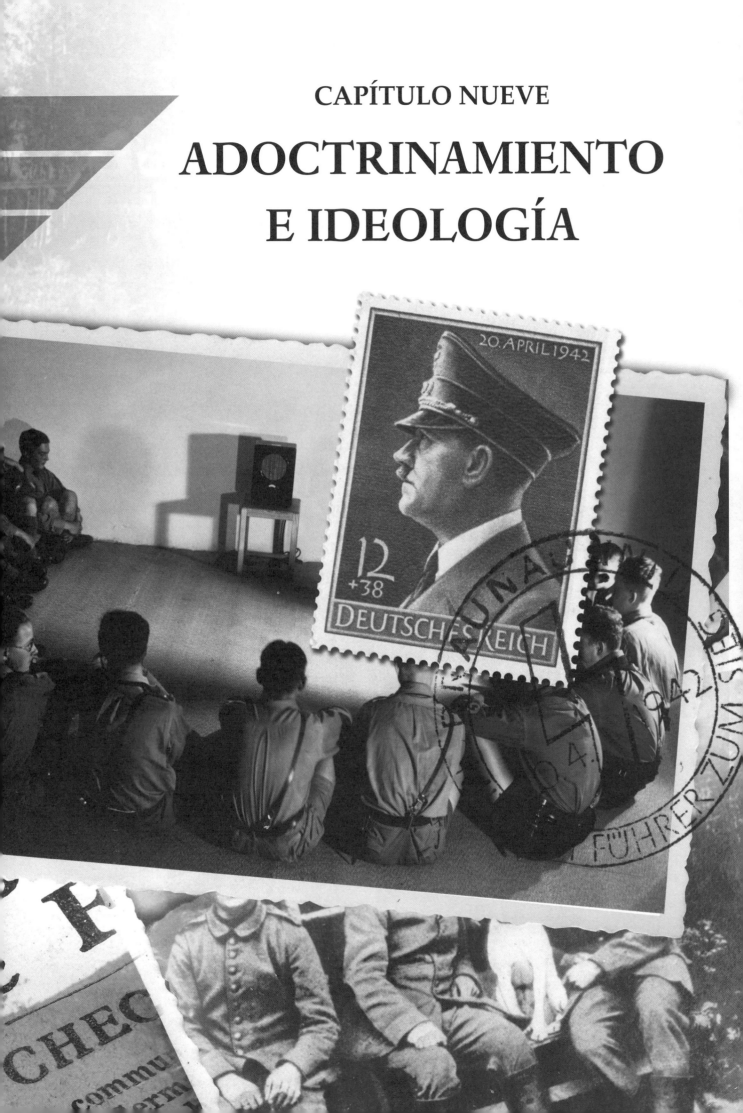

CAPÍTULO NUEVE

ADOCTRINAMIENTO
E IDEOLOGÍA

NAZIFICACIÓN

La nazificación de la nación no se logró sólo por la intimidación. La conversión fue un factor importante. La ideología nazi se asimilaba con entusiasmo cuando se alentaba a los grupos culturales y a las instituciones académicas a "alinearse" con el partido (proceso conocido como *Gleichshaltung*). Se esperaba que toda asociación profesional, club *amateur* y sociedad fomentara los valores de *volkisch* del partido y que trabajaran juntos para el mayor bien. El régimen era maligno, pero engañaba a mucha gente decente para que trabajara para él al incluir metas atractivas en su programa.

La aspiración central del programa era la creación de una sociedad sin clases. Hasta que los nazis iniciaron su programa de comunidad *Volks*, Alemania era una jerarquía estricta. Sólo los hijos e hijas de quienes tenían títulos o riqueza se podían inscribir en las universidades, por ejemplo, mientras que la mayoría de los oficiales de las fuerzas armadas salían de familias aristocráticas. Con los nazis, se alentó a los empleadores a comer con sus trabajadores. En organizaciones como el Frente Laboral, los profesionales se mezclaban con las clases trabajadoras como sus iguales.

Familia de refugiados judíos huye de Memel (ahora Klaipėda) después de que Lituania cedió la ciudad a los alemanes en marzo de 1939. En el fondo, nazis uniformados se burlan y abuchean.

De esta forma, se distraía a la nación de las medidas más extremas. Entre ellas estaba prohibir los periódicos de oposición, la abolición de los sindicatos, el boicot de los negocios judíos, la destitución de los judíos de la administración pública y el encarcelamiento de los oponentes políticos en los nuevos campos de concentración en Oranienburg, cerca de Berlín, y Dachau, en Baviera. Las condiciones en esos campos eran al principio austeras más que brutales.

Después de la guerra, los antiguos nazis negaron tener conocimiento de lo que estaba sucediendo en los campos de concentración o en los centros de eutanasia y esterilización. Pero sus cartas y diarios cuentan una historia diferente. Ya desde 1934, el activista del partido Johann Schnur tenía que defender al partido de ciertas acusaciones, como las de haber desencadenado una campaña de intimidación y represión.

> "EL PRINCIPIO BÁSICO CON EL QUE HICIMOS QUE TODO EL PUEBLO ALEMÁN NOS SIGUIERA FUE UNO MUY SIMPLE. FUE 'EL INTERÉS COMÚN ANTES QUE EL INTERÉS PERSONAL'".
> *Joseph Goebbels, discurso "Der Krieg als Weltanschaungskamp", 1944*

"La gente me reprochaba con acusaciones de que el movimiento de Hitler era el destructor de ambas iglesias cristianas, que eliminaba a todas las personas tullidas e inútiles, que disolvería los sindicatos y así, amenazaría los derechos de los trabajadores, que la seguridad social llegaría a su fin, que lo que deseaban los nazis era otra guerra, y muchas otras cosas así. Cuando escuchaba esas mentiras y difamaciones trataba de ilustrar a la gente…".[27]

PROPAGANDA

Los nazis fueron el primer régimen totalitario en reconocer y explotar el poder de la radio. En cuanto tuvieron el poder, Goebbels ordenó la fabricación de millones de aparatos baratos inalámbricos, de manera que para 1939, el 70% de los

---

[27]   Abel file, Hoover Institute.

La voz de su amo: un grupo acomodado con cuidado de miembros de las Juventudes Hitlerianas se sienta alrededor de la radio en una habitación vacía, escuchando encantado un discurso de Adolfo Hitler…

hogares alemanes tenían una radio y muchos más podían escucharla en el trabajo o en cafés y bares. Como afirmó Albert Speer: "Mediante los avances técnicos como la radio… se privaba a 80 millones de personas del pensamiento independiente. Por lo tanto, era posible someterlos a la voluntad de un hombre".

A partir de 1934, todas las transmisiones tenían que ser aprobadas por el ministerio de propaganda. Las transmisiones nazis en idiomas extranjeros, "grotescamente poco convincentes" según un escritor, tenían la meta de convertir a los escuchas en el extranjero, pero estaba prohibido que los alemanes escucharan transmisiones extranjeras, en particular la BBC.

El estado también investigaba a reporteros de periódicos y revistas. Los artículos y documentales tenían que ser aprobados por la agencia de prensa controlada por el estado, la DNB, y se omitía cualquier historia que presentara al régimen en una luz negativa, o no cumpliera con su aprobación. Se prohibían las críticas al régimen. En un discurso a periodistas el 10 de noviembre de 1938, Hitler dejó en claro sus obligaciones.

"Lo que se necesita es que la prensa siga ciegamente el principio básico: ¡El liderazgo siempre está en lo correcto!".

Goebbels mantenía un control editorial estricto de todas las publicaciones en el Reich y es evidente que sentía que era necesario lanzar una nota diaria para asegurar que periodistas y editores mantuvieran la línea del partido. Sus instrucciones para el 22 de octubre de 1936 traicionaron su tipo característico de sarcasmo.

"Resulta que una y otra vez aparecen noticias e historias de antecedentes en la prensa alemana que gotean una objetividad casi suicida y que son tan sólo irresponsables. Lo que no se desea son periódicos editados con el antiguo espíritu liberal. Lo que se desea es que los periódicos estén en línea con los principios básicos de la construcción de un estado nacionalsocialista".

Con los nazis, los periódicos se convirtieron en poco más que folletos del partido. Se les decía a los editores qué imprimir e incluso dónde poner determinados artículos, de manera que

los temas que mostraban al régimen en una luz favorable recibieran relieve. Los puntos de vista de políticos extranjeros, o noticias que se reflejaban en forma desfavorable en el régimen, se relegaban a las últimas páginas.

La Instrucción General No. 674, con fecha de septiembre de 1939, era típica.

"En la siguiente publicación debe haber una noticia principal, que se presente en la forma más prominente posible, en la que se discutirá la decisión del Führer, sin importar cuál sea, como la única correcta para Alemania…".

ARTE ARIO Y CIENCIA NAZI

La nazificación también tenía su lado ridículo. En su impaciencia por purgar al mundo de la cultura judía, los nazis intentaron hacer una distinción entre arte y ciencia arios y no arios. El arte ario exaltaba las virtudes nórdicas de heroísmo, fuerza física, camaradería, comunidad, maternidad, patriotismo y sacrificio. El arte degenerado, como lo llamaban, era el que distorsionaba la perfección simétrica de la psique humana o exploraba los aspectos más sórdidos de la vida.

El hecho de que las pinturas favoritas de Hitler mostraban escenas de putrefacción (*La plaga en Florencia* de Hans Makart, por ejemplo) y de erotismo morboso (en particular las pinturas de Franz von Stuck, que mostraba mujeres desnudas entrelazadas con serpientes o perseguidas por centauros) no era del conocimiento público en ese tiempo. Tampoco lo era el hecho de que Goering había adquirido una vasta colección de "arte degenerado" para su colección privada. "Arte degenerado" cubría todo lo que se pudiera considerar moderno, como cubismo, dadaísmo y expresionismo, mientras que era seguro que el arte figurativo contemporáneo (es decir, retratos y paisajes realistas, además de retratos sentimentales de la vida rural) recibiría el sello de aprobación del estado.

La música de jazz estaba prohibida por completo, ya que se consideraba como cultura de los negros, aunque grupos de jóvenes rebeldes conocidos como "Chicos de Swing" desafiaban la prohibición. Se reunían en secreto y bailaban con los discos estadunidenses más recien-

A Hitler le gustaba asociarse con el ideal clásico, que era la base del "arte ario". Despreciaba como "degenerado" casi todo el arte moderno, incluyendo el cubismo, el dadaísmo y el expresionismo.

tes de personas como Count Basie y Duke Ellington.

Los cineastas como el director Fritz Lang también estuvieron bajo escrutinio y descubrieron que su libertad creativa se estaba sofocando bajo los rígidos controles que exigía el régimen. A Lang lo llamaron del Ministerio de Propaganda para entrevistarse con Goebbels, el cual dejó en claro qué temas se esperaba que enfatizara el director en su siguiente película. Sólo pudo asentir con la cabeza y agradecer al Reichsminister por sus cumplidos. Sin embargo, a la mañana siguiente salió rumbo a París y de ahí viajó a Estados Unidos. Nunca miró hacia atrás.

Es curioso que sólo alrededor de 200 de las 1300 películas aprobadas por Goebbels fueran de propaganda descarada. Sabía que el público no tenía gusto por las películas políticas, pero que era más probable que aceptara su mensaje si lo entregaba con un disfraz de entretenimiento. Lo último que deseaba era arriesgarse a una caída de la asistencia al cine, ya que millones iban a ver películas todas las semanas antes de la guerra.

EMIGRANTES EMINENTES

Toda la literatura, la música, el cine, el teatro y el arte quedaron también bajo el control del Ministerio de Propaganda. La organización determinaba qué artistas, escritores, músicos y cineastas eran elegibles para la afiliación a la Cámara de Cultura del Reich. Quienes se consideraban inapropiados no podían conseguir trabajo, pues no podían presentar prueba de su afiliación. Esto forzaba a muchos artistas eminentes y talentosos a emigrar a Inglaterra o Estados Unidos.

Dos de lo mismo: una estampilla alemana tenía una imagen muy similar, que decía: "Dos personas, una lucha".

A estos intelectuales no los engañaba con facilidad la delgada capa de encanto de Hitler, ni se sentían aliviados por sus garantías de que no tenía ambiciones territoriales en Europa. Cuando la universidad de Bonn retiró un grado honorario al novelista Thomas Mann en 1937, contraatacó con una respuesta escrita. Aunque su carta contenía una acusación punzante del régimen, se descartó su advertencia como alarmista.

"La única meta y propósito posibles del sistema nacionalsocialista puede ser sólo esto: preparar al público alemán para la 'próxima guerra' mediante la implacable eliminación, supresión y exterminio de cualquier tipo de sentimiento que se oponga a una guerra así; además de convertir al pueblo alemán en un instrumento de guerra por completo obediente y poco crítico, ciego y fanático en su ignorancia".

Para 1939, se había puesto en la lista negra a casi 600 autores y quemaron sus libros por miles. Algunos parecen inofensivos en retrospectiva. Por ejemplo, se consideró "dañino e inde-

seable" a *¿Qué es la vida? ¿Qué es la nutrición?*, de Karl Wachtelborn porque criticaba la dieta alemana. Luego está *Economía básica* del doctor Eugen Steinmann, que acusaba al régimen de fomentar el capitalismo dirigido por el estado a costa de los trabajadores.

También se prohibieron novelas si retrataban un aspecto negativo de la vida alemana, como el bajo mundo criminal que se describe en *Ver Berlín, luego estar en libertad condicional*, de Erich von Voss. *La cocina del diablo*, de Emil Otto, era "ofensiva" porque tenía a un criminal italiano como protagonista y se publicó en un momento en que Hitler y Mussolini eran aliados. Los burócratas de Goebbels también se ofendían con facilidad por las aventuras eróticas de jóvenes adolescentes en *Juego del amor* de Margarete von Sass y sin embargo ni siquiera arqueaban las cejas por la pornografía sádica y antisemita que pasaba por sátira política en sus propias publicaciones.

La ciencia aria era más difícil de definir, pero el régimen encontró un experto dispuesto a hacerlo. El físico ganador del premio Nobel Philipp Lenard (1862-1947), que entonces era maestro de física en la universidad de Heidelberg, tomó el trabajo. En la introducción a su obra de referencia en cuatro volúmenes, *Física alemana*, la lógica retorcida y tortuosa de Lenard maldijo los descubrimientos de Albert Einstein (un judío), mientras defendía las leyes de la ciencia aria.

"En realidad, la ciencia, como todo lo demás creado por el hombre, está condicionado por la sangre y la raza… Las personas de diferentes mezclas raciales tienen diferentes formas de dedicarse a la ciencia. Las 'teorías de la relatividad' de Einstein tenían la intención de dar nueva forma y dominar todo el campo de la física, pero cuando se les enfrentó con la realidad, perdieron todo resto de validez… Es algo que se da por entendido que la presente obra no necesitará para nada abordar esta estructura intelectual equivocada… El hecho de que no se les echará de menos será la mejor prueba de su falta de importancia".

Por supuesto, esta duplicidad de pensamiento no sobrevivió al régimen, ni a la luz

¿Corderos al matadero? Miembros de las Juventudes Hitlerianas se someten a examen médico para el servicio en la Luftwaffe, en 1943: para este momento, las probabilidades estaban muy en su contra porque los alemanes habían perdido el control de los cielos.

de la razón. En la actualidad se ve al arte nazi como burdo y falto de imaginación, la antítesis total de la creatividad, mientras que se considera a la ciencia nazi como una contradicción de términos. Es significativo que cuando se quemaron los libros oficiales de referencia nazis para calentar a la gente sin hogar en Hamburgo, Berlín y Colonia en el invierno de 1945, nadie trató de salvarlos de las flamas.

CRECER BAJO EL PODER DE HITLER

Reyes y conquistadores dan forma a la historia, pero la gente común es la que la vive. Sólo quienes vivieron en Alemania durante la era nazi pueden saber lo que significaba vivir en esos tiempos turbulentos.

Horst Krüger era el hijo de 14 años de edad de un funcionario público de Berlín cuando Hitler se hizo canciller en 1933. Recordó esa

noche memorable en su autobiografía de grandes ventas, *Una grieta en el muro*.

"Mi recuerdo más antiguo de Hitler es de júbilo. Lamento eso, ya que los historiadores de la actualidad saben más, pero yo, al principio, sólo escuché júbilo… Era una noche fría de enero y había un desfile de antorchas. El locutor de radio, cuyos tonos resonantes estaban más cerca de cantar y sollozar que de informar, estaba experimentando momentos indescriptibles… algo acerca del renacer de Alemania, y siempre añadía un refrán sobre que ahora todo, todo sería diferente y mejor".

Krüger recordó que su madre y padre se sorprendieron al principio por la euforia que recorría el país. Entonces se quedaron intrigados y algo escépticos. Pero poco después la creencia en un futuro mejor llegó a su tranquilo suburbio en forma tan sutil como una nueva estación.

Río de luz: Hitler y sus íntimos observan una procesión de antorchas desde el balcón del edificio de la Cancillería, en Berlín. Sólo Hitler hace el saludo.

"El tiempo estaba a punto... una ola de grandeza parecía recorrer nuestro país...".

La primera señal de renovación fue un grupo de banderas que ondeaban en las ventanas de las casas en el tranquilo suburbio de Berlín, Eichkamp, donde Krüger vivía e iba a la escuela. Muchas banderas estaban hechas a mano, algunas en forma tan apresurada que habían bordado la esvástica al revés. La madre de Horst le dio un día un banderín de la esvástica para su bicicleta, tan sólo porque todos los niños en el distrito las hacían ondear en sus bicicletas. No se trataba de un gesto político, sino que expresaba la sensación de comunidad que la gente entonces necesitaba tanto. De hecho, su madre le había comprado el banderín a un vendedor judío que de la misma manera ignoraba su significado.

"De repente, uno era alguien, parte de una mejor clase de personas, en un nivel más elevado... un alemán. La consagración permeaba la nación alemana".

Había desfiles, procesiones y nuevos días festivos que celebraban aspectos de la vida y la cultura alemanas que no se habían reconocido antes. La gente parecía llena de esperanza y tenía una sensación de propósito. Los miembros del Servicio Laboral marchaban por las calles con palas colgadas al hombro. Estaban en camino a hacer las nuevas autopistas o construir galerías de arte y teatros de ópera. Estaban arrancando el viejo y descompuesto corazón de la Alemania Imperial e instalando una infraestructura nueva y vital. Una que haría que el pulso de la nación corriera con renovado vigor y vitalidad.

La violencia en las calles y la persecución de los judíos sólo causaba preocupación de que los elementos rebeldes del partido pudieran causar problemas a la nueva administración. En las calles angostas e iluminadas con gas de Eichkamp, y detrás de las persianas verdes de sus arregladas casas suburbanas, los "buenos alemanes" se preguntaban: "¿El Führer sabe de esto?". Pero la purga de Röhm de 1934 contestó esa pregunta y muchos sacudieron la cabeza mientras leían sus periódicos. Estaba claro que desviados sexuales y alborotadores callejeros de cuello corto y grueso habían traicionado al partido y casi lo habían derribado antes de que tuviera tiempo de demostrar su valía. Estuvieron de acuerdo en que había sido necesario "disciplinar" al elemento rebelde y ponerlo bajo control.

Como Krüger recuerda, sus vecinos quedaron "desarmados, dispuestos y dóciles" gracias al pensamiento de que eran parte de una Alemania más grande. Estaban en el escalón más bajo de la sociedad y estaban más que dispuestos a que los arrastraran en la creciente marea de productividad y prosperidad. Los hombres se paraban en las esquinas y hablaban de reclamar de vuelta sus colonias, de tener entregas de correo más rápidas gracias a las carreteras nuevas. Todos estaban de acuerdo en que ya era tiempo de que tuvieran su momento en el escenario de la historia del mundo. Sus esposas esperaban en las filas de la oficina postal y decían a sus vecinos que era su deber maternal adoptar niños ahora que tantas madres alemanas estaban teniendo hijos para la Patria.

Después de que Hitler anexara Austria, quedaron convencidos de que el Führer les había sido enviado por Dios y algunos muy diligentes recortaban sus palabras del periódico, de manera que pudieran discutirlas con su familia y amigos como podrían discutir la Biblia. Las adquisiciones territoriales de Hitler, ganadas sin pelea y contra todas las expectativas, habían dado a la gente fe en la Providencia y la justicia divina. El Führer debía estar en lo correcto si podía volver a unir al pueblo alemán sin meter a la nación en otra guerra. Era milagroso. Era un hacedor de milagros.

EL MITO DEL PUEBLO PERSEGUIDO

De acuerdo a Krüger, muchos alemanes de su generación no deseaban admitir su participación con los nazis. Apenas terminó la guerra, afirmaron que habían sido un pueblo perseguido... intimidado por el "terror café" de las SA y asustado para que obedecieran los decretos de "noche y neblina". Le dieron a la Gestapo el derecho a llevarse a rastras a sospechosos en medio de la noche, para que nunca se les volviera a ver. Veinte años después, quienes habían ondeado con entusiasmo sus banderines de la esvástica en las procesiones de las tropas de asalto nazis afirmaron que en realidad habían sido combatientes de la resistencia. Eran agentes secretos y hombres que habían pasado a la "emigración interna", astutos zorros que "sólo aparentaban estar de acuerdo con el fin de impedir algo peor".

Y los historiadores neonazis apoyaron este punto de vista revisionista para aliviar a la nación de su carga de responsabilidad colectiva.

"Hacen que todo sea muy comprensible… todo excepto un punto: por qué los alemanes amaban a este hombre, por qué se regocijaron con honestidad de su llegada, por qué millones murieron por él".

Krüger recuerda que sus vecinos eran "creyentes honestos, entusiastas, ebrios", pero nunca fueron nazis. Al máximo, los nazis eran cinco por ciento de la población. Eran trabajadores no especializados, los desempleados, "perdedores de nacimiento" que hubieran vuelto a la oscuridad de donde habían surgido si los alemanes buenos y decentes en Eichkamp y en toda Alemania no hubieran puesto a su disposición "toda la energía innata, diligencia, fe y destrezas que poseían". Estos honestos ciudadanos estaban orgullosos de lo que Hitler les había hecho sin darse cuenta de que eran ellos los que lo crearon. Si alguien hubiera intentado asesinar a Hitler en 1938, no se habrían necesitado la Gestapo o las tropas de asalto. La gente hubiera ejecutado al asesino ahí mismo. Ése era el sentimiento reinante.

En un lapso de unos cuantos años Krüger fue testigo de la transformación gradual de sus amigos y vecinos. Cambiaron de ser ciudadanos que cumplían las leyes a partidarios entusiastas del régimen. Ninguno de ellos podría jamás afirmar que se habían dejado llevar por la euforia de un mitin masivo o que los habían arrastrado en pos de una procesión de antorchas. Tan sólo se habían convencido ellos mismos que la vida sería mejor bajo Hitler y esperaban que los rumores de guerra no fueran más que chismes maliciosos.

Como Krüger admitió: "Soy el típico hijo de esos alemanes inofensivos que nunca fueron nazis y sin los cuales los nazis nunca hubieran podido hacer su trabajo. Así es como es".

Sus padres "vivieron de falsas ilusiones", ya que su madre veía a Hitler como el artista que había hecho el bien. Al ser una devota católica, no podía imaginar que un líder que había nacido en esa fe no pusiera primero los intereses de su pueblo. Hitler no decía mentiras, no quería la guerra. Pero cuando llegó la guerra y enviaron a su hijo al frente ruso, eran personas cambiadas, mientras se despedían de él en la estación de trenes. De repente se veían hambrientos, exhaustos y temerosos, "como adictos que sufren una abstinencia abrupta". Habían sido creyentes, pero para octubre de 1944, el padre de Krüger, que nunca se había unido al partido y que nunca comprendió el entusiasmo de sus vecinos por Hitler, estaba culpando con franqueza a los nazis por traicionarlos.

Nada que saliera en los periódicos como la verdad; sólo existían para servir al partido nazi.

"Los bastardos, los criminales, ¡qué nos han hecho! Después de la guerra, nos van a enviar en carreta a Rusia…".

No fue hasta que Krüger se convirtió en prisionero de guerra en la Pascua de 1945 que se exorcizó como un espíritu maligno la determinación incesante que lo había mantenido cuerdo y vivo durante el amargo invierno de cinco años de guerra. Krüger y sus camaradas habían nacido en la Alemania de Hitler. Habían crecido con los nazis y se les había adoctrinado con sus mentiras durante toda su vida, sin que conocieran jamás algo más. Hitler no sólo había conquistado Europa, sino que había conquistado también el espíritu del pueblo alemán. Existían sólo para servirlo y les había robado su juventud. Aunque con seguridad un día derrotarían a Hitler, Krüger se sentía seguro de que su generación no estaría ahí para verlo. No tendrían la fuerza para sobrevivir a la lucha que venía con los Aliados. La guerra continuaría y continuaría, tal vez por 30 años o más, y todos morirían por Hitler, sin tener nunca la oportunidad de conocer cualquier otro tipo de vida.

Los nazis incluso se habían robado el lenguaje alemán. No se podía aceptar nada en los periódicos como la verdad. Fue sólo cuando leyó la noticia de la muerte de Hitler en un periódico para prisioneros de guerra, en mayo de 1945, que Krüger se dio cuenta de que era libre.

"No podía creer que existiera algo así… todo un periódico que no estaba hecho por los nazis. Un verdadero periódico alemán sin odio y juramentos de lealtad y la reafirmación de la consiguiente victoria alemana. Era como un milagro… Sentencias alemanas contra Hitler".

Sólo en un campo de prisioneros estadunidense por fin se sintió curado del repugnante contagio del nazismo.

"Por primera vez sentí lo que es el futuro en realidad; la esperanza de que mañana será mejor que hoy. Un futuro… nunca hubiera podido existir algo así bajo el poder de Hitler".

CAPÍTULO DIEZ

EL CAMINO
A LA GUERRA

LEBENSRAUM

"La razón de que por años hablara sólo de paz fue que tenía que hacerlo. La necesidad ahora era producir un cambio psicológico gradual en el pueblo alemán y con lentitud hacer que le quedara claro que existen cosas que cuando fallan los medios pacíficos, se deben lograr por la fuerza. Para hacer eso era necesario, no alabar la fuerza como tal, sino describir ciertos eventos del extranjero hacia el pueblo alemán de tal manera que la voz interna del pueblo poco a poco empezara a pedir la fuerza".

Discurso secreto de Adolfo Hitler a la prensa alemana, 11 de noviembre de 1938 [28]

Tres años después de completar *Mi lucha*, Hitler escribió un segundo libro, sin título, que no publicó. Se dio cuenta de que no podía permitir que otros se dieran cuenta de su inquebrantable convicción de que una segunda guerra europea no sólo era inevitable, sino necesaria. Era la única forma de asegurar el *Lebensraum* (espacio vital) para el pueblo alemán.

"Toda nación sana, sin dañar… considera la adquisición de territorio nuevo no como algo útil, sino como algo natural… Quien prohíbe este tipo de controversia de la tierra por toda la eternidad es posible que acabe con la lucha del hombre contra el hombre, pero también acabaría con la fuerza más elevada de la evolución en la tierra".

Ésta era la forma de pensar de Hitler en 1928 y continuó siendo la piedra fundamental de su política extranjera una vez que estuvo en el poder. Al parecer estaba dispuesto a negociar con polacos y rumanos, pero sabía que incluso si podía obligarlos a ceder territorio, no podía esperar que los rusos fueran tan serviciales. Al final, tendría que haber una guerra con la Unión Soviética. Era el destino de Alemania comprometerse en una lucha de vida o muerte con el oso ruso para demostrar la superioridad de la raza aria. Si Alemania demostraba ser merecedora, la recompensa no sólo sería una vasta extensión de rica tierra arable y un suministro casi ilimitado de mano de obra esclava, sino también los recursos naturales de Crimea y Ucrania. Estas regiones contenían los vastos campos de petróleo vitales para sustentar un imperio moderno y su máquina de guerra. Sería una guerra que los alemanes no se podían permitir perder. Su creencia en su propia superioridad dependía de ella.

Pero primero se debían asegurar las fronteras de Alemania y se debían recuperar los territorios que le habían quitado por los términos del Tratado de Versalles. Se tenía que conquistar Checoslovaquia y se debía persuadir a Polonia para que se sometiera al Nuevo Orden o que éste la abosorbiera. Entonces se debía invadir al viejo enemigo, Francia, y se arreglaría una alianza con Inglaterra e Italia de manera que se pudiera coordinar la invasión de Europa Oriental sin el riesgo de que se abriera un segundo frente en occidente. Incluso con su limitada experiencia militar, Hitler sabía que pelear una guerra en dos frentes era una apuesta que ningún comandante se podía dar el lujo de aceptar.

NECESIDAD DE GUERRA

De acuerdo a un ayudante, Hitler tenía una "necesidad patológica de batalla".[29] Una vez había confiado a sus comandantes que la "necesidad de golpear" siempre había sido parte de su naturaleza y que la guerra, cuando llegara, sería la misma lucha que una vez había

---

[28] *Vierteljahreshefte fur Zeitgeschichte.*

[29] Otto Dietrich, *12 Years With Hitler.*

Arte inspirado en los nazis: tres jóvenes luchan por empujar mineral de hierro colina arriba en un campo de trabajo. Todos tenían que acatar la disciplina y jalar juntos para respaldar el esfuerzo bélico o enfrentar las consecuencias.

combatido en su interior. Es evidente que sus conflictos internos lo impulsaron a manipular y dominar a otros, poniendo a prueba su determinación para resistirse a él en un choque de voluntades. Es revelador que siempre que lograba obligar a sus oponentes a hacer concesiones, siempre hacía su "juramento solemne" de que esas demandas serían las últimas que haría. De hecho, prometía comportarse a partir de ese momento.

Pero cuando se le oponía alguien que era igual de testarudo y decidido, se quedaba en silencio, taciturno y actuaba el papel de mártir sufrido… como lo había hecho cuando su dominante padre lo sometía a golpes. Como fue incapaz de enfrentar al viejo cuando estaba vivo, en repetidas ocasiones representó su venganza en los políticos y burócratas que se oponían a él en su edad adulta. Hitler hablaba de "disciplinarlos", "entrenarlos" y "sacarlos de su indolencia", como si hubiera tomado el lugar de su padre.

Es significativo que pudiera tolerar la crítica del canciller Dollfuss de Austria, quien se oponía a la anexión de su país con Alemania, pero tuvo uno de sus infames periodos de ira cuando Dollfuss se atrevió a contradecirlo. Se puede sostener el argumento de que Hitler transfería en forma inconsciente

> "LOS EJÉRCITOS NO EXISTEN PARA LA PAZ. EXISTEN EXCLUSIVAMENTE PARA EL ESFUERZO TRIUNFAL EN LA GUERRA".
> *Adolfo Hitler*

Etiopía en 1945: habitantes locales saludan a un enorme retrato de "el Gran Padre Blanco", Mussolini, quien había ampliado el territorio colonial de Italia al continente africano cuando lo invadió en 1935.

sus sentimientos por sus padres a los países que deseaba conquistar o abarcar (la envejecida Austria Imperial y la violada y deshonesta patria alemana son dos ejemplos obvios). Es revelador que en repetidas ocasiones se refería a Alemania como la madre patria, mientras que a menudo hacía comentarios desdeñosos respecto a la tierra de su nacimiento, Austria, a la que describía como vieja, exhausta y en descomposición.

Esta transferencia podría explicar lo que parecía ser su renuencia a invadir la Inglaterra monárquica. Manifestó respeto y conmoción cuando los británicos, que se suponía estaban desmoralizados, lo desafiaron con franqueza. Su único temor era que "al último minuto algún Schweinhund hiciera una propuesta de mediación".

AMIGO EN LAS BUENAS

Nunca podría haber "paz en nuestro tiempo" mientras Hitler estuviera en el poder. No valoraba tratados y acuerdos. Como dijo una vez a su ministro del extranjero, von Ribbentrop. "Si soy un aliado de Rusia hoy. Podría atacarla mañana. No puedo evitarlo".

Creía que la guerra era la meta final de la política, que era la forma natural de actuar y que la invasión daba al agresor la oportunidad de "limpiar" la tierra conquistada de los "no aptos y los indignos".

Pero en 1933, Hitler no estaba en posición de iniciar una guerra en Europa. El ejército alemán llegaba a menos de 100 000 hombres, la cifra impuesta por el Tratado de Versalles. Incluso Polonia tenía el doble de esa cifra y Francia también tenía una fuerza muy superior..., pero ninguna de las naciones tenía la inclinación para una pelea. Los franceses, recordando los sacrificios que tuvieron que hacer en Verdún, en la guerra de 1914-18, favorecían una estrategia defensiva. Por lo tanto, se enterraron detrás de la Línea Maginot y esperaron a que las nubes de guerra pasaran encima. (La Línea Maginot era una red de 140 kilómetros de largo de fuertes y fortines que corrían en paralelo con la frontera alemana entre Bélgica y Suiza). Sin embargo, los polacos no eran tan displicentes. Corría el rumor de que habían abordado al alto mando francés con un plan para una invasión conjunta a Alemania. Pero los franceses no estaban dispuestos a arriesgarse a sufrir la ira de Hitler. Además, todavía ocupaban Renania, en la frontera oeste de Alemania, lo que dejaba al Reich expuesto a ataques en cualquier momento que quisieran.

Hitler sabía que daría a los franceses una excusa para que marcharan a Alemania si se rearmaba en franco desafío al tratado. Así que en octubre de 1933 exigió que franceses y británicos redujeran su armamento para asegurar la paridad con el Reich, sabiendo con total claridad que se negarían. Cuando lo hicieron, retiró a su delegación de la conferencia de desarme de Ginebra y se salió de la Liga de Naciones. Citó discriminación y el derecho de la nación alemana a defenderse contra la agresión. Fue una maniobra cínica, pero que desconcertó a los Aliados y debilitó gravemente su credibilidad como fuerzas de paz.

EL PERRO RABIOSO DE EUROPA

La segunda estratagema de Hitler fue dividir y conquistar. Al firmar un pacto de no agresión por diez años con Polonia, en enero de 1934, abrió una brecha entre los Aliados y dio a los polacos una razón para posponer la modernización de sus fuerzas armadas. Esto iba a resultar ser un error fatal.

El año siguiente trajo más buenas noticias para el Führer.

> "LA GUERRA ES EL GOBERNANTE SECRETO DE NUESTRO SIGLO; LA PAZ NO SIGNIFICA MÁS QUE UN ARMISTICIO ENTRE DOS GUERRAS".
> Deutsche Wehr, *revista oficial del ejército alemán, 1925*

Habían tomado la región de Sarre, rica en carbón, como pago parcial por reparaciones, pero bajo los términos del Tratado de Versalles se debía devolver a Alemania sólo si sus habitantes votaban a favor de la reunificación.

Lo hicieron y Alemania se encontró con una fuente rica en combustible para su programa de rearme, que ahora se llevaría a cabo en forma abierta. En marzo de 1935, Hitler anunció la formación de la Luftwaffe, la nueva fuerza aérea alemana, bajo el mando del mariscal de campo Goering y el inicio del reclutamiento. Ambas medidas eran violaciones claras del tratado pero, de nuevo, ninguno de los Aliados hizo algo más que expresar su desaprobación.

Avergonzados por su incapacidad para entender a Hitler (habían esperado que la devolución de Sarre lo pudiera aplacar) Inglaterra, Francia e Italia acordaron actuar unidas para prevenir cualquier violación futura. Francia también firmó un pacto de ayuda mutua con la Unión Soviética, la cual a su vez firmó un pacto similar con los checos. Debieron imaginar que un despliegue así de unidad desanimaría a Hitler de tomarse más libertades, pero sólo sirvió para darle valor. Entonces le preguntó a Inglaterra si podía construir la armada alemana sin que llegara a un tercio del tamaño de la flota británica. Aunque parezca mentira, estuvieron de acuerdo, con la creencia de que era mejor saber qué planeaba su enemigo potencial. Es irónico que los británicos fueran la primera nación en firmar un pacto con los nazis. Una acción de este tipo ofendió a los franceses quienes sintieron que se les estaba excluyendo de las negociaciones, pero la inestabilidad política en su patria causó que de hecho fueran impotentes en un momento en el que era posible reducir las espléndidas ambiciones de Hitler.

Pero no todos dejaban de notar el peligro. El delegado militar británico para la conferencia de desarme de Ginebra, el brigadier Arthur

Temperley, dijo: "Hay un perro rabioso suelto una vez más y debemos unirnos con determinación para asegurarnos de su destrucción o al menos de su confinamiento hasta que la enfermedad llegue a su fin".

Pero la ya tenue alianza de naciones contra Alemania se estaba haciendo pedazos. En octubre de 1935, Mussolini invadió Etiopía. Los franceses condenaron la acción, pero no hicieron nada para prevenirla; mientras que los británicos expresaban su consternación por los informes de miembros de tribus a los que bombardeaban con gas venenoso y expulsaban de su tierra con tanques.

"YA ESTAMOS EN GUERRA, SÓLO QUE NO HAN EMPEZADO TODAVÍA LOS TIROS".
Adolfo Hitler, diciembre de 1936

EL PLAN DE CUATRO AÑOS

El argumento de que Hitler se vio obligado a tomar parte en un conflicto inevitable y forzoso con Occidente en 1939, o que había visualizado sólo un conflicto limitado respecto al puerto de importancia vital de Danzig y el corredor polaco, tan sólo no resiste un escrutinio. Tres años antes había alentado lo que llamó el Plan de Cuatro Años, que aseguraba que para 1940 todos los elementos estarían en su lugar para una guerra a gran escala en Europa Occidental. El primer paso era reducir la dependencia de Alemania respecto a las importaciones de petróleo, hule y mineral de hierro que se necesitaban para la fabricación de tanques, vehículos blindados y aviones. Esto se llevó a cabo produciendo combustible y hule sintético y al aumentar las reservas de Alemania de mineral de hierro de baja calidad.

Mientras las fábricas trabajaban a toda capacidad para rearmar al Reich, los futuros pilotos de la Luftwaffe de Goering se entrenaban en secreto. Estaban empleando planeadores con el disimulo de ser parte de la Liga de Deportes Aéreos, ya que Alemania tenía prohibido tener una fuerza aérea de acuerdo al Tratado de Versalles. Al mismo tiempo, se estaban disolviendo los viejos regimientos de caballería y se estaba familiarizando a los hombres con la rápida movilidad y potencia de fuego de los pequeños vehículos blindados, en anticipación de los tanques que pronto estarían saliendo de las líneas de producción. Mientras esto sucedía, sus comandantes también se estaban entrenando para tomar parte en una forma de guerra motorizada y de movimiento rápido. Desarrollada por el general Guderian, se conocía como *Blitzkrieg*. Era una campaña rápida, como el rayo que estaba concebido para atravesar las líneas del frente del enemigo, demoler sus defensas y sembrar el pánico en la retaguardia, dificultando que se reagruparan y contraatacaran.

Pero antes de que se pudiera desencadenar el poder de la máquina militar alemana, se debía asegurar el flanco sudeste del país mediante la anexión de Austria y el sometimiento de Checoslovaquia. La asimilación de Austria cumpliría la ambición de toda la vida de Hitler de unir su patria con el Gran Reich y también abastecería de decenas de miles de nuevos reclutas nacionalistas rabiosos. El rápido sometimiento de los checos se supone que prevendría cualquier invasión armada de Polonia o la Unión Soviética. Cuando el Mariscal de Campo von Blomberg, el Ministro de Guerra, y el Coronel General von Fritsch, el Comandante en Jefe del ejército, se enteraron de estos planes, protestaron con vehemencia y los destituyeron por órdenes de Hitler.

REOCUPACIÓN DE RENANIA

El siguiente paso lógico en la campaña de Hitler era recuperar Renania; se trata de 24 475 kilómetros cuadrados de territorio alemán que tenía frontera con Holanda, Bélgica y Francia. Los Aliados la habían declarado zona desmilitarizada con el fin de impedir que Alemania lanzara un ataque al occidente. Al firmar el Pacto de Locarno en 1925, los alemanes habían prometido respetar la zona neutral a cambio de lo cual los cosignatarios Inglaterra e Italia garantizaban que Francia no invadiría Alemania.

**Esos magníficos hombres en sus máquinas voladoras: los futuros pilotos de la Luftwaffe
de Goering se entrenaban en secreto con planeadores, ya que Alemania
tenía prohibido poseer una fuerza aérea de acuerdo al Tratado de Versalles.**

Pero Hitler sabía que si podía recuperar Renania, que incluía Colonia, ciudad de importancia estratégica, fortalecería su reputación en casa y silenciaría a los críticos que creían que los nazis eran incapaces de gobernar. Era un riesgo, pero las probabilidades estaban a su favor. Sabía que Italia no lo condenaría, ya que estaba concentrada en sus propias aventuras militares en África. Además, Francia estaba pasando por otra crisis política (había experimentado 24 cambios de gobierno durante la década) y era seguro que Inglaterra no actuaría en forma unilateral. Así que en la mañana del 7 de marzo de 1936, 22 000 soldados alemanes marcharon a la zona desmilitarizada, con las aclamaciones de los habitantes que se paraban en las esquinas de las calles y arrojaban flores a los hombres que consideraban que eran sus liberadores.

Un destacamento de 2 000 soldados continuó al otro lado de los puentes hacia Colonia, con órdenes secretas de volver si los franceses se oponían al cruce. Pero no se podía ver a ningún soldado francés. Fue otro golpe sin derramamiento de sangre para el antiguo cabo bávaro.

Su osadía tuvo su recompensa un mes después. Se organizó un plebiscito para legitimar el movimiento y mostrar al mundo que el pueblo alemán aprobaba el liderazgo de su Führer. El resultado fue el voto del 99 por ciento a favor de sus acciones. La popularidad de Hitler entre las personas comunes estaba ahora en su punto más alto de todos los tiempos. Había actuado basado en sus instintos contra el consejo de sus comandantes militares y se había justificado. Desde este punto en delante, asumiría el mando de las fuerzas armadas alemanas, dando órdenes que esperaba que se llevaran a cabo sin rechistar.

Fue la audaz reocupación de Renania lo que atrajo a Mussolini. Hitler había admirado por

Il Duce y Der Führer viajan juntos en Múnich en junio de 1940. La Guerra Civil Española los había unido y la audaz reocupación de Renania por parte de Hitler había fortalecido su alianza.

largo tiempo al dictador italiano, pero el sentimiento no había sido recíproco. Cuando se juntaron por primera vez en Venecia en 1934, Mussolini se quejó de que el líder alemán era como un gramófono que sólo tenía siete melodías y que cuando terminaban, tocaría todo el mismo repertorio de nuevo. Pero los años que pasaron habían sido testigos de que las apuestas de Hitler pagaban con esplendidez, mientras que Italia estaba quedando aislada. El Duce necesitaba con desesperación un aliado y Hitler estaba más que dispuesto a hacerle el favor. Hizo arreglos para que se les vendiera carbón y armas a los italianos y se unió a ellos en la lucha contra los comunistas en la Guerra Civil Española (julio de 1936 a marzo de 1939), que de hecho fue un ensayo para la Segunda Guerra Mundial.

AUSTRIA

A principios de la década de 1930, Viena era un microcosmo de la situación política que existía en la vecina Alemania. El Impero Austrohúngaro había sido destrozado por los Aliados después de la Gran Guerra y fascistas y socialistas se disputaban el control de la antigua capital, lucha que a menudo estallaba en violencia. Mientras que los ciudadanos de Hungría, Yugoslavia y Checoslovaquia parecían dispuestos a aceptar su nueva condición de naciones independientes, la mayoría de los seis millones y medio de habitantes de Austria sentían que habían perdido su identidad y anhelaban unirse a la patria. Cuarenta mil de ellos eran miembros fanáticos del partido nazi que estaban activos en Viena. Se les oponían los socialistas que estaban igual de comprometidos con la causa comunista. Al temer una rebelión armada, el canciller austriaco Engelbert Dollfuss prohibió el partido nazi en marzo de 1933, pero no pudo controlar a las milicias rivales que llevaron su lucha a las calles.

En julio, Hitler aprovechó la oportunidad para escenificar un golpe de estado. Autorizó

En un gesto de buena fe liberó a 17 000 nazis de prisión, sólo para verlos iniciar un reino de intimidación y violencia. En los siguientes años, sus actividades subversivas no sólo tuvieron éxito en debilitar la autoridad de Schuschnigg, sino que también intensificaron la petición de que Austria se uniera al Reich.

Con las condiciones a su favor, Hitler llamó a Schuschnigg a Berchtesgaden el 12 de febrero de 1938. Entonces Hitler exigió que Schuschnigg retirara la prohibición al partido nazi austriaco y nombrara a nazis de Viena en puestos clave. Schuschnigg también debía anunciar su apoyo al *Anschluss* (unión con Alemania). Si no lo hacía, el ejército alemán tomaría su país por la fuerza. Temiendo por su vida, Schuschnigg estuvo de acuerdo, pero al volver le dijo al Parlamento austriaco que nunca estaría de acuerdo con la exigencia de Hitler. Sin embargo, consentiría a hacer un plebiscito con el fin de dar al pueblo la oportunidad de escoger entre la independencia y la *Anschluss*.

Pero el 11 de marzo de 1938, el día antes del voto, Schuschnigg se enteró de que Hitler había dado órdenes de invadir al siguiente día.

Madrid, 1939: los falangistas celebran la victoria, inspirando a otros fascistas europeos a tomar las armas.

un plan que requería 155 soldados de las SS que cruzarían la frontera vestidos con uniformes del ejército y la policía de Austria, con órdenes de irrumpir en el edificio del Parlamento de Viena. En la confusión, hirieron mortalmente a Dollfuss, pero otros miembros del gabinete lograron movilizar al ejército austriaco, que de inmediato arrestó a los hombres de las SS y restauró el orden.

A Dollfuss lo sucedió Kurt von Schuschnigg. Dollfuss también desconfiaba de Hitler, pero con astucia dio al líder alemán garantías de que su país no se uniría a una alianza antialemana.

***Heil* al héroe conquistador: Hitler recorre la ciudad de Viena en su Mercedes-Benz.**

Desesperado, pidió a los Aliados que intervinieran, pero ni Francia ni Inglaterra tomarían partido para lo que consideraban una disputa nacional. Mussolini prefirió hacerse a un lado y esperar el resultado.

La única alternativa de Schuschnigg era movilizar al ejército austriaco, pero sabía que los austriacos no les dispararían a sus hermanos alemanes. En cualquier caso, el ejército alemán era superior en cantidad y en armas. Esa noche y con gran tristeza, hizo su última transmisión de radio como canciller. Después de declarar que no iba a derramar sangre alemana si las tropas de Alemania entraban a Austria, renunció, para que lo sucediera el pro-nazi Seyss-Inquart. A la siguiente mañana, el Octavo Ejército Alemán cruzó en raudales la frontera y se apoderó de la patria de Hitler sin hacer un solo tiro.

Les dieron la bienvenida con tanto entusiasmo que Hitler decidió hacer una aparición personal en Linz más adelante ese día. Al recorrer la ciudad en un Mercedes descubierto, apareció ante las multitudes que lo adoraban como un héroe conquistador. Al hablar desde el balcón del ayuntamiento de la ciudad, les dijo: "He creído en mi tarea. He vivido por ella y he luchado por ella. Y todos ustedes son testigos de que ahora la he llevado a cabo".

Aunque no se había derramado sangre, se saldaron viejas cuentas lejos de la vista del público. Se reunió lo que se calcula fueron 70 000 socialistas y otros "enemigos del Reich" en Viena y a muchos los encarcelaron. Incluso Schuschnigg iba a pasar siete años detrás de las rejas, pero fue afortunado. A otros los arrojaron al campo de concentración Mauthausen, en el Danubio.

Cualquiera que se preguntara qué haría la nueva administración por Austria sólo tenía que ver por su ventana en los siguientes días. En todas las calles, esbirros de las SA sacaron

Checoslovaquia en 1938: alemanes civiles saludan a miembros del Servicio Militar Germano de los Sudetes en camino a buscar refugio en la patria antes de que fuera "seguro" su regreso.

a rastras a los judíos de sus casas y negocios y los obligaron a limpiar los pavimentos, para diversión de los curiosos burlones.

JAQUE MATE CHECO
La anexión de Austria despertó el anhelo nacionalista de muchos de los 3 millones de alemanes exiliados que vivían en los Sudetes de la frontera occidental de Checoslovaquia. El partido germano de los Sudetes, patrocinado por Alemania, y dirigido por Konrad Henlein, explotó su inseguridad mientras que el ministerio de propaganda de Goebbels fomentó artículos falsos que describían su persecución por parte de los checos. Todo era parte de una estrategia planeada con cuidado para conseguir un pretexto para la invasión. Hitler había probado la emoción de la conquista y ahora estaba ansioso por más.

El 24 de abril, aguijoneado por Hitler, Henlein exigió la autonomía total para los germanos de los Sudetes, sabiendo muy bien que el presidente checo, Edvard Benes, se negaría. El 19 de mayo las tropas alemanas cruzaron en masa la frontera checa, pero las detuvieron los 174 000 reservistas checos armados. Al enterarse de la respuesta checa, Hitler detuvo el ataque. Sin embargo, debió sentirse animado por la complacencia del ministro del extranjero francés, George Bonnet, quien lo felicitó por su "compostura digna y tranquila", mientras condenaba a los checos por causar la crisis.

La velocidad con que los checos movilizaron sus fuerzas obligó a Hitler a reconsiderar sus tácticas originales. Ahora se dio cuenta de que la única forma para asegurar el éxito era hacer un ataque preventivo relámpago que no les diera el tiempo para contraatacar. Tenía razón en creer que los reservistas checos serían la única fuerza a vencer. Incluso mientras los soldados marchaban de vuelta a sus barracas, los Aliados estaban vendiendo a los checos la creencia de que era valioso tener la paz a cualquier precio.

Los británicos enviaron a un diplomático de edad avanzada, lord Runciman, para actuar como "intermediario honesto" pero se dejó persuadir de que los alemanes de los Sudetes tenían una queja legítima y se marchó alabando a Henlein como "un tipo honesto por completo".

Al creer que los Aliados los habían traicionado, el gabinete checo aceptó las exigencias de Henlein, las cuales, por supuesto, no podía aceptar ya que sabía que Hitler no se conformaría con menos de la capitulación total. La respuesta de Henlein fue ordenar a sus esbirros comenzar disturbios por toda la región con la esperanza de provocar a la policía. Entonces los habitantes de los Sudetes podrían afirmar que los estaban persiguiendo y entonces estarían justificados al pedir la intervención alemana.

Mientras que las autoridades checas luchaban por reprimir la violencia, diplomáticos y fuentes de inteligencia enviados a las zonas de conflicto estaban presentando informes en Londres y París. Existían enormes movimientos de tropas alemanas hacia la frontera checa, se habían impuesto restricciones de viaje para todos, excepto para el personal militar dentro del Reich y se habían enviado trabajadores civiles a lugares de importancia estratégica. No podía haber dudas al respecto. Alemania se estaba preparando para la guerra.

Pero si Hitler pensaba que podía confiar en la obediencia incondicional de sus comandantes militares sólo porque los había rearmado, estaba muy equivocado. El jefe del estado mayor del ejército, el general Beck, renunció cuando se dio cuenta de que Hitler estaba comprometido con la guerra. Luego, el 17 de julio su contraparte en la armada, el vicealmirante Gose, expresó sus preocupaciones en un memorándum a su comandante en jefe. Estaba diseñado con claridad como llamamiento a la razón.

"No puede haber duda de que en un conflicto de alcance europeo, Alemania sería quien perdería y estaría en peligro todo el trabajo que el Führer ha llevado a cabo hasta el momento. Hasta aquí, no he hablado con ningún oficial de rango en cualquiera de las tres ramas de los servicios armados que no compartiera esta opinión".[30]

---

[30] *Die Vollmacht des Gewissens.*

Pero Hitler esperaba la guerra. Su naturaleza y su posición con el pueblo alemán lo exigían.

PAZ A CUALQUIER PRECIO

Sin que lo supieran los Aliados, Hitler había establecido una fecha para la invasión de Checoslovaquia. Era 30 de septiembre. Así que cuando el Primer Ministro británico, Neville Chamberlain, voló a Berchtesgaden, el 15 de septiembre, en un esfuerzo último y desesperado para buscar una solución para la crisis checa, estaba actuando en contra de la agenda de Hitler.

Para el momento en que llegó al Nido del Águila, el político de 60 años de edad estaba exhausto después de manejar siete horas desde el aeropuerto de Múnich. No estaba en su mejor condición para discutir el tema con un hombre del temperamento volátil de Hitler. Su reunión inicial fue breve e incómoda para ambos, con Hitler tratando a su invitado con brusquedad, como haría con un vendedor ambulante que insiste con un producto que no se tiene interés en comprar. Hitler intimidó al Primer Ministro británico con un pesado monólogo en el que detalló una vez más las muchas injusticias que había impuesto en Alemania el Tratado de Versalles. Concluyó con su afirmación de que la cuestión de los Sudetes era de raza no de territorio y que por esa razón no estaba sometido a negociación. Cuando escuchó esto el afable Chamberlain perdió la compostura.

En la telaraña: Hitler y su intérprete en jefe, Paul Schmidt, dan la bienvenida
al Primer Ministro británico, Neville Chamberlain, a Berchtesgaden.
La política de contemporización les costó cara a los checos.

"Si el Führer está decidido a resolver esto por la fuerza, ¿por qué me dejó venir aquí?", le gritó enojado.

Esta explosión inesperada desconcertó a Hitler. Hizo una pausa para pensar, y es evidente que luego consideró lo razonable y generoso que parecería si se ofrecía a perdonar a los checos sus pecados contra la gente de los Sudetes. Todavía podía dar marcha atrás, estando en el borde de la guerra, en el último momento. Si los Aliados podían garantizar que los checos entregaran los Sudetes al Reich, ordenaría renunciar a su ejército y haría su "juramento sagrado" de que respetaría la soberanía del estado checo.

Bajo la ilusión de que había ganado una concesión, Chamberlain volvió a las ovaciones de las multitudes en Londres. Pero detrás del escenario, los checos estaban furiosos. A sus ojos, los había traicionado la "ambición senil" de Chamberlain por "jugar al pacificador". En lugar de ir en su ayuda, Francia e Inglaterra dieron ahora un ultimátum a los checos. A menos que aceptaran los términos de Hitler, los Aliados no se considerarían comprometidos por cualquier acuerdo pasado para garantizar la soberanía checa. Un amargado Benes convocó a una reunión de gabinete e informó a sus colegas que "no tenían opción" sino aceptar la cesión de los Sudetes al Reich. Les dijo: "Hemos sido traicionados de manera despreciable".

Chamberlain voló a Alemania el 22 de septiembre, creyendo que había aplacado al dictador y que la firma de los términos del acuerdo era una mera formalidad. En lugar de eso, Hitler rechazó las propuestas anglofrancesas para una retirada ordenada de las tropas y la policía checas y más bien exigió que lo hicieran de inmediato. Cuando Chamberlain empezó a explicar lo poco práctico de una acción así y los beneficios de la programación de los Aliados, Hitler tuvo uno de sus infames ataques de furia y tuvo que abandonar la reunión.

RUMORES DE GUERRA

Chamberlain volvió a Londres con sus planes para la solución pacífica de los Sudetes hechos pedazos y su confianza gravemente debilitada. Estaba claro para los Aliados que ya no podían trabajar con la ilusión de que se podía razonar con Hitler. Estaba decidido a ir a la guerra y estaba bien preparado, ya que el Plan de Cuatro Años se había cumplido a la perfección. El ejército alemán había crecido de siete divisiones a 51, entre ellas cinco divisiones blindadas pesadas y cuatro ligeras, mientras que la armada alemana podía presumir de una flota formidable que consistía en dos barcos de guerra de 31 200 toneladas, dos cruceros pesados, 17 destructores y 47 submarinos. La Luftwaffe también había crecido de nada a 21 escuadrones, todos tripulados por pilotos que habían logrado considerable experiencia y destreza durante la Guerra Civil Española. La industria de los armamentos alemana estaba operando a toda su capacidad y ya estaba excediendo el máximo de producción de la última guerra. La Alemania nazi era una nación armada hasta los dientes y quería soltarse la correa. Es comprensible que Inglaterra y Francia hicieran todo lo necesario por evitar un conflicto. Sabían que era bastante probable la derrota.

Chamberlain resumió la actitud británica en una transmisión de radio a la nación que tuvo lugar el 28 de septiembre. Sin tacto, expresó su indiferencia por el destino del pueblo checo al referirse a una "pelea en un país lejano entre pueblos de los que no sabemos nada".

Como se habían resignado a que los abandonaran sus antiguos aliados, los checos convocaron a un millón extra de reservistas. Por su parte, los británicos podían hacer poco, aparte de cavar trincheras en los parques públicos y preparar a la población civil para un ataque inminente desde el aire. Se empezaron a oscurecer las ciudades durante la noche, lo cual requería que las ventanas de todos los locales domésticos y de negocios se cubrieran después de oscurecer, de manera que los bombarderos que atacaran no pudieran ver luces. También se cubrían en parte las luces de los autos, lo que llevó a un aumento en los accidentes de tráfico fatales y de crímenes cometidos al abrigo de la oscuridad.

El gran temor era que los alemanes emplearan gas venenoso como habían hecho en Francia durante la Primera Guerra Mundial. También se esperaba que dejaran caer bombas de gas en las ciudades de Inglaterra. Las películas de noticias mostraban a londinenses valientes tratando de que su gobierno les diera máscaras antigás y haciendo la señal de la "V de la victoria" como desafío a la amenaza nazi, pero fuera de cámara el estado de ánimo público estaba cerca del pánico.

Las imágenes de muerte que llovían desde el cielo llenaban de horror a los ciudadanos ordinarios. Los expertos predijeron un millón de lesionados en los primeros dos meses de guerra.

Se pusieron en vigor planes para enviar a los niños de la capital a los condados para su propia seguridad. Se quedarían con extraños que estaban dispuestos a darles techo y comida, pero sus padres se tendrían que quedar. La angustia y el sufrimiento habían empezado, incluso antes de que se hiciera el primer tiro.

Las tropas alemanas entran a los Sudetes, que estaban poblados en su mayor parte por gente de origen alemán.

Cuando la noticia de la movilización alemana llegó al alto mando francés detrás de los altos muros de sus *châteaux*, se puso en alerta a los hombres de la Línea Maginot y se envió a más reservistas para reforzar sus defensas en anticipación al ataque inminente.

TRAICIÓN A LOS CHECOS

Tal vez esta demostración de la tardía decisión de los Aliados fue lo que provocó a Hitler a posponer su invasión planeada. Una explicación más probable fue la oferta de Mussolini para mediar, lo que lo persuadió a reconsiderar apenas unas horas antes del tiempo en que estaba programado que tuviera lugar el ataque. Al día siguiente, el 30 de septiembre, Hitler se reunió con los primeros ministros británico y francés en Múnich, bajo el ojo vigilante del dictador italiano y la prensa del mundo. Saboreando su papel de estadista internacional, Mussolini informó a Chamberlain y a Daladier de las demandas alemanas, que presentó como sus propias propuestas de paz. Los checos deben retirarse de los Sudetes para el 1 de octubre, lo que significaba renunciar a sus principales fortificaciones e industria pesada, a cambio de lo cual los Aliados garantizarían la nueva frontera. Aunque los checos no tendrían voz en el asunto, los Aliados aliviaron su culpa diciéndose que no tenían otra opción más que firmar el Acuerdo de Múnich.

Cuando el primer ministro checo Jan Syrovy se enteró de esos términos, dijo que era una elección entre "ser asesinado y cometer suicidio".

En una trasmisión de radio a la nación esa misma noche le dijo a su gente: "Tenemos la elección entre una defensa desesperada e imposible y la aceptación de condiciones sin paralelo en la historia por su crueldad".

Los comandantes de las fuerzas armadas checas no eran tan débiles como habían demostrado ser los líderes de los Aliados. Se ofrecieron a pelear, a pesar de las abrumadoras posibilidades en su contra, esperando que si podían aguantar por varias semanas, los Aliados podían entrar en acción por vergüenza. Pero el presidente Benes había perdido toda la fe en Inglaterra y Francia. El 1 de octubre, marcharon las primeras divisiones alemanas sin oposición a los Sudetes.

El Acuerdo de Múnich no impidió la guerra, sólo la pospuso. Fue un acto vergonzoso de cobardía por parte de los Aliados, que iban a pagar el precio de su política de contemporización en el próximo conflicto. Si Francia e Inglaterra hubieran podido alterar el curso de la historia al ayudar a los checos es un punto discutible, pero lo que es cierto es que la contemporización no disuade a un dictador.

PAZ EN NUESTRO TIEMPO

Como epílogo al Acuerdo de Múnich, Chamberlain presionó a Hitler para que firmara una declaración escrita a la carrera en la que afirmaba la cooperación anglogermana en caso de una disputa futura. Al parecer, el líder nazi dio poca importancia al documento, pero Chamberlain creía que había asegurado el futuro de Europa. A su vuelta a Londres agitó la hoja de papel que tenía su firma y la del Führer en señal de triunfo, mientras las multitudes aclamaban hasta quedarse roncas. Anunció que había asegurado la "paz con honor" y "la paz en nuestro tiempo".

Pero el miembro conservador del Parlamento Winston Churchill, que por años había estado advirtiendo en vano de los peligros del rearme alemán, declaró que era sólo "el principio del Juicio Final". No era el único. El Primer Ministro francés Daladier también se daba cuenta clara del terrible error que había cometido al ceder ante Hitler. Mientras su avión se acercaba a la pista en París vio a las multitudes de admiradores que lo esperaban y supuso que habían venido a hacerle daño. Cuando vio que estaban saludando y sonriendo, se volvió a su asistente.

"¡Idiotas! No saben a quién le están aplaudiendo", murmuró.

16 de marzo de 1939: el presidente Emil Hácha se sienta incómodo frente a Hitler en un salón del antiguo castillo del Káiser, en Praga. No hay duda de quién está dictando los términos.

A través de lágrimas amargas, una mujer saluda a Hitler después de la anexión de los Sudetes.

Por supuesto, no quedaron satisfechas las ambiciones territoriales de Hitler con la adquisición de los Sudetes. Los alemanes de los Sudetes no significaban nada para Hitler. Sólo eran un símbolo de su autoridad, un trofeo con el cual burlarse de sus enemigos. No se conformaría con nada menos que la rendición de la nación checa y la humillación de su nuevo Primer Ministro Emil Hácha (Benes había renunciado en octubre de 1938, un mes después de Múnich). En las primeras horas del 14 de marzo de 1939, Hitler recibió a Hácha en la cancillería de Berlín, en presencia de Goering y Ribbentrop, y le presentaron un ultimátum. Podía invitar al ejército alemán para acabar con los supuestos disturbios en su país, con lo que se hacía al estado checo un protectorado alemán o podía ver que los Stukas bombardearan Praga.

Al enfrentar una amenaza así e intimidado por la presencia física de Hermann Goering, Hácha, de 66 años de edad, tuvo lo que parece haber sido un leve ataque cardiaco antes de perder la conciencia. Llamaron al médico charlatán del Führer, el doctor Morell. Se las

arregló para revivir a Hácha un momento antes de que se desmayara por segunda vez. De nuevo se administró un estimulante y le recordaron a Hácha cuántas vidas checas inocentes pendían de un hilo si no firmaba las dos declaraciones que le habían preparado los nazis. La primera declaración solicitaba la "protección" de Alemania y la segunda ordenaba al ejército checo deponer las armas. Se resistió hasta las 4 de la mañana, momento en que cedieron su resistencia y su salud: firmó ambos documentos. Seis horas después, una columna de varios cientos de vehículos blindados alemanes resonaban por las calles empedradas y las plazas de Praga. La nieve le daba una apariencia de tarjeta de Navidad a la pintoresca ciudad, pero no era el clima lo que mantenía a las multitudes alejadas.

DEMASIADO POCO, DEMASIADO TARDE: EL DESTINO DE POLONIA

"Ahora nos dicen que esta toma de territorio ha sido necesaria por disturbios en Checoslovaquia... Si había disturbios, ¿no fueron fomentados desde fuera?... ¿Es el fin de una vieja aventura, o es el principio de una nueva? ¿Es éste el último ataque a un estado pequeño o le seguirán otros? ¿Es, de hecho, un paso en la dirección de un intento para dominar el mundo por la fuerza?"
Neville Chamberlain, 17 de marzo de 1939

Es costumbre que los historiadores describan a Polonia como la víctima inocente de la agresión nazi. La historia relata que el mundo fue a la guerra para defender a este país atribulado, pero no lo bastante pronto para salvarlo. Sin embargo, la verdad no es así de simple. Desde 1935 Polonia había sido gobernada por una junta militar. Tres años después habían amenazado a Lituania con una invasión si no restauraban el camino, el ferrocarril y otros medios de comunicación que se habían cortado después de una disputa que se remontaba a 20 años. Es decir, la ocupación polaca de Vilna, una ciudad lituana habitada en su mayor parte por polacos. Temiendo que Alemania pudiera atacarlos si se movilizaban en su propia defensa, los lituanos accedieron a las demandas de

Noviembre de 1939: las filas compactas de la guardia de elite de Hitler marchan con fuerza
irresistible a través de Praga, mientras los alemanes de la ocupación ponen en vigor
la ley marcial después de la ejecución de tres rebeldes checos.

la junta con la creencia de que la ocupación polaca sería el menor de dos males.

Durante la crisis checa, se le había ofrecido a la junta polaca pro-nazi una parte del botín, siempre y cuando se alinearan con Alemania en caso de guerra. Se rehusaron en la forma más diplomática posible dadas las circunstancias, lo que sólo puso furioso a Hitler e intensificó su desconfianza en la junta. Cuando pasó esa crisis, los nazis los presionaron para que se unieran al Pacto Antikomintern contra Rusia. Pero de nuevo los polacos recurrieron a evasivas, con la esperanza de que el águila nazi y el oso soviético al final se enfrentaran, dejándolos observar seguros desde fuera.

En enero de 1939, se estaba acabando la paciencia de Hitler con los polacos. Recibió al Ministro del Extranjero de Polonia, el coronel Josef Beck, en el Berchtesgaden y repitió las demandas que había hecho unos meses antes y a las que no había recibido una contestación satisfactoria. Estas demandas eran devolver el puerto báltico de Danzig y el derecho a construir vínculos de carretera y tren por una franja de tierra que iba del río Vístula al mar Báltico. Conocido como el Corredor Polaco, dividía a Alemania de Prusia Oriental. Aunque el general Beck era simpatizante de los nazis, se dio cuenta de que hacer esas concesiones marcaría el fin de la independencia polaca. Así que se negó.

Pero cuando parecía que Polonia seguiría el camino de Checoslovaquia, los británicos declararon con retraso su disposición a ir a la guerra para defender la soberanía polaca. Fue un giro extraordinario de los eventos. Inglaterra y Francia no habían ayudado a la Checoslovaquia democrática, pero ahora se estaban declarando listos para ir a la guerra en apoyo a una junta pro-nazi. Incluso Hitler, el maestro de la duplicidad diplomática, no había previsto esto. De acuerdo al almirante Canaris, Hitler reaccionó a la noticia golpeando su escritorio con los puños y prometiendo cocinar a los británicos "un estofado con el que se ahogaran".

Sin embargo, no se negaría su guerra a Hitler una segunda vez. El 15 de marzo, las tropas alemanas marcharon a Bohemia, Moravia y Es-lovaquia, y lo que significaba que Polonia ahora estaba cercada por tropas alemanas en tres lados, con los rusos al este. Era una situación indefendible. Confiado en una rápida victoria, Hitler emitió una directiva de alto secreto a sus fuerzas armadas el 3 de abril. Con el nombre en código de Caso Blanco, detallaba los planes para la invasión de Polonia, que se debían ejecutar a más tardar el 1 de septiembre. Era un plan imaginativo y audaz... un golpe decisivo y como rayo, que sería encabezado por masivas divisiones de tanques, que tendrían el apoyo de ataques aéreos y con la infantería yendo a la retaguardia para acabar con los focos de resistencia. El ataque se iba a dirigir y coordinar mediante una red de comunicaciones modernas.

Pero no fue idea de Hitler. Fue obra del coronel Günther Blumentritt y los generales Rundstedt y Manstein. Hitler se familiarizó con los detalles del ataque e hizo sugerencias, pero la única parte constructiva que tuvo, de acuerdo al general Warlimont, fue planear el ataque a un puente en Dirschau.

El 23 de mayo, Hitler convocó a una reunión del Estado Mayor General Alemán y expuso su estrategia. No se permitió que se tomaran minutas, pero el teniente coronel Rudolf Schmundt escribió unas cuantas notas a mano que registraban la determinación de Hitler de "atacar Polonia a la primera oportunidad". Añadió: "No podemos esperar una repetición del asunto checo. Habrá guerra. Nuestra tarea es aislar a Polonia. El éxito en aislarla será decisivo... El Führer duda de la posibilidad de un arreglo pacífico con Inglaterra... Inglaterra es nuestro enemigo y el conflicto con ella es asunto de vida o muerte... La meta debe ser dar al enemigo un golpe aplastante o uno que sea decisivo justo desde el principio... Se deben hacer preparativos para una larga guerra; además para un ataque sorpresa, y se debe aplastar toda posible intervención de Inglaterra en el continente... Si tenemos éxito en ocupar y asegurar Holanda y Bélgica, además de derrotar a Francia, se creará la base para una guerra exitosa contra Inglaterra... No hay más éxitos por lograr sin derramamiento de sangre".

El coronel Josef Beck, Ministro del Extranjero de Polonia, el cual se enfrentó a Hitler en 1939.

El coronel Beck era igual de beligerante. El 28 de marzo convocó al embajador alemán y le dijo que cualquier intento del senado nazi en Danzig por alterar la situación de la ciudad libre se consideraría un acto de guerra. El indignado alemán protestó que era evidente que Beck deseaba negociar a punta de bayoneta.

"Éste es su propio método", contestó Beck con frialdad.

Para principios de mayo, cuando la guerra parecía más probable que nunca antes, Beck le dijo al Parlamento polaco: "Nosotros en Polonia no reconocemos el principio de paz a cualquier costo. Sólo hay algo en la vida de hombres, naciones y estados que no tiene precio y es el honor".

No era sólo bravuconada. Los polacos podían convocar a más de 2 millones de hombres y los franceses les habían asegurado que atacarían Alemania por aire y que lanzarían una invasión a gran escala en menos de 15 días de que se disparara el primer tiro. Sin embargo, sin que lo supieran los polacos, los franceses no tenían la intención de cumplir sus promesas. Su apoyo público para los polacos sólo tenía la intención de convencer a los rusos para que se unieran a los Aliados. El servicio de inteligencia francés había sobreestimado el muro oeste de Alemania y había aconsejado al alto mando que no podían abrir brechas en las defensas alemanas.

Los ingleses fueron menos comunicativos, ofreciendo vagas promesas de refuerzos y ofensivas de bombardeos contra el invasor. Su renuencia era comprensible, ya que en ese tiempo sólo tenían una brigada blindada y cinco divisiones de infantería, una cantidad extremadamente pequeña de aviones de combate y ninguna arma antiaérea o instalación de radar para montar una defensa efectiva. La industria británica de los armamentos todavía estaba detenida después de la Primera Guerra Mundial y se necesitaría al menos un año para preparar y producir suficientes municiones para abastecer a sus fuerzas armadas en forma adecuada.

VÍSPERAS DE LA GUERRA

Hitler creía con seguridad que la siguiente guerra sería limitada y que terminaría con rapidez. Sus comandantes estaban de acuerdo, con la excepción del general Thomas, el cual sostenía que Polonia podía ser la chispa que iniciara una guerra mundial. Keitel habló por todos ellos cuando rechazó estas dudas, diciendo que Inglaterra era demasiado decadente, Francia demasiado degenerada y que Estados Unidos estaba muy poco interesado. Nadie sacrificaría a sus hijos por Polonia. Pero tanto él como Hitler habían pasado por alto la posibilidad de que al ser una democracia, Inglaterra podía encontrar un líder nuevo y más capaz para desafiar al tirano nazi y que se podía provocar a Estados Unidos para que actuara si lo atacaban. En las vísperas de la guerra, Hitler tenía dudas de que los Aliados podrían respaldar su amenaza con acción. En caso de hostilidades, Inglaterra tendría que enviar tropas desde Egipto bajo el ojo vigilante de la armada alemana y la táctica de manada de lobos de los submarinos alemanes que merodeaban en el mar Negro.

Un memorándum escrito por el almirante Bohm en vísperas de la invasión planeada a

Polonia hacía notar: "Desde el punto de vista del Führer, no es grande la probabilidad de que intervengan los poderes occidentales en el conflicto… Francia no puede permitirse una guerra larga y sangrienta. Sus recursos humanos son pequeños y sus suministros insuficientes. Francia ha entrado a toda esta situación contra su voluntad: para Francia el término guerra de nervios se aplica…".

Hitler asumió correctamente que Francia se había agotado con la Gran Guerra y que capitularía en lugar de tomar parte en un segundo conflicto prolongado. Pero si se puede decir que algún evento individual convenció a Hitler de que por fin había llegado el momento de resolver el problema polaco fue la firma del pacto de no agresión entre la Alemania nazi y la Rusia soviética el 21 de agosto de 1939. La noticia del acuerdo llegó como una total sorpresa para los Aliados y envió olas de conmoción alrededor del mundo. Parecía inconcebible que el estado comunista pudiera llegar a un acuerdo con la dictadura fascista y sin embargo, se podía haber previsto.

Inglaterra había estado haciendo progresos con Rusia por más de un año, pero lo había estropeado de la peor manera al enviar a un funcionario menor de la oficina del extranjero para negociar con Molotov, el ministro ruso para asuntos extranjeros. Había interpretado esta visita como un desprecio y como señal de que los británicos no tenían esperanzas serias de éxito. Fue eso o pensaron que un acuerdo sería una simple formalidad. Lo que es más, enviaron al servidor público en bote, así que llegó una semana después de lo que pudo ser si hubiera volado a Moscú, momento para el cual los nazis habían persuadido a los soviéticos de sellar el trato. Pero independientemente de este error diplomático, los soviéticos desconfiaban y despreciaban a las democracias de Occidente, que no estaban en posición de ofrecer alguna concesión o incentivo importante. Por el otro lado, los nazis estaban preparados para firmar un protocolo secreto que prometía no sólo la mitad de Polonia, sino también toda Letonia y Estonia si los rusos colaboraban.

Los rusos también tenían otra razón para ponerse del lado de Hitler: No estaban preparados para ir a la guerra. Las purgas de Stalin en el cuerpo de oficiales habían diezmado el liderazgo del ejército rojo y quedó la tropa desmoralizada y con falta de disciplina. No se podía confiar en el ejército para pelear si no se contaba con oficiales experimentados para dirigirlo. Al tomar parte del lado de Alemania, Stalin aseguraba su propia posición y fomentaba sus intereses, pero al hacerlo le daba a Hitler la libertad de acción para hacer lo que quisiera en Europa Occidental. Todo lo que Hitler necesitaba era un pretexto para invadir.

CAPÍTULO ONCE

GUERRA
TOTAL

LA INCURSIÓN DE LOS MUERTOS

Los primeros tiros de la Segunda Guerra Mundial fueron hechos por hombres que ya estaban muertos. El 31 de agosto, un escuadrón de hombres de las SS escogió a una docena de presos de sexo masculino de un campo de concentración cercano a la frontera polaca y les ordenó vestirse con uniformes del ejército polaco a punta de pistola. Luego los mató a sangre fría excepto a uno. Llevaron al escuadrón y al sobreviviente solitario a la estación de radio alemana en Gliewitz, en la frontera polaca, donde las SS escenificaron un ataque falso.

Entraron por la fuerza al estudio, trasmitieron un breve mensaje, anunciando la invasión polaca a Alemania y luego mataron al prisionero restante para que se viera como si los hubieran matado a él y a sus camaradas durante un ataque a la estación de radio. La incursión recibió el nombre en código de Operación Himmler. Ahora los nazis estaban libres para contraatacar.

Al contrario de la creencia popular, la invasión alemana a Polonia no empezó con columnas de tanques Panzer entrando a lo profundo del territorio polaco, sino en una forma más convencional. Al amanecer del 1 de septiembre de 1939, el barco de guerra alemán SMS *Schleswig-Holstein* abrió fuego contra una fortaleza a 6.5 kilómetros al norte de Danzig. El barco de batalla se había escabullido al puerto varios días antes, bajo el pretexto de una visita

Lavar las cubiertas: un barco de entrenamiento alemán cerca de Falmouth un año antes de que empezara la Segunda Guerra Mundial y la cooperación mutua todavía parecía ser posible.

ceremonial y estaba en posición de bombardear el fuerte en el momento en que Hitler diera la orden de comenzar las hostilidades. Eran las 4:45 de la mañana y estaba empezando la Segunda Guerra Mundial.

El famoso *Blitzkrieg* alemán, cuando por fin se realizó, tuvo un inicio poco auspicioso. Mientras los ruidosos bombarderos Stuka bombardeaban los aeropuertos, ferrocarriles e instalaciones militares del enemigo, la vanguardia de las columnas motorizadas de Hitler quedaron envueltas en la niebla, y en la confusión, les disparó su propia artillería. Sólo una de seis divisiones contó con apoyo de tanques... las demás fueron divisiones de infantería, abastecidas en su mayor parte por vagones jalados por caballos. Pero las masas de columnas motorizadas lograron avanzar en forma increíble, a pesar de la mala condición de los caminos polacos, en algunos casos recorriendo hasta 64 kilómetros en un día. Fue una operación de doble pinza que tenía el propósito de rodear las principales fuerzas polacas y cortarles la retirada al río Vístula. Pero su avance tenía sus propios problemas. En el segundo día, el XIX Cuerpo Panzer, dirigido por el teniente general Guderian, se detuvo en seco, ya que se le acabó el combustible y la munición. Pero antes de que las divisiones polacas pudieran

Una columna blindada del Tercer Reich entra como torrente a Polonia, iniciado la guerra en Europa.

montar un ataque, las columnas de aprovisionamiento alemanas cruzaron las líneas polacas e hicieron que los Panzer se pusieran de nuevo en movimiento. En otra parte, el Cuarto Ejército Alemán rodeó a dos divisiones de las tropas polacas en el Corredor de Danzig y las destruyeron en cuestión de horas. Fue durante esta batalla que la caballería polaca hizo su carga suicida contra los blindados alemanes.

Inglaterra y Francia lanzaron un ultimátum el segundo día. Amenazaron con ir a la guerra si Hitler no garantizaba que retiraría sus tropas para el domingo 3 de septiembre. No se presentó esa garantía y desde ese día en delante Inglaterra y Francia estuvieron de manera oficial en guerra con Alemania. Esta vez no se produjo una carga patriótica para enlistarse como había sucedido en 1914.

POLONIA

Siete días después de que empezara la invasión, el XIV Ejército Alemán estaba invadiendo Cracovia. Guderian informó a Hitler que había sufrido menos de 1 000 bajas y que todo se debía a la movilidad y al superior poder de fuego de los Panzer. En las siguientes semanas, los tanques y la artillería de Polonia demostraron no ser rival para los Panzer alemanes de movimiento rápido y armas pesadas, que atacaban *en masse*, mientras que los polacos desplegaban sus tanques inferiores en forma defensiva para apoyar a su infantería. En último término, a la fuerza aérea polaca no le fue mejor. Se pensaba que no era rival para la Luftwaffe. La mayoría de los 900 aviones viejos se consideraba útil sólo para entrenamiento, pero los pilotos polacos compensaron la deficiencia de sus máquinas con destreza y valor, derribando o dañando de gravedad a 400 de los aviones de combate de Goering. Es increíble que la efectividad de los combatientes de Polonia se debilitara trágicamente por sus líderes, que no pudieron coordinar una defensa efectiva, ya que por error confiaron en las comunicaciones civiles que los alemanes interrumpieron con facilidad. En unas semanas los alemanes estaban avanzando hacia Varsovia, pero no tomaron la ciudad con la facilidad que esperaban. El 10 de

Desfile de la victoria: los alemanes entraron a paso de ganso en Polonia en 1939. La invasión empezó el 1 de septiembre y terminó el 6 de octubre cuando se dividió el país entre Alemania y la URSS.

septiembre el grueso del ejército polaco se vio reforzado con los sobrevivientes de la batalla en el Corredor de Danzig y juntos atacaron el flanco del VIII Ejército alemán a 112.5 kilómetros al oeste de la ciudad. Por dos días acosaron a los alemanes, hasta que Rundstedt se vio obligado a desviar dos divisiones con el fin de contraatacar. Para el 17 de septiembre Varsovia estaba rodeada y casi se había desintegrado el ejército polaco. En total, habían capturado a 52 000 hombres y habían matado lo que se calcula fueron 750 000. Todavía había focos de resistencia que costarían caro a los alemanes, pero sólo era cuestión de tiempo antes de que los últimos defensores tiraran las armas y se rindieran.

Si los miembros del ejército polaco esperaban aguantar hasta que los Aliados llegaran en su ayuda, quedaron muy desilusionados. Los británicos tenían miedo de bombardear las ciudades alemanas por no matar a civiles. Así que se contentaron con dejar caer folletos en Renania, mientras que los franceses enviaron nueve divisiones a 11 kilómetros en territorio alemán. Fue una maniobra evasiva simbólica y un mensaje de compasión para los asediados polacos. Es increíble que el Ministerio del Aire británico decidiera no bombardear las fábricas

de municiones alemanas o la recién adquirida fábrica Skoda en Checoslovaquia, que se había adaptado para la producción de aviones. Los consideraron propiedad privada y temían que los alemanes tomaran represalias.

Si les quedaba ánimo a los polacos para pelear, debieron perderlo en ese momento. Sin embargo, el golpe fatal no lo dieron los alemanes, sino los rusos. Se les ordenó a treinta y cinco divisiones del ejército soviético ocupar la región de la frontera Este, en anticipación a la partición de Polonia. La noticia de la incursión soviética provocó que el jefe de las fuerzas armadas polacas, el mariscal Eydz-Âmigly, huyera a Rumania, seguido de cerca por los otros miembros del gobierno. Después de que los traicionaran los Aliados, ahora eran sus propios líderes quienes abandonaban al ejército y a la población. Sin embargo, se mantuvieron en la capital sitiada por diez días más, aunque no tenían comida, agua y todo el tiempo estaban bajo el bombardeo de la Luftwaffe y la artillería alemanas. El 27 de septiembre la ciudad por fin se rindió y tomaron prisioneros a 140 000 soldados cansados y heridos.

Al día siguiente, la guarnición de 24 000 soldados en Modlin cayó en manos alemanas, dejando a los restos del ejército polaco rodeado por tres lados y con la espalda en la frontera rumana. En unos cuantos días, mataron o capturaron a 150 000 hombres, quedando 100 000 que escaparon por la frontera a Rumania... pero no antes de que tuvieran que luchar para abrirse camino con los ucranianos que se habían puesto del lado de los rusos. Los últimos polacos resistieron en Kock, una guarnición a 121 kilómetros al sudeste de Varsovia, hasta el 6 de octubre.

La conquista de Polonia por Hitler fue total y a un costo de sólo 8000 alemanes muertos, 5000 perdidos en acción y sólo poco más de 27 000 heridos. Pero el sufrimiento de Polonia no había terminado. De hecho, apenas estaba por empezar. Cuando los Panzer y el Wehrmacht se marcharon, entraron los administradores nazis y los *Einsatzgruppen* (escuadrones de la muerte de las SS).

"No estamos interesados en la prosperidad del país... Lo que nos interesa es establecer la autoridad alemana en esta área... Lo evaluaremos por lo imposible que sea que Polonia se vuelva a levantar jamás... Lo que tenemos aquí es un gigantesco campo de trabajo".

Hans Frank, Gobernador General de la Polonia Ocupada, noviembre de 1940 [31]

GUERRA EN OCCIDENTE

La conquista de Polonia sembró la semilla para la derrota de Hitler. Lo convenció de que era un genio militar guiado por la Providencia que no tenía necesidad del consejo de sus generales. Creía que su falta de entrenamiento militar formal y su experiencia como soldado común en las trincheras le daban una mayor comprensión de las tácticas que a sus propios comandantes. También se convenció de que había concebido el plan para la invasión. Pero aunque tomó el crédito a la primera oportuni-

"NO PIDO A MIS GENERALES QUE COMPRENDAN MIS ÓRDENES, SÓLO QUE LAS LLEVEN A CABO".

Adolfo Hitler, 1939

dad, sólo había aprobado el trabajo realizado por sus comandantes.

Poco después de la caída de Polonia, se realizó una reunión de su Estado Mayor en la nueva Cancillería del Reich en Berlín. Su objetivo era informarles que exigía su obediencia incondicional. Durante el transcurso de un discurso de tres horas, les dijo: "Ni un militar, ni un civil me puede reemplazar. Estoy convencido de mis poderes de intelecto y decisión. Nadie ha logrado jamás lo que he logrado. He dirigido al pueblo alemán a gran altura. Tengo que elegir entre victoria y destrucción. Escojo la victoria. Debo mantenerme en pie o caer en la lucha. No debo retroceder ante nada y debo destruir a todos los que se me opongan".

El último comentario tenía el propósito de intimidar a cualquiera que estuviera pensando en deponerlo, ya que Hitler desconfiaba de sus oficiales superiores. Todavía los culpaba por la derrota de Alemania en la guerra previa y despreciaba a los que le advertían no continuar una guerra que creían que Alemania no podía ganar.

En el año anterior había corrido al Mariscal de Campo von Blomberg, el Comandante en Jefe de las fuerzas armadas y había reemplazado al general von Fritsch, el Comandante en Jefe del ejército, ya que se habían atrevido a expresar la opinión de que Alemania no podía ganar una guerra importante en Europa Occidental. Entonces anunció la formación de una nueva estructura de mando que se conocería como Oberkommando der Wehrmacht (OKW), la cual sería operada por su Estado Mayor Militar personal y dirigido por el general Keitel, cuya conformidad incondicional le había ganado el apodo de "el asno que asiente".

HITLER TOMA EL MANDO

Las fuerzas armadas alemanas ahora estaban bajo el mando personal de Hitler. Su único propósito era servir su voluntad para la mayor gloria de Alemania. ¿Dónde deseaba atacar

---

[31] Extracto del diario de Hans Frank.

luego? La respuesta llegó cuando Hitler convocó una conferencia del Alto Mando con el fin de anunciar una ofensiva de otoño contra los Países Bajos de Luxemburgo, Holanda y Bélgica, que eran neutrales. Era la siguiente etapa lógica, pero los generales habían esperado que Inglaterra y Francia hubieran negociado un tratado de paz después de no poder salvar a Polonia. Incluso Goering se quedó mudo para variar. Pero Hitler tenía confianza en el éxito. Podía confiar en las mismas tácticas que le habían dado la victoria en Polonia… una ofensiva decisiva por masas de divisiones blindadas por el campo, dejando de lado las ciudades para que los Panzer no quedaran atrapados en las calles estrechas. El general von Brauchitsch le recordó al Führer que sólo estaban disponibles cinco divisiones blindadas, que se habían agotado las municiones gravemente después de la campaña polaca y que una ofensiva de otoño por el campo abierto con seguridad se atascaría en el lodo. Hitler contestó de manera cortante que también llovería sobre el enemigo.

En los hechos, el mal clima lo persuadió de posponer el ataque hasta la primavera, pero también influyó en su decisión la invasión irreflexiva de Rusia a Finlandia en noviembre de 1939, que fracasó cuando los finlandeses demostraron ser sorprendentemente resistentes. Hitler se sintió obligado a ir en ayuda de los soviéticos. Su idea era que si no actuaba en forma contundente, los británicos podrían intervenir, cortando los suministros de mineral de hierro de Suecia y amenazando a la flota alemana en el Báltico.

Las tropas en esquíes finlandesas presentaron una formidable oposición, pero al final las aplastaron por el puro peso de las cifras. En este punto, el gobierno noruego hizo saber que no presentarían batalla. Habían visto lo que la Luftwaffe había hecho a Varsovia y Belgrado y no deseaban que tuviera el mismo destino Oslo, pero no pudieron evitar que los británicos desembarcaran en el puerto de Narvik y minaran las aguas noruegas.

La campaña noruega convenía a Neville Chamberlain, que deseaba mantener la guerra a distancia segura. Incluso en este momento tan tardío esperaba que depusieran a Hitler si el enfrentamiento de los ejércitos se podía posponer el tiempo suficiente.

Pero Hitler estaba ahí hasta el final. Había insistido en planear la campaña noruega en persona, negándose con terquedad a aceptar ningún consejo de Brauchitsch. Pero esto resultó en casi la primera derrota alemana en la guerra. Aunque el plan británico había mejorado con poco tiempo, la naval real se las arregló para hundir diez destructores alemanes e inmovilizar a las tropas alemanas en las colinas sobre Narvik.

Pero las tropas británicas habían desembarcado sin armas pesadas, mapas o esquíes, que eran esenciales en ese terreno, incluso a principios de la primavera, cuando la batalla estaba al máximo. Incapaces de seguir a los alemanes por la nieve, los británicos se mantenían en los caminos principales y se veían obligados a re-

Winston Churchill en los escalones del 10 de la calle Downing, después de enterarse de la invasión de Polonia.

troceder cada vez que encontraban al enemigo, el cual mantenía posiciones en las colinas a su alrededor. Mientras tanto, los ruidosos Stukas bombardeaban en picada a los destructores británicos, demostrando que su presencia era decisiva. La lección de Noruega era clara: la supremacía del aire ganaba batallas, no el poder marítimo. Después de seis semanas de combate enconado, la naval real volvió apenas a casa y Noruega cayó ante las fuerzas alemanas.

Capturaron al grueso de la Fuerza Expedicionaria Británica y de inmediato la hicieron desfilar ante las cámaras para las películas de noticias nazis, mientras Hitler tomaba el crédito, como le era característico. La victoria se había logrado contra un enemigo decidido, le dijo a su círculo interno: "ya que había un hombre como yo que no sabía la palabra imposible".

El veredicto del general Warlimont fue algo diferente. Observó que el incidente exponía las "deficiencias de carácter y conocimiento militar" de Hitler. El general Jodl tenía que interceptar las órdenes contradictorias del Führer, ya que estaba creando "caos en el sistema de mando".

Antes había razonado con el Führer, pidiéndole que tuviera fe en sus comandantes y no considerara una batalla perdida hasta que se hubiera disparado el último tiro.

La aventura noruega también se reflejó mal en Winston Churchill, quien era entonces primer lord del almirantazgo y el principal responsable por planear la campaña. Pero fue Chamberlain quien al final fue expulsado de la indignada Cámara de Comunes que había perdido la paciencia con su política de contemporización. Su sucesor tendría que ser un hombre que poseyera el valor para llevar la pelea con el enemigo al norte de África y al Mediterráneo, un hombre con un don para la oratoria que

inspirara a la nación en su hora más oscura. Ese hombre era Churchill.

BLITZKRIEG

El espectro de la casi derrota en Noruega persiguió a Hitler durante el invierno de 1940 y el año siguiente, haciendo que revisara su plan original para el ataque a Europa Occidental. Pensó que era posible que los Aliados anticiparan su gambito de apertura, ya que era la misma estrategia empleada por el ejército alemán en 1914. Además, había pasado por alto consideraciones prácticas como la red de canales y ríos de los Países Bajos, que impedirían el avance de sus vehículos blindados. Mientras meditaba en el problema, le llegaron noticias de que habían capturado a uno de sus oficiales del Estado Mayor después de que su avión se estrelló en Bélgica. Llevaba con él los planes para la invasión. Suponiendo que los mapas y documentos hubieran caído en manos enemigas, Hitler ordenó a sus comandantes presentar un nuevo plan, uno que atrapara a los Aliados por sorpresa.

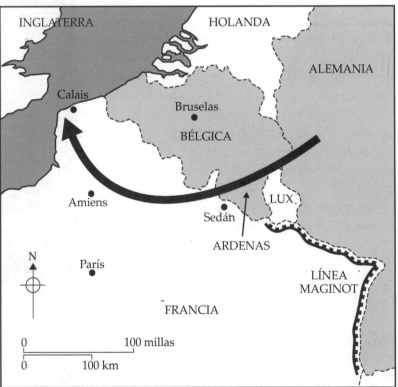

Blitzkrieg en occidente: el plan de Manstein para atacar por las Ardenas que al principio se consideró demasiado riesgoso, pero que al final demostró ser decisivo.

Por casualidad, un talentoso oficial del Estado Mayor, el teniente general von Manstein, había trazado un plan detallado y audaz para un ataque a Francia a través de los Países Bajos, pero lo habían archivado sus superiores que lo consideraban impráctico. Ahora se vieron obligados a desempolvarlo y presentarlo al Führer como una alternativa viable. Manstein proponía una ofensiva decisiva para vehículos blindados a través del bosque de las Ardenas, que se consideraba casi impenetrable y que por lo tanto estaría poco defendido. Esta maniobra también evitaba el problema de la Línea Maginot, que tan sólo se dejaría de lado, ya que las columnas motorizadas se apresuraban a dirigirse al río Meuse, cerca de Sedán, que protegía una fuerza francesa relativamente pequeña. Entonces era dirigirse hacia el oeste a través de las planicies del norte de Francia hacia los puertos en el canal de Calais y El Havre. Esto sorprendería a la Fuerza Expedicionaria Británica, que esperaba un ataque a través de Bélgica. Cada segundo contaba. Los vehículos blindados debían golpear con fuerza y rápido y de ninguna manera sus comandantes debían sentirse tentados a dispersar sus fuerzas o se arriesgaban a perder la iniciativa.

La Inteligencia Militar Alemana confirmó que los angostos caminos zigzagueantes que cruzaban las Ardenas eran lo bastante anchos para los tanques, pero existía la posibilidad de que los Aliados se enteraran del plan antes de que la ofensiva pudiera empezar. Entonces podrían montar una defensa decente. Si lo hacían, los vehículos blindados alemanes se detendrían con un rechinido y eliminarían los Panzer uno por vez. Era una jugada desesperada, pero Hitler mejoraba en correr riesgos y estaba dispuesto a intentarlo.

En la tarde del 9 de mayo de 1940, abordó el Tren Especial del Führer, un tren blindado que había servido como su cuartel durante la campaña polaca. De Berlín, el tren viajó a la frontera belga donde un auto esperaba para llevar al dictador a corta distancia de Felsennest, un complejo de búnkeres y alojamientos espartanos que habían excavado con explosivos en la cima de una colina. Fue desde aquí, a las 5:36 a.m. de la siguiente mañana que Hitler observó a los bombarderos, aviones de combate y aviones de transporte alemanes oscurecer el cielo tan lejos como el ojo podía ver. Al mismo tiempo, columnas de tanques y vehículos blindados avanzaban con un río por el bosque de abajo hacia los defensores desprevenidos.

En términos de hombres y maquinaria, los alemanes y los Aliados estaban muy parejos. Hitler podía presumir de casi 3 millones de hombres que estaban ordenados en un frente de 483 kilómetros, mientras que los Aliados

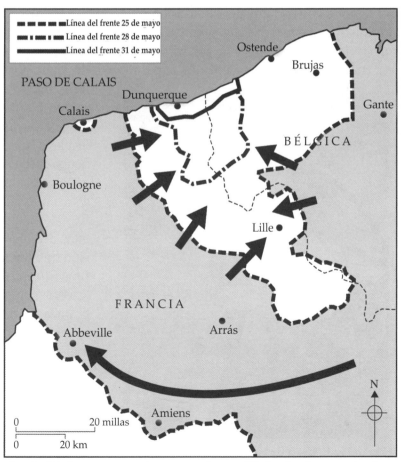

Los británicos se encontraron con la espalda hacia el mar, mientras las columnas motorizadas alemanas avanzaban hacia ellos.

tenían un total similar, pero estaban bajo mandos separados y no tenían un plan cohesivo de defensa. Los alemanes tenían 7400 piezas de artillería, mientras los franceses tenían 10700 y los franceses podían presentar 900 tanques más que los alemanes, que tenían 2500 Panzer para los 3400 de Francia. Sin embargo, los alemanes tenían la meta de emplear sus tanques en masa como habían hecho en Polonia y tenían superioridad en el aire, superando a los Aliados dos a uno. El factor decisivo sería la sorpresa.

ACOSADO POR LAS DUDAS

La imagen de Hitler como genio militar demente es en su mayor parte la creación de los historiadores populares, pues está en total contraste con los hechos. De acuerdo al general Halder, el jefe del Estado Mayor de Hitler, el Führer estaba muy renuente a correr riesgos durante la campaña de primavera de 1940 y todo el tiempo trataba de retrasar el avance por temor a que cortaran las extensas líneas de suministros y rodearan a sus ejércitos. La duda consumía a Hitler después de los éxitos iniciales, cuando los tanques alemanes superaron

Una delgada línea de soldados lucha por volver a bordo de un barco británico durante la evacuación de Dunquerque.

las defensas holandesas y belgas y avanzaron 160 kilómetros el primer día de la ofensiva. Incluso la aniquilación de los ejércitos II y IX de los franceses más allá de Meuse el 13 de mayo (que justificó la decisión de atacar a través de las Ardenas) no disipó su estado de ánimo.

"Se enfurece y grita que estamos haciendo lo más posible para arruinar toda la operación", escribió Halder.

Luego el 17 de mayo, cayó Bruselas. Todavía Hitler parecía dedicado a sabotear su propio éxito. Revocaba sus órdenes incluso antes de que se pudieran llevar a cabo, lo que condujo a muchos oficiales superiores a ignorarlas y confiar mejor en su propio juicio. En varias ocasiones Hitler ordenó a los Panzer detenerse cuando debían seguir avanzando. Su error más crítico fue permitir que los ingleses evacuaran a 338 226 hombres (incluyendo 139 000 soldados franceses) de las playas de Dunquerque, mientras los comandantes de Panzer los veían llenos de frustración desde unos kilómetros de distancia. Se les prohibió disparar a los soldados con problemas para irse. Cuando se le interrogó, el Führer se negó a explicar esta decisión extraordinaria, aunque se pensó que tenía miedo de que los tanques se convirtieran en blancos inmóviles en la arena. Confió en Goering para ametrallar a los soldados en la playa, pero la Luftwaffe estaba demasiado ocupada en esquivar a la RAF para hostigar a las tropas en tierra. Fue el error táctico más grave que Hitler tuvo antes de la invasión de Rusia, ya que esas mismas tropas volverían años después como parte de la fuerza de invasión que liberaría Italia, el norte de África y al final Europa Occidental.

Pero incluso este error se le perdonó cuando Francia cayó tres semanas después. Se hizo la humillación final a sus líderes de tener que firmar la rendición en Compiègne, en el mismo vagón de ferrocarril en el que habían recibido a la delegación alemana en 1918.

"Mi país ha sido derrotado. Es el resultado de 30 años de marxismo", exclamó el mariscal Pétain.

Pero la derrota aplastante del una vez formidable ejército francés había sido inevitable.

Tres días después del armisticio Hitler visitó París en 1940. Pensó
en hacer volar la ciudad, pero reconsideró: "Cuando terminemos con Berlín,
París sólo será una pálida sombra, así que, ¿por qué destruirla?".

Estaban encabezados por hombres viejos y cansados (el general Gamelin tenía 68 años de edad y el general Weygand, su sucesor, tenía 72) cuyas tácticas se remontaban a 1914, no a 1940. Y todos estaban infectados con la fatal afección del derrotismo. Debilitó la cabeza y con rapidez se abrió camino a todo el sistema, de manera que los soldados tiraban sus armas a la primera señal de combate serio y aceptaban lo inevitable… la ocupación

En sólo 46 días el ejército alemán había conquistado Europa Occidental y enviado a los británicos corriendo a través del mar para lamerse las heridas y lamentar la pérdida de 100 000 soldados aliados (con otros 2 millones adicionales sepultados en campos para prisioneros de guerra alemanes hasta el final de la guerra). El Wehrmacht había perdido sólo 27 000 hombres, y 18 000 más en acción. Parado ante la torre Eiffel, Hitler se sintió justificado en proclamarse "el mayor genio estratégico de todos los tiempos". Pero no todos sus asociados estaban de acuerdo con él. En privado, se quejaban de que le faltaba el temperamento necesario para ser un gran comandante. Era impredecible, errático y demasiado desconfiado para delegar autoridad. Para la elite de oficiales prusianos, todavía era un presumido cabo austriaco cuyos instintos y suerte habían dado a Alemania una cadena sin precedentes de victorias, pero se preguntaban cuánto tiempo se mantendría su suerte.

EL ESPÍRITU DE BULLDOG

Hitler había estado emocionado y muy aliviado por la velocidad de sus victorias en la campaña de occidente, pero sin importar lo afortunado o favorecido por el destino que Hitler creyera ser, no pudo saborear su éxito después de la caída de Francia. El suyo era el dilema del hombre común que sería rey. El destino de millones estaba en sus manos, un vasto ejército estaba bajos sus órdenes. Lo honraban y lo temían en igual medida, pero en la cumbre misma de su éxito estaba solo, a merced de su propia naturaleza volátil, atormentado por dos demonios: la falta de confianza en sí mismo y la indecisión.

En junio de 1940, cuando Inglaterra estaba desafiante pero casi indefensa, Hitler autorizó la Operación León Marino, la invasión transportada por mar de las Islas Británicas. Después de comprometer medio millón de hombres y varios cientos de tanques a la operación, la pospuso por la errónea creencia de que la Naval Real y la RAF podrían rechazar a su poderosa armada. Pensó que sería vulnerable mientras cruzara el canal de la Mancha, famoso por su imprevisibilidad. Decidió que la invasión se iba a lanzar sólo como "último recurso".

Hitler temía que una sola derrota destruiría la imagen de la invencibilidad del Wehrmacht. Prefería jugar sobre seguro, hacer que sus bombarderos hostigaran la agotada Naval Real y bombardear los puertos del canal antes de dirigir su atención a acabar con los aeródromos británicos. Al mismo tiempo, sus aviones de combate derribarían a los célebres Spitfire y Hurrican de los cielos. Se dijo que los británicos habían perdido la guerra, pero que sólo no habían aceptado el hecho. Lo desconcertaba el desafío obstinado del nuevo primer ministro británico, Winston Churchill, quien juró luchar en las playas y prometió al pueblo británico que nunca se rendiría.

Hitler decía que Churchill se fortificaba con valor líquido. Era cuestión de tiempo que los británicos recuperaran los sentidos y demandaran la paz. Después de todo, eran del mismo linaje racial que sus "primos" alemanes, según genealogistas nazis.

DÍA DEL ÁGUILA

Goering lanzó Adlertag, su ofensiva aérea, la tarde del 13 de agosto de 1940. Empezó con un ataque de Stuka a la base de la RAF en Detling, Kent, que destruyó 22 aviones británicos en tierra. Entonces cientos de bombarderos alemanes hicieron un asalto en masa a las defensas costeras y aeropuertos de Inglaterra, el primero de 1485 misiones que se ejecutaron ese día. El mal clima dio a la RAF un breve descanso, pero los atacantes volvieron dos días después. Esta vez el radar advirtió con anticipación a los británicos del ataque, así que pudieron interceptarlo antes de que los bombarderos alemanes pudieran hacer mucho daño. Goering perdió 75 aviones contra 34 del Mando de Caza (y otros 16 destruidos en sus hangares), pero como el mariscal en jefe del aire comentó en ese momento, Goering se podía permitir perder esa cantidad y de todas maneras ganar. La RAF había perdido la mitad de su fuerza en Francia y 100 aviones al defender Dunquerque. Pero gracias a los esfuerzos de lord Beaverbrook, el ministro de armamentos británico, ahora estaban saliendo aviones Spitfire de las líneas de producción a una velocidad de 100 por semana. El problema era que la RAF no tenía pilotos para volarlos.

En las siguientes semanas los pilotos británicos tuvieron que despegar a la carrera varias veces al día y la tensión estaba empezando a crispar sus nervios. Quedaba el hecho aleccionador de que para fines de agosto, la RAF había perdido 231 pilotos de su dotación de 1000 y sus reemplazos carecían completamente de experiencia. Incluso cuando llamaron a filas a polacos y a hombres de otras nacionalidades, la RAF seguía siendo superada por mucho en el aire.

> "HITLER SABE QUE DEBERÁ DESTROZARNOS EN ESTA ISLA O PERDER LA GUERRA. SI PODEMOS HACERLE FRENTE, TODA EUROPA PUEDE SER LIBRE... PERO SI FALLAMOS, EL MUNDO SE HUNDIRÁ EN EL ABISMO DE UNA NUEVA ÉPOCA OSCURA".
> *Winston Churchill, mayo de 1940*

SU MEJOR MOMENTO

El día más crucial de la guerra aérea fue el 7 de septiembre. En ese día, Goering reunió la mayor flota de aviones que se haya visto: 1000 aviones amontonados por 3 kilómetros, que oscurecían el cielo en 2000 kilómetros cuadrados. Pero esta vez su objetivo no eran los aeródromos del enemigo, sino los puertos, los almacenes y las fábricas de Londres.

El mayor error de Hitler, y uno de los más costosos de la guerra, fue ordenar a la Luftwaffe dejar los ataques diarios a los aeródromos de la RAF cuando todavía funcionaban y en vez de eso atacar la capital. Esto le dio tiempo a los británicos para reagruparse y montar ataques coordinados contra los bombarderos que volvían. No fue tanto un error de cálculo táctico como un error de juicio, cuyo significado se puede deducir de un comentario del comandante de la Luftwaffe, Theo Osterkamp, quien se quejó: "Fue con lágrimas de ira y consternación que cuando estaba a punto de alcanzar la victoria, vi que se detenía la batalla contra los aviones de combate británicos a favor de atacar Londres".

El cambio de táctica fue causado por las incursiones británicas simbólicas a Berlín, que causaron poco daño, pero que enfurecieron tanto al Führer que se dejó distraer de continuar con un objetivo estratégico legítimo. Fue el punto decisivo en la Batalla de Inglaterra ya que le dio a la RAF más tiempo para armar su muy alabada Gran Ala (un ataque coordinado de varios escuadrones). Al mismo tiempo, les puso un blanco fácil: bombarderos Junkers y

Cartel de 1940-1941, con una diferencia clara en el tono de los que se producían en Alemania.

Heinkel de baja velocidad, a menudo sin apoyo de aviones de combate. Durante el resto de septiembre, los dos bandos se enfrentaron en una guerra de desgaste en el aire que ganaron los ingleses por muy poco. Comenzaron a vencer a los alemanes que empezaron a perder la moral más rápido de lo que perdían a sus camaradas.

El 12 de octubre, después de que la Luftwaffe hubiera sufrido sus pérdidas más graves hasta el momento y de que el bombardeo de Londres tuviera como respuesta repetidas incursiones a Berlín y a otras ciudades, Hitler canceló la Operación León Marino y dirigió su atención a Rusia. Incapaz de admitir la derrota, les dijo a sus pilotos que los ataques a Londres habían sido sólo "camuflaje" para la próxima campaña rusa.

Había subestimado gravemente la voluntad de los británicos para resistirse a la tiranía y también había sido lo bastante tonto para poner su fe en la Luftwaffe de Goering. Podía presumir de tener superioridad en cantidad, pero sus aviones de combate eran vencidos en maniobras por los Spitfire superiores, los cuales podían volver a sus bases para reabastecerse de combustible antes de volver a tomar parte en la batalla. Por otro lado, los aviones de combate alemanes sólo podían entablar combate por diez minutos antes de que les faltara combustible. Si derribaban a los pilotos alemanes y sobrevivían, podían encarcelarlos hasta el final de la guerra, mientras que los pilotos de la RAF podían volver a su escuadrón el mismo día.

Los alemanes tenían otra desventaja. No sabían que estaban vigilando sus formaciones mediante el radar, el arma de alto secreto de Inglaterra, que daba a los muy escasos escuadrones de la RAF sobrada anticipación de un ataque. Entonces podían interceptar al enemigo antes de que atacaran sus objetivos. Se ha dicho que el radar ganó la Guerra de Inglaterra, pero la victoria todavía dependía mucho de los pilotos.

Churchill resumió de manera muy hábil los sentimientos de una nación agradecida cuando rindió homenaje a los valientes pilotos que do rindió homenaje a los valientes pilotos que habían rechazado al invasor cuando las probabilidades en su contra eran abrumadoras. "Nunca en el campo del conflicto humano tantos debieron tanto a tan pocos".

BATALLA POR LOS BALCANES

En octubre de 1940, Mussolini empezó una desatinada invasión a Albania como peldaño para un ataque a Grecia. Sin embargo, el ataque a Grecia estaba mal planeado y fue mala la ejecución. Dejó a las tropas italianas luchando por asegurar una cabeza de playa en tierra firme e impulsó a los británicos a ocupar las islas de Creta y Lemnos como preparación para una contraofensiva. Su presencia amenazaba el equilibrio del poder en los Balcanes y ponía sus planes a distancia del ataque de los campos petroleros rumanos que Hitler acababa de adquirir de su nuevo aliado del Eje, el dictador Ion Antonescu.

A regañadientes, Hitler se vio obligado a ayudar a Mussolini. A principios de 1941, asignó diez divisiones a Grecia y dedicó una fuerza importante de 25 000 paracaidistas a tomar Creta, la mayor fuerza de ataque aéreo jamás reunida. Pero mientras les daban instrucciones, decidió asegurar Yugoslavia por la fuerza, antes de que los serbios probritánicos pudieran arrancarle el poder a los croatas proalemanes. El 26 de marzo, antes de que pudieran hacerlo, los oficiales serbios escenificaron un golpe de estado. Hitler estaba que ardía de ira, así que ordenó la destrucción total de Belgrado por medio de una ofensiva con el nombre en código Operación Castigo. El nuevo gobierno yugoslavo estaba casi sin defensas. Cuando envió aviones para interceptar la primera ola de más de 300 bombarderos alemanes, los derribaron sus propias baterías antiaéreas… los yugoslavos estaban empleando Messerschmitt Me 109 que compraron a los alemanes.

En la confusión, una pequeña fuerza de soldados alemanes sin apoyo de tanques pudo entrar a las ruinas humeantes de la capital y tomarla de los defensores sorprendidos y conmocionados por el bombardeo, los cuales tiraron sus armas y se rindieron. Cuando se hizo el cálculo final, el alto mando alemán se sorpren-

Montgomery dio a los asediados británicos la voluntad para derrotar al Zorro del Desierto.

dió al descubrir que habían conquistado el país completo con la pérdida de sólo 151 hombres y apenas 400 heridos.

EL ZORRO DEL DESIERTO

En febrero de 1941 Hitler envió a uno de sus tácticos más capaz y talentoso, el general Erwin Rommel, a rescatar a su aliado italiano que estaba pasando apuros en el vasto desierto del norte de África. Mussolini había invadido Libia, no tanto por razones tácticas ni por el territorio, sino sólo para ganar credibilidad con Hitler… sentía que Hitler estaba ganando demasiado, demasiado rápido. Il Duce creía que necesitaba 1000 italianos muertos para poder sentarse ante la mesa de conferencias, pero tuvo mucho más cuando el VIII Ejército británico que era relativamente más pequeño, bajo el mando del general Wavell, atacó la cadena de fortificaciones italianas en Mersa Matruh, a 129 kilómetros al este de Sidi Barrani. En los primeros tres días de combate, 39 000 soldados italianos se rindieron al enfrentar a dos divisiones británicas y unos cuantos tanques. Había tantos prisioneros que los captores perdieron la cuenta y registraron su botín como de "2 hectáreas de oficiales y 80 hectáreas de otros soldados".

Lo más significativo fue que los británicos ahora dominaban un área del tamaño de Inglaterra y Francia combinados, pero su falta de fuerzas era deplorable y sus tanques tendían a las fallas mecánicas siempre que la áspera arena del desierto entraba a sus orugas. Por suerte, los tanques italianos eran incluso de peor calidad, lo que hizo que se ganaran el apodo de "féretros rodantes". Los Afrika Korps de Rommel no tenían experiencia en la guerra del desierto, pero tuvieron la previsión de llevar con ellos transportes que les permitían recuperar sus tanques cuando se descomponían o estaban dañados. Los británicos tan sólo abandonaban los suyos. También cometieron el error táctico crítico de dividir sus fuerzas de manera que se pudieran enviar varias divisiones a Grecia. Las fuerzas de Inglaterra debieron tomar primero Trípoli, con lo que asegurarían el norte de África y luego enviar a los hombres y el material restantes a Grecia.

A menos de cuatro meses de desembarcar, Rommel y su Afrika Korps tomaron la iniciativa al avanzar 1600 kilómetros antes de echar al VIII Ejército británico todo el camino de vuelta a Egipto, de donde había salido. Por eso el agradecido Führer promovió al Zorro del Desierto a mariscal de campo.

En su elemento natural: las destrezas tácticas e inventiva de Rommel eran admiradas por Hitler.

En los siguientes 16 meses, la Guerra del Desierto ardió de un lado a otro conforme cada bando explotaba una ventaja temporal de hombres y material. En un punto, fue la ausencia de Rommel por enfermedad lo que inclinó la guerra al lado de los Aliados, en otra ocasión el despido de un comandante desmoralizó al VIII Ejército tanto que los alemanes sacaron ventaja. En el transcurso de unos meses, Bengasi cambió de manos no menos de cinco veces, hasta que por último, en julio de 1942, el general Montgomery tomó el mando del VIII Ejército y manejó a Rommel hacia una batalla de desgaste en El Alamein. Iba a ser la última victoria inglesa significativa antes de que los estadunidenses entraran a la guerra. Churchill lo puso en perspectiva.

"Éste no es el fin. No es ni siquiera el principio del fin, tal vez sea el final del principio".

CRETA

Los alemanes no la tuvieron tan fácil en Creta. Hitler había dado a conocer que la isla tenía que estar en manos alemanas para el final de mayo, de manera que se pudiera concentrar en la invasión de Rusia, que estaba planeada para junio. Sus comandantes cumplieron, pero a un enorme costo y con poca ventaja estratégica. Hitler no empleó la isla como base para dominar el este del Mediterráneo, a pesar del sacrificio de 4000 hombres y la pérdida de más de 300 aviones, recursos que hubieran tenido un uso más efectivo en Rusia.

Los Aliados también habían perdido 4 000 hombres y 12 000 más fueron capturados. El resto se había escapado bajo las narices de los alemanes en una operación que le costó a la Naval Real dos destructores y tres cruceros. Pero para los alemanes fue una victoria vacía.

Paracaidistas alemanes sobre Creta en junio de 1941: tuvieron una recepción más cálida de lo que esperaban con 4000 hombres sacrificados y más de 300 aviones derribados. Resultaría una victoria vacía.

Operación Barbarroja: la invasión de Hitler a Rusia empezó bien, pero terminó en desastre.
Subestimó las enormes distancias involucradas y los recursos con que se enfrentarían.

Los paracaidistas alemanes habían sufrido fuertes pérdidas y sólo habían ganado por el puro peso de su número. Las divisiones de paracaidistas habían demostrado ser ineficaces contra tropas en tierra que estaban en trincheras y bien preparadas. Los paracaidistas sólo tienen una ventaja táctica cuando agarran al enemigo por sorpresa.

Hitler se declaró "muy insatisfecho" con el asunto, punto de vista que repitió el general Ringel, comandante de la Quinta División.

"Este sacrificio no hubiera sido demasiado grande si la campaña de Creta hubiera significado un principio, no un fin", afirmó.

BARBARROJA

El optimismo de Hitler en la víspera de la Operación Barbarroja, la invasión de la Rusia Soviética, pareció en extremo ingenuo a sus comandantes más pragmáticos. Pero su confianza estaba justificada en gran medida. El estado de ánimo en el Wehrmacht victorioso estaba en su punto más elevado, mientras pasaba lo contrario en el ejército rojo, que había perdido a 30 000 de sus oficiales más experimentados en las purgas políticas de Stalin de la década de 1930. Hitler creía que el soldado ruso común no tenía el valor para combatir y se pondría en contra de sus opresores comunistas una vez que viera a los alemanes como sus liberadores. Lo que es más, mientras Rusia podía parecer un continente inconquistable, la intención de Hitler era detener el avance 1900 kilómetros dentro de la frontera en una línea desde Arkángel hasta Astrakhan. Iba a ignorar el Asia Central soviética, que era un yermo inhóspito sin recursos naturales. A pesar de todo, era pedir al Wehrmacht que lograra algo casi imposible. Pero en la mente de Hitler las vastas distancias que se tenían que recorrer eran simples puntos en un mapa.

> "SÓLO VAMOS A PATEAR LA PUERTA Y TODA LA ESTRUCTURA PODRIDA SE VENDRÁ ABAJO".
>
> *Adolfo Hitler*

Los informes de inteligencia habían hecho que el alto mando alemán creyera que la mayor parte de los 12 000 aviones y 22 700 tanques de Rusia no eran aptos para el combate. Era sabido que los pilotos rusos tenían que hacerse señales unos a otros, bajando las alas porque pocos tenían radios funcionales. Lo más significativo era que las divisiones de la línea del frente totalizaban 3 millones de hombres con otros 500000 en reserva, mientras que se pensaba que los rusos tenían disponible sólo la tercera parte de esa cantidad para repelerlos. Se puede comprender un poco la escala de las fuerzas alemanas con el hecho de que se requirieron 17000 trenes para transportar a las tropas a las áreas de concentración en Prusia, Polonia y Rumania, en vísperas de la invasión.

Pero Hitler y el Alto Mando del Wehrmacht (OKW) habían subestimado fatalmente la resistencia y los recursos del enemigo. Stalin podía convocar 17 millones de hombres y varios millones de mujeres en edad militar, a los que se podía entrenar para disparar un rifle, incluso si no lo habían hecho en su vida. Y no habría escasez de armas, tanques y municiones. Se estaban construyendo fábricas de municiones en lo profundo de los Urales, que entregarían el nuevo tanque soviético T34 y el aterrador lanzacohetes Katyusha a una velocidad increíble, mientras que los alemanes encontrarían en extremo difícil reemplazar los tanques y artillería

perdidos una vez que estuvieran en lo profundo del territorio enemigo.

Lo que es más, los soldados del ejército rojo no pelearían por una ideología, ni por su país, sino por sus vidas. Temían a los comisarios mucho más de lo que temían a los nazis. Había una mínima posibilidad de supervivencia si los capturaban los alemanes, pero era un hecho que sus propios oficiales no dudarían en dispararles si se atrevían a retroceder. Stalin había decretado que se encarcelaría a las familias de los desertores por su traición.

UNA GUERRA DE EXTERMINIO

El plan alemán de ataque era de encantadora sencillez en teoría; un ataque en tres frentes en donde el Grupo de Ejércitos Norte conquistaría los puertos bálticos de Riga y Tallin y luego avanzaría hacia Leningrado, mientras el Grupo de Ejércitos Centro se apresuraría a llegar a Moscú, dejando al Grupo de Ejércitos Sur conquistar Ucrania. Había un acuerdo general de que tenían que destruir los principales ejércitos soviéticos antes de que pudieran retroceder al interior, pero Hitler y el alto mando estaban en desacuerdo respecto a la importancia estratégica de Moscú. Hitler la consideraba como nada más que una ubicación geográfica en el mapa. Después de que aplastaran las líneas del frente de los rusos, tenía el propósito de despojar a su frente de los vehículos blindados y luego dirigirlos a capturar los campos petroleros de Ucrania. Los comandantes sostenían que los Panzer debían quedarse con la ofensiva principal para asegurar la conquista de la capital rusa, ya que también era el comando soviético, el centro de comunicaciones y tendría una fuerte defensa. Hitler lo rechazó y este desacuerdo crítico conduciría a una confusión que empeoró por la naturaleza divisiva de los dos grupos de mando competidores: OKW (el Estado Mayor personal de Hitler) y OKH (el Alto Mando del Ejército). OKW estaba del lado del Führer y OKH aconsejaba cautela.

Apodado el "Órgano de Stalin", el lanzacohetes múltiple Katyusha podía disparar hasta 48 ruidosos cohetes a la vez a una distancia de seis kilómetros. Fue un arma crucial para derrotar a los alemanes en Stalingrado.

Si alguien en el alto mando alemán imaginaba que la guerra rusa sería una campaña militar convencional, iba a tener un rudo despertar. Cuando Hitler se dirigió a ellos poco antes de la invasión, dejó en claro que iba a ser "una guerra de exterminio". Les recordó que la Unión Soviética no había firmado la Convención de Ginebra, ni las Conferencias de La Haya que rigen la conducción de la guerra y el tratamiento de los prisioneros, y por lo tanto, los soldados alemanes no estarían atados por las reglas de guerra acostumbradas. No se podría culpar al Wehrmacht por crímenes contra la población civil rusa. Se podría ejecutar sumariamente a los civiles armados.

"Esta lucha es de ideologías y diferencias raciales y se tendrá que conducir con un rigor despiadado e implacable sin precedentes".

CAPÍTULO DOCE

RETRIBUCIÓN

EL AVANCE DE LOS ALEMANES

A las 3 de la mañana del 22 de junio de 1941, miles de armas iluminaron el cielo nocturno mientras los alemanes volcaron ola tras ola de hombres y máquinas a la Rusia soviética. En el sector central, las divisiones de infantería cruzaron el río Bug en botes y tanques anfibio que se habían hecho con el fin de invadir Inglaterra. Encima, cientos de bombarderos se dirigían a los aeródromos soviéticos e instalaciones clave, algunas de las cuales se encontraban a 320 kilómetros al este.

La desconfianza patológica de Stalin hacia los Aliados le había llevado a descartar las constantes advertencias de los servicios de inteligencia británicos y estadunidenses, que le habían dado la fecha precisa para la invasión. Pero también se daba cuenta de que la última guerra había comenzado por la movilización rusa, así que estaba renuente a alertar al ejército hasta que estuviera seguro. Sin embargo, el 22 de junio recibió la confirmación que esperaba. En ese primer día, fueron destruidas una docena de divisiones del ejército rojo, se reunieron miles de prisioneros y se derribaron 1000 aviones soviéticos, con lo que erradicaron la fuerza aérea más grande del mundo de un golpe. Para el final de la primera semana quedó claro que el blindaje soviético no era rival para los Panzer. Aunque el temido tanque pesado KV1 tenía una gruesa coraza de blin-

Hitler y Mussolini tienen un aire de dueños mientras hacen una gira en el frente oriental en 1942: en este punto todo marchaba sin problemas, pero eso iba a cambiar pronto.

Refugiados salen en tropel de Stalingrado que estaba muy dañada por los proyectiles alemanes durante el primer invierno de sitio, 1941-1942. Pocas ciudades han recibido una embestida así en la era moderna.

daje, era incómodo y sus tripulaciones estaban mal entrenadas. El tanque soviético podía recibir hasta siete tiros y seguir adelante, pero demostró ser vulnerable para la infantería alemana, que podía acercarse a escondidas y hacer explotar sus orugas.

Por otro lado, la infantería rusa era un enemigo temible, pero las tropas no parecían tener sentido de la táctica. Hacían continuas cargas suicidas contra las ametralladoras alemanas, como si estuvieran luchando en las trincheras de la última guerra. Sólo en las dos primeras semanas mataron a medio millón de soldados soviéticos. Parecía que la evaluación de Hitler del enemigo había sido exacta después de todo.

Conforme pasaban los días, el avance rápido creó sus propios problemas. En varios sectores, los Panzer siguieron adelante, dejando atrás sus unidades de infantería de apoyo y sus flancos expuestos. Cinco divisiones Panzer bajo el mando del general von Kleist alcanzaron a

los rusos en el sur, cerca de la llamada Línea Stalin, pero sin apoyo de infantería, no pudieron impedir que divisiones enteras de tropas soviéticas escaparan para lanzar contraataques en su retaguardia y flancos. El terreno también producía sus propias dificultades para los invasores. La inteligencia alemana no había podido proporcionar mapas topográficos actualizados, de manera que los vehículos blindados que avanzaban a menudo tenían que detenerse mientras sus comandantes luchaban por orientarse en un paisaje vasto y monótono que parecía no tener horizonte. Para aumentar la confusión, los mapas que les dieron eran engañosos. Una y otra vez las columnas blindadas quedaban atascadas en caminos angostos de tierra porque los comandantes habían confundido las líneas rojas del mapa con carreteras principales.

No mejoraba la situación con la interferencia constante de Hitler, mientras seguía el progre-

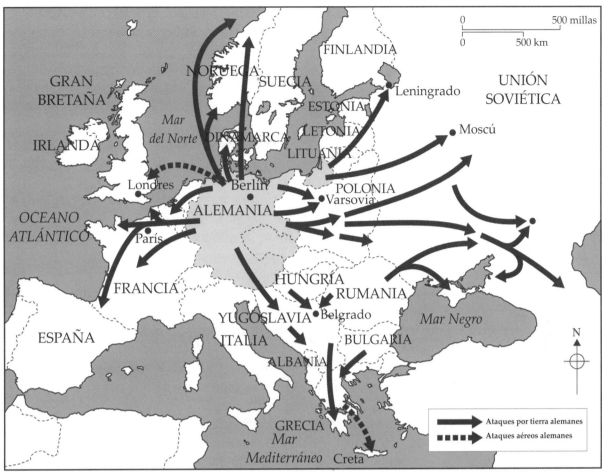

Se juntan nubes oscuras: mientras la sombra de la esvástica se extiende por Europa, parece que los nazis y sus cohortes eran imparables, pero sus fuerzas se extendieron demasiado sin poderlo evitar.

so de sus fuerzas desde la seguridad del *Wolfsschanze* (Guarida del Lobo), su nuevo cuartel en los bosques de Rastenburg, en Prusia Oriental, donde se quedaría hasta noviembre de 1944. Después de la invasión de Rusia, sólo hacía raras visitas a sus otros cuarteles: una base temporal en Ucrania, Berchtesgaden y Berlín. Los generales se desesperaban con su intromisión continua y su obsesión con detalles irrelevantes. Cuando lo presionaban para aclarar sus órdenes, a menudo vagas y contradictorias, se lanzaba en una diatriba sobre el tratamiento de los prisioneros o los efectos de los bombardeos en las tropas de la línea del frente.

Estos problemas se agravaban por la enemistad personal entre los generales. En una ocasión, el mariscal de campo von Kluge, un tradicionalista excesivamente cauto, amenazó a Guderian, el héroe del Blitzkrieg, con una corte marcial por desobedecer en forma deliberada una orden de reducir la velocidad de su avance cuando había una oportunidad obvia de seguir adelante. De nuevo fue Guderian quien permitió que 100 000 soldados soviéticos escaparan a que los rodearan en Smolensk a finales de julio.

Sus ambiciones lo llevaron al este, a Yelnia, (un objetivo clave en el camino a Moscú) en lugar de ir al norte, donde tenía que reunirse con el general Hoth.

Pero el avance incesante de todos los frentes, y los informes de capitulaciones en masa de los soviéticos, llevaron a que las facciones en guerra disculparan estas infracciones. También impidieron cualquier crítica seria del liderazgo de Hitler. El 27 de junio el II Grupo Panzer de Guderian y el III Grupo Panzer del general Hoth pusieron un anillo de acero alrededor de un millón de soldados soviéticos sitiados en la ciudad de Minsk, mientras un foco de resistencia menor estaba rodeado en Bialystock. Después de días de combates salvajes, miles de soldados rusos estaban muertos o moribundos y tomarían prisioneros a 300 000. Capturaron más de 2000 tanques soviéticos o los dejaron fuera de acción y se perdieron 4000 tanques en Smolensk. Estas pérdidas exigían castigo. Stalin convocó al comandante regional, el general Pavlov, y a sus oficiales superiores, a Moscú el 30 de junio e hizo que los ejecutaran por traición.

Pero continuó el derroche de vida humana. El sitio de Leningrado, que empezó en septiembre de 1941 y duró dos años, costó a los rusos más muertos que las bajas combinadas de los Aliados en toda la guerra. Un coronel del Wehrmacht comparó la situación con un elefante que ha derrumbado un montículo de hormiguero. Dijo que el elefante puede matar millones de hormigas, pero que siempre habrá más y al final las hormigas lo abrumarían y se lo comerían hasta los huesos.

En lo profundo del territorio enemigo, Walter von Brauchitsch y su estado mayor revisan con cuidado un mapa.

LOS RUSOS HAN PERDIDO LA GUERRA

Cuando llegó a Hitler la noticia de que sus ejércitos se habían extendido por 640 kilómetros en un frente de 1600 kilómetros en sólo tres semanas, estaba encantado. Una semana después, controlaban un área del doble del tamaño de Alemania.

"Los rusos han perdido la guerra", les dijo a los miembros de su Estado Mayor y no estaban en posición de ponerlo en duda.

Contra su consejo, ahora desvió los vehículos blindados del Grupo de Ejércitos Centro, que entonces estaban a 322 kilómetros de Moscú, a otros objetivos… muchos de ellos por completo inalcanzables.

"Nos reímos en voz alta cuando recibimos esas órdenes", recordó Rundstedt, a quien le habían dicho que tomara una posición a 640 kilómetros de distancia.

Con los Panzer de Kleist a sólo 19 kilómetros de Kiev, Hitler ordenó que detuviera el ataque y se dirigiera al sur para atrapar al ejército rojo que retrocedía.

La captura de 665 000 soldados soviéticos parecía justificar su decisión, pero había millones más para tomar su lugar y no volvería a tener la oportunidad de tomar Kiev. Algo que también debió considerar es que el desvío empleaba el recurso que los alemanes no se podían permitir desperdiciar: tiempo. Cuando Hitler por fin dio permiso para el ataque a Moscú, era demasiado tarde.

Cuando cayó la primera nieve el 10 de octubre, las tropas alemanas pensaron que podían reducir la velocidad de su avance. No tenían idea de lo desastroso que esto sería para ellas. Hitler había tenido tanta confianza en el éxito rápido que se había negado a proporcionar ropa de invierno para sus hombres. Fue un descuido que resultaría ser su perdición. Entonces la nieve se derritió y los caminos de tierra se convirtieron en lodazales. Pronto el invierno ruso azotaría con tal fuerza que la gasolina se congelaba en los motores de los vehículos blindados y sus armas fallaban porque no tenían el tipo correcto de lubricante. Murieron más soldados por congelación (113000) que por heridas.

Y mientras los invasores resistían las temperaturas de congelación, los rusos estaban pasando a escondidas refuerzos y tanques a través de lagos helados en preparación para una ofensiva de primavera. Se estaban preparando para hacer retroceder a los alemanes a la Línea de Stalin y con suerte, hasta su patria. Entre las reservas rusas estaban 40 divisiones del Frente Siberiano, que estaban entre las tropas mejor entrenadas del mundo. También estaban vestidas y equipadas para una campaña de invierno. Stalin las había retenido en anticipación a un ataque de los japoneses, pero cuando Tokio le declaró la guerra a Estados Unidos en diciembre de 1941, quedaron libres para su reubicación contra los alemanes.

Como era típico, Hitler culpó a sus generales por el revés… en particular a Brauchitsch, al que llamó "desdichado, vano y cobarde". Cuando los comandantes fueron testigos con sus propios oídos del desprecio con que hablaba el Führer de su anterior jefe del Estado Mayor, empezaron a perder la fe en su infalibilidad.

STALINGRADO

Con el deshielo de primavera, los alemanes renovaron su ofensiva. Sus principales objetivos eran Stalingrado, un centro industrial clave, y los campos petroleros en el Cáucaso. El progreso hacia ambos objetivos fue alentador al principio, pero pronto se detuvo el avance a los campos petroleros por una contraofensiva soviética, mientras que el ataque a Stalingrado se detuvo cuando el VI Ejército encontró feroz resistencia en el norte y el sur de la ciudad. Cuando Haden, jefe del alto mando del ejército se atrevió a sugerir una retirada táctica, lo reemplazaron con el teniente general Zeitzler.

"Lo que necesitamos ahora no es habilidad profesional, sino ardor nacionalsocialista" le dijo Hitler a su Estado Mayor.

Hitler rechazó noticias de que los soviéticos habían reunido a un millón de hombres para abrirse paso y reforzar a los defensores y describió los informes del aumento de producción de tanques soviéticos como "disparates estúpidos". Pero no era sólo Hitler quien estaba en negación, sino todo el liderazgo nazi. Ese invierno el pueblo alemán se reunió en torno a sus radios para escuchar una trasmisión de Navidad de los incondicionales defensores de Stalingrado, ignorante de que se estaba trasmitiendo desde un estudio en Berlín. Las líneas de comunicación al VI Ejército en la ciudad sitiada se habían cortado semanas antes. Pero incluso si los oficiales del ministerio de propaganda hubieran dicho la verdad, pocos les hubieran creído. Habían dicho mentiras por tanto tiempo que nadie sabía qué creer ya.

Además, era inconcebible que el ejército victorioso de 1940 se estuviera congelando a muerte en las riveras del Volga, privados de ropa cálida, con pocas municiones y, sin duda por primera vez, maldiciendo al régimen que los había abandonado a su suerte. No recibirían ayuda de Hitler, cuya conducta se estaba volviendo cada vez más errática. Su alterada rutina de sueño se había convertido en insomnio y la dieta de anfetaminas del doctor Morell había cobrado un precio muy alto en su salud y en su temperamento.

Cuando von Paulus solicitó permiso para abandonar la ciudad sitiada en enero de 1943, el Führer contestó con un ultimátum.

"El VI Ejército hará su deber histórico en Stalingrado hasta el último hombre", manifestó.

Cuando Paulus se dio cuenta de lo desesperado de su posición, estaba rodeado por tres grupos del ejército soviético, no vio virtud en sacrificar a sus hombres por el ideal nazi, así que se rindió. De los 240 000 hombres muertos o capturados sólo unos cuantos miles vieron la patria de nuevo.

La reacción de Hitler fue predecible. Se hundió en otro de sus infames momentos de ira y reprochó al hombre que acababa de promover a mariscal de campo como una forma de fortalecer su determinación.

"No puedo comprender por qué un hombre como Paulus no prefiere morir. El heroísmo de tantas decenas de miles de hombres, oficiales y generales se cancela por un hombre como éste que no tiene el carácter, cuando llega el momento, y hace lo que la debilidad de una mujer haría", gritó.

Lejos de las comodidades del hogar: miembros del "Ejército invencible" de Hitler se acurrucan para mantener el calor después de que los capturara el ejército rojo en 1942. Muchos nunca regresarían a Alemania.

Era evidente para todos los que presenciaron esta explosión de Hitler que estaba perdiendo el control. Conforme se filtraban a la Guarida del Lobo noticias de más derrotas en el frente ruso y en el norte de África (donde Montgomery había sido más astuto que Rommel en El Alamein), el Führer se aisló cada vez más. Se retiró a su búnker subterráneo, donde no se distinguían noche y día, y recorría su *suite* de tres habitaciones pequeñas con sus muros de concreto sin decorar y su mobiliario sencillo de madera. Aunque revisaba mapas e informes que dejaban en claro que el imperio se estaba encogiendo día a día, no podía aceptar los hechos, ya que estaban en conflicto con su fantasía. Su ira inicial contra von Paulus había sido reemplazada por la creencia de que la culpa recaía en los reclutas rumanos y húngaros y no en el Wehrmacht. Sus aliados lo habían defraudado. No se podía confiar en nadie.

Su retiro bajo tierra no era para protegerse de los ataques aéreos, que eran poco comunes, sino de la realidad. Se negaba con terquedad a ver la devastación infligida a las ciudades alemanas por los ataques de bombarderos de los Aliados, que estaban penetrando más en el Reich y volviéndose más intensos. En su nuevo puesto como ministro de armamentos, Speer tendría que viajar para verlo. También lo tendrían que hacer otros líderes nazis. Era algo que lamentaban a menudo, ya que era frecuente que fuera brusco y que no quisiera escuchar malas noticias. Después de no ver al Führer por algún tiempo, fue un duro golpe ver cómo había envejecido en los meses que pasaron. Estaba vacilante en pie y tenía que sujetarse el brazo izquierdo para impedir que temblara. Todo requería un gran esfuerzo. Cuando hablaba, lo hacía con el esfuerzo de un adicto en recuperación. Speer culpó a la dieta de medicamentos antidepresivos y a otros narcóticos caseros del doctor Morell por el cambio drástico en su líder.

Hitler ahora comía solo, salía del brillo de la luz artificial una o dos veces al día para pasear a Blondi, su perro alsaciano y consultar a

Goering, Himmler y Ribbentrop, que habían establecido cerca sus cuarteles. Sin embargo, Goering había perdido su atención, Hitler nunca le perdonó perder la Batalla de Inglaterra y su alarde vacío de que ninguna bomba caería nunca en Berlín. Ahora el Führer lo criticaba con franqueza por no proporcionar suministros a los sobrevivientes sitiados en Stalingrado.

Pero el Reich perduraría. Hitler declaró que 1943 sería el año de los "dientes apretados". Pronunció sólo dos discursos públicos importantes más antes de su muerte, ninguno de los cuales expresó compasión por la situación apremiante del pueblo alemán. El propósito era asegurar que todavía estaba él al mando y que esperaba que siguieran peleando. Le dejó a Goebbels elevar su moral y desviar la culpa por la desastrosa derrota en Stalingrado. En un discurso enardecedor ante los fieles del partido y veteranos invitados en el Sportpalst de Berlín, advirtió al público que la demanda de los Aliados de rendición incondicional significaba victoria o destrucción para Alemania. No habría rendición honorable. Pidió la guerra total. Lo saludaron con aplausos apoteósicos y gritos roncos de "*¡Sieg Heil!*". Fue el último mitin nazi significativo de la guerra.

> "CAMARADA,
>
> MATA A TU ALEMÁN".
>
> *Lema del ejército rojo, 1943*

REVESES

En el frente ruso, ya no se planteaba la cuestión de cuánto territorio se había tomado, sino cuánto se podía mantener y por cuánto tiempo. No había más victorias, sólo acciones de estabilización, retiradas estratégicas y, muy rara vez, contraataques como la milagrosa recaptura de Járkov por parte de Mastein en febrero de 1943… por la cual como era típico Hitler tomó todo el crédito.

Pero las celebraciones eran efímeras. Para mayo, Túnez estaba en manos de los Aliados y poco después se rindieron las fuerzas del Eje en el norte de África. En julio, los Aliados desembarcaron en Sicilia, el "suave vientre de

Europa", y en septiembre empezaron la marcha a Roma que iba a terminar con la rendición italiana y la muerte de Mussolini en 1945.

Ese verano la marea de la guerra en Europa se puso en contra de los alemanes después de que Hitler desafiara el consejo de sus generales y lanzara una última ofensiva importante en Rusia. Pero incluso medio millón de sus tropas más endurecidas en batalla y 17 divisiones de Panzer no pudieron romper la línea soviética en el frente central. Los rusos, que ahora superaban al enemigo hasta por siete a uno, contraatacaron. Obligaron a los exhaustos alemanes a tomar el camino de vuelta a la frontera polaca desde la cual habían lanzado su funesta invasión dos años atrás.

Para el momento en que los Aliados desembarcaron en Normandía el 6 de junio de 1944, el Día D, Hitler estaba dando órdenes para unidades que ya no existían. Se quejó que incluso Rommel y Rundstedt estaban evitando sus órdenes. No sólo lo estaban obligando a autorizar retiradas, sino que también estaban tramando en su contra. En el búnker de Rastenburg, su Estado Mayor desechó esas peroratas como delirios de un líder de la guerra bajo tensión extrema. Pero, por una vez, la paranoia de Hitler en realidad estaba bien fundada.

INTENTOS DE ASESINATO

Ya desde julio de 1944 quedó claro para todos, excepto para los nazis más fervientes, que la guerra estaba perdida y que Hitler lucharía hasta el amargo final, destruyendo Alemania en el proceso. Cada día, los Aliados ganaban una posición más firme en el continente. En el este, el ejército rojo estaba recuperando terreno, aunque a un costo terrible. Su determinación de liberar a su patria del azote nazi se intensificaba con el descubrimiento de cada nueva atrocidad cometida por las SS contra los soldados capturados y los civiles inocentes. Ya no era una guerra de conquista, sino de represalia.

Día D, 6 de junio de 1944: las tropas de desembarco estadunidenses pasan hacia
la playa en Normandía, enfrentando el fuego de ametralladoras. Durante
los primeros días, de ninguna manera era seguro que la invasión tendría éxito.

Sin embargo, ciertos miembros de alto nivel del cuerpo de oficiales alemanes creían que si se podía reemplazar a Hitler, había una posibilidad de una paz negociada, de manera que se pudiera detener a los soviéticos en las fronteras del Reich. De otra manera, el ejército rojo no se detendría hasta tomar Berlín. Por fin había llegado el momento para dar un golpe de estado, ya que la única manera segura de derrocar a una dictadura es decapitándola. Se tenía que asesinar a Hitler, pero debían actuar con rapidez.

Hubo intentos previos contra la vida de Hitler. En septiembre de 1938, se tramó una conspiración de oficiales militares de alto nivel, incluyendo al almirante Canaris y al teniente general Beck, jefe del alto mando del ejército, que

estaba lista para asestar el golpe con el fin de impedir una invasión a Checoslovaquia. Pero Neville Chamberlain cedió a las exigencias del dictador y entregaron la república checa sin un tiro.

Un año después, el 8 de noviembre de 1939, un asesino solitario había plantado una bomba de tiempo detrás del podio de orador en el Bürgerbräukeller en Múnich, que explotó 13 minutos después de que Hitler dejara la sala. Había interrumpido su discurso anual a los Alte Kämpfer (los "viejos combatientes", los primeros camaradas del partido nazi) del Putsch de Múnich, ya que se había sentido abrumado por la sensación de que tenía que volver a Berlín, aunque no sabía de nada importante que le esperara ahí. Murieron nueve

Ejecutaron a Claus von Stauffenberg en Berlín, en 1944, después de que fallara su conspiración para matar a Hitler.

personas en la explosión y 60 resultaron heridas. Hitler le atribuyó su afortunado escape a la mano del destino, que lo había salvado una vez más.

En 1943, después de la rendición alemana en Stalingrado, disidentes del cuerpo de oficiales conspiraron para hacer volar el avión del Führer mientras estaba en el aire. Tenían el propósito de emplear explosivo plástico tomado a miembros de la resistencia. Llevaron un paquete abordo con la instrucción de que se trataba de un regalo para un oficial de servicio en el cuartel del Führer, el cual se debía recuperar con discreción cuando el avión aterrizara con seguridad en su destino. Aunque se descargaron los detonadores, parece que el aire frío a gran altura impidió que se explotara el dispositivo. Hitler había escapado de nuevo a la muerte. Una semana más tarde los conspiradores tuvieron una segunda oportunidad. Hitler estaba programado para visitar una ex-

hibición de las armas soviéticas capturadas en Berlín, lo que daría la oportunidad a los conspiradores de explotar una bomba cerca de él. Pero de nuevo, el Führer cambió sus planes y cruzó la sala sin detenerse a ver las exhibiciones. Después se produjeron sospechas contra los conspiradores, así que a pesar de que la investigación de la Gestapo no encontró evidencia de una conspiración, toda comunicación respecto a un golpe de estado terminó por el momento.

OPERACIÓN VALQUIRIA

Cuando reclutaron al teniente Claus von Stauffenberg para su causa en el otoño de 1943, los conspiradores tuvieron nuevas esperanzas. Era un aristócrata y oficial distinguido del ejército al que habían herido de gravedad en el norte de África, donde perdió un ojo, la mano derecha y dos dedos de la mano izquierda. Le confiaron planear el asesinato, pero se frustró su primera idea, que tenía que ver con hacer explotar una bomba durante la demostración de un nuevo equipo militar. Destruyeron el equipo en un ataque aéreo aliado.

Otro intento se frustró antes de empezar. En marzo de 1944 Stauffenberg encontró a un asesino dispuesto, el capitán Breitenbuch, que estaba preparado para dispararle a Hitler a quemarropa durante una reunión del estado mayor del Grupo de Ejércitos Centro. Pero en la mañana del informe, un guardia de las SS detuvo a Breitenbuch cuando trataba de seguir a Hitler al salón de conferencia. Se informó a Breitenbuch que no tenía autorización para asistir a ese informe en particular.

Luego en junio promovieron a Stauffenberg. Se convirtió en Jefe de Estado Mayor del general Fromm, lo que le daba acceso directo al Führer. Plenamente consciente de la urgencia de la situación, obtuvo dos paquetes de explosivo plástico y un disparador ácido que puso dentro de un maletín común. Este tipo de disparador de encendido lento le permitía activar el dispositivo y todavía tener diez minutos en los cuales escapar antes de la explosión. El 11 de julio tuvo su primera oportunidad cuando lo invitaron a asistir a un informe en el Berghof, en el que Himmler y Goering también iban a estar presentes. Sería la oportunidad perfecta para acabar con el liderato de un golpe. Pero ni Himmler ni Goering llegaron a la cita. Frustrado, Stauffenberg dio su informe y se marchó.

El siguiente intento tuvo lugar el 15 de julio en la Guarida del Lobo, pero de nuevo Himmler no llegó y Stauffenberg dejó el complejo con los explosivos en su maletín. Todos estos retrasos le estaban causando una tensión insoportable al veterano de 35 años de edad, el cual todavía se estaba recuperando de sus heridas. Pero la noticia del arresto de uno de los conspiradores clave, Julius Leber, le daba al complot nueva urgencia. Se decidió que la siguiente vez que Stauffenberg tuviera acceso al Führer, activaría la bomba, incluso si no estaban presentes otros miembros de la jerarquía nazi. Hitler era la clave. Su muerte liberaría a los conspiradores para negociar un armisticio con británicos y estadunidenses, antes de que los rusos pudieran entrar a Alemania. La Operación Valquiria, el asesinato del Führer y la toma de la administración nazi se reprogramaron para el 20 de julio, el siguiente informe planeado en la Guarida del Lobo.

Para esta etapa, el mariscal de campo Rommel había dado a regañadientes su apoyo a la conspiración. Al principio pidió a los conspiradores que arrestaran a Hitler y lo enjuiciaran, de manera que el pueblo alemán se enterara de cómo había traicionado su confianza. Pero cuando desechó sus peticiones de negociar con los Aliados sin pensarlo, Rommel se dio cuenta que no se podía razonar con Hitler.

Al amanecer del 20 de julio, Stauffenberg y su asistente, el teniente von Haeften, abordaron un avión en Berlín-Tempelhof para el vuelo de 480 kilómetros a Rastenburg. Stauffenberg llevó su maletín normal que contenía sus papeles, mientras que Haeften tenía un maletín idéntico que estaba lleno de explosivos. En el aeropuerto en Prusia Oriental se reunieron con un chofer que no sabía nada de sus planes y los condujo al complejo muy protegido para la primera de una serie de reuniones que culminarían con el informe diario del Führer a las 12:30.

A las 12:20 Stauffenberg se disculpó con el pretexto de tener que cambiarse una camisa limpia. Él y Haeften entraron entonces a la barraca del informe y a la carrera prepararon la bomba mientras los otros oficiales esperaban impacientes afuera. Era un día cálido y húmedo, de hecho tan cálido que estaban levantadas las persianas de acero de la sala de conferencias y las ventanas estaban bien abiertas. Stauffenberg tenía que armar los detonadores rompiendo la cápsula de ácido con unas pinzas hechas especialmente para su mano lesionada. Sólo le tomó un momento hacerlo. Pero antes de que pudiera armar el segundo paquete, entró un sargento de primera a la habitación y les recordó que el Führer estaba esperando. El sargento no vio lo que estaban haciendo porque estaban de espaldas a él, pero esta interrupción los obligó a abandonar su plan de activar el segundo paquete. Haeften se lo llevó y esperó en el auto mientras Stauffenberg se unía con los oficiales en la sala de conferencias. Sólo llevaba la mitad de los explosivos que había planeado utilizar.

Encontraron al Führer sentado en un banco. Estaba contemplando los mapas extendidos ante él en una gran mesa de madera. Hitler levantó la mirada un momento cuando Stauffenberg entraba, luego continuó con el informe que le estaba dando el teniente general Heusinger. Stauffenberg tenía menos de cinco minutos para plantar la bomba y llegar a distancia segura del edificio, pero mantuvo la compostura. Con calma pidió a un ayudante que le permitiera pararse junto a Heusinger ya que tenía dificultad para oír. Esto lo puso a centímetros de su objetivo. Sin que lo notaran, puso su maletín bajo la mesa y lo apoyó contra el grueso apoyo de concreto antes de encontrar una excusa para marcharse. Mientras lo hacía, el coronel Brandt tomó su lugar. Al ver el maletín asomando bajo la mesa, ociosamente lo empujó más lejos con el pie.

Un momento después, Stauffenberg estaba a distancia segura, esperando ansioso el auto con Heusinger. Eran las 12:45. Al instante siguiente una enorme explosión sacudió el bosque y de la barraca de conferencias salieron humo y lla-

Desencajado y sacudido, Hitler planea la venganza contra los que llevaron
a cabo el intento de asesinato. Detrás de él, a su derecha, está Martin Bormann;
a la izquierda, la figura vendada del general Alfred Jodl.

mas. Con seguridad, nadie pudo haber sobrevivido a la explosión. Sin esperar a ver si había algún sobreviviente, saltaron al auto y ordenaron al conductor dirigirse al aeropuerto. Tiraron el segundo paquete de explosivos entre los árboles mientras avanzaban a gran velocidad y después de un momento inquietante en un puesto de control, lograron seguir su camino, diciendo mentiras, y abordar el avión de vuelta a Berlín.

Pero Hitler había sobrevivido. El soporte de concreto de la mesa había desviado la fuerza de la explosión, que se difuminó más gracias a las ventanas abiertas. Si Stauffenberg hubiera podido armar el segundo paquete de explosivos, el intento de asesinato pudo haber tenido éxito. En los hechos, Hitler salió caminando indemne de los escombros. Su cara estaba ennegrecida, su cabello estaba quemado y su ropa eran jirones, pero estaba vivo.

Parecía que en verdad el Führer tenía una vida afortunada.

Pero quienes estaban a su alrededor no. El coronel Brandt y otros tres oficiales superiores murieron por las heridas que recibieron en la explosión, mientras que otros 20 resultaron lesionados.

SECUELA DE LA CONSPIRACIÓN DE JULIO

Se ha calculado que hasta 5000 personas perdieron la vida como resultado del fracaso de la Conspiración de Julio. Algunos se suicidaron para evitar el interrogatorio a manos de la Gestapo, mientras que otros, como el mariscal de campo Rommel, deseaban proteger a sus familias de represalias.

Fusilaron con pelotón a los principales conspiradores, Claus von Stauffenberg, Ludwig Beck y Carl Goerdeler, en cuanto se descu

Erwin Rommel inspecciona el muro marino del Atlántico: los Aliados invadieron antes de lo esperado.

brió su complicidad en el atentado. Cuando Himmler se enteró de su destino, ordenó que exhumaran sus restos, los quemaran y regaran las cenizas. Sus compañeros de conspiración no fueron tan afortunados. A muchos los torturaron hasta la muerte o los colgaron de ganchos para carne mientras los ahorcaban con lentitud con alambre de piano, filmando el espectáculo a colores para la diversión perversa de Hitler.

Todos sabían el riesgo que estaban corriendo, pero como el general von Treschow escribió antes de quitarse la vida en el Frente Ruso el 21 de julio de 1944: "El valor moral de un hombre sólo empieza en el momento en que está listo para sacrificar su vida por sus convicciones".

Como oficial del Wehrmacht, sabía que al final de la guerra lo condenaría el mundo por su participación en incontables atrocidades, pero

sentía que se había redimido mediante este gesto de desafío tardío.

"Ahora todo el mundo nos atacará y maldecirá. Pero tengo la convicción firme como siempre lo he estado de que lo que hicimos fue lo correcto. Creo que Hitler es el archienemigo no sólo de Alemania sino de todo el mundo".

Arrestaron en 1944 al conde Helmuth James von Moltke, que había sido anfitrión de una reunión de personas anti-nazis, pero no lo juzgaron y ejecutaron hasta un año después. También estaba convencido de que tenía el deber de derrocar al régimen.

Dijo a sus hijos poco antes de su muerte:

"Toda mi vida, incluso en la escuela, luché contra el espíritu de rigidez, de arrogancia, intolerancia y despiadada lógica absoluta que es parte de la actitud alemana y que encontró su personificación en el estado nacionalsocialista".[32]

Incluso si los conspiradores hubieran tenido éxito en decapitar al liderazgo, hubieran tenido que luchar para convencer a una nación nazificada que la eliminación de Hitler era para su mejor interés y que estaba justificado en el aspecto moral como un medio para evitar más sufrimiento. Con ese fin en mente, Beck había escrito un discurso que hubiera entregado a la prensa y trasmitido por la radio una vez que se hubiera confirmado la muerte de Hitler.

"DISFRUTEN LA GUERRA. LA PAZ SERÁ ESPANTOSA".

Lema popular en Alemania, abril de 1945

Sirve como acusación crítica del dictador por parte de sus propios generales y es un desaire picante para los historiadores que sostienen que Hitler era un genio estratégico.

"Han ocurrido cosas monstruosas frente a nuestros ojos en los años pasados. Contra el consejo de sus expertos, Hitler ha sacrificado sin escrúpulos a ejércitos enteros por su deseo de gloria, su arrogancia por el poder, su delirio blasfemo de ser el instru-

32 Helmuth James Graf von Moltke, *Letzte Briefe aus dem Gefängnis Tegel*, Berlín 1945.

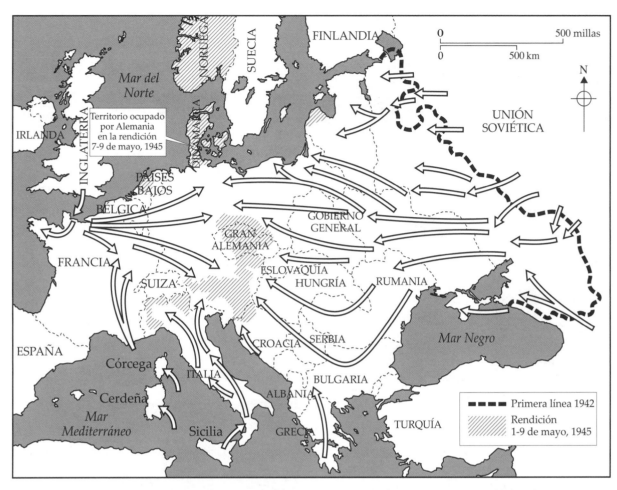

Atacado en cuatro frentes, el imperio de Hitler estaba condenado a la destrucción una vez que los Aliados contestaron los ataques. La línea del frente de 1942 había cambiado cientos de kilómetros hacia el oeste, a las afueras de Berlín.

mento elegido e inspirado de lo que llama la "Providencia".

"Sin que lo eligiera el pueblo alemán, pero alcanzando el poder supremo mediante la peor de las intrigas, ha causado confusión gracias a sus artes demoniacas y mentiras, y mediante su increíble derroche, que parecía traer beneficios a todos, pero que en realidad ha metido al pueblo alemán en una enorme deuda. Para mantener su poder, ha establecido un reino desenfrenado de terror, destruyendo la justicia, prohibiendo la decencia, burlándose de los mandatos divinos de pura humanidad y destruyendo la felicidad de millones.

"Con mortal certeza, su demente desdén por toda la humanidad ha tenido como resultado último la catástrofe de nuestro pueblo. Su posición auto-otorgada de general tenía que dirigir a nuestros valientes hijos, padres, maridos y hermanos al desastre. Su sanguinario terror contra pueblos indefensos ha traído la vergüenza al nombre alemán".[33]

LA BATALLA POR BERLÍN

Hitler había escapado ileso, pero la magnitud de la conspiración lo había conmocionado. Ahora tenía sospechas incluso de sus generales más leales. Cuando le dijeron que el ejército rojo se encontraba congregado en un amplio frente desde Varsovia hasta los montes Cárpatos, preparándose para el último embate que al final lo llevaría a Berlín, Hitler ignoró la advertencia como "el mayor engaño desde

[33] Rudolf Pechel, *Deutscher Widerstand.*

**1945 y un soldado soviético hace guardia
en los techos de una ciudad alemana anónima.**

Gengis Kan". Pero la presencia de 2.2 millones
de soldados soviéticos, 6400 tanques y 46000
armas pesadas eran un hecho frío y que ponía
a pensar. Las fuerzas combinadas de los generales Zhukov y Konev superaban con mucho
a los restos de las fuerzas armadas alemanas.
Tenían once veces más infantería, siete veces
más tanques y veinte veces más artillería. Era
el final del juego. El juicio final.

A Alemania la habían bombardeado los británicos durante la noche y los estadunidenses
durante el día. Ambos atacantes no eran moles-
tados por la Luftwaffe, que se había evaporado
meses antes durante la funesta ofensiva de las
Ardenas conocida como la Batalla de Bulge.
Hitler había despilfarrado 100000 hombres,
800 tanques, 1000 aviones y 50 trenes cargados
de munición en ese último gesto desesperado,
en diciembre de 1944. Pero sólo había servido
para acelerar el fin. Las reservas completas de
Alemania se habían desperdiciado, en lugar
de que se emplearan en la defensa del Rin. Incluso Rundstedt había condenado la ofensiva
como "una segunda Stalingrado".

Ahora no había suficientes hombres con experiencia de combate para defender las ciudades de Alemania, sólo los viejos del *Volkssturm*
(Guardia de la Patria de Alemania) y los niños
de las Juventudes Hitlerianas.

Y estos restos de la virilidad de Alemania
combatieron en su mayor parte por miedo,
más que por fanatismo, ya que en cada esquina
de las calles se colgaban los cuerpos de los desertores en los postes de luz con placas alrededor del cuello… una advertencia para quienes
se negaban a cumplir con su deber.

Dresde, Colonia, Hamburgo y docenas más
de centros importantes de Alemania eran poco
más que ruinas carbonizadas y que ardían con
lentitud, sus ciudadanos estaban reducidos a
buscar restos en la basura. Se habían interrumpido meses atrás los servicios de agua y electri-
cidad; y los suministros de gas y el sistema del
drenaje no funcionaban ya. Todas las carrete-

**1945: una niñita se acurruca para tener calor
junto a una fogata en las calles de la
bombardeada Núremberg.**

Acompañado por una multitud de oficiales, Adolfo Hitler inspecciona con ceño adusto el daño provocado por bombas en 1944, en una película alemana que fue reproducida por el Cuerpo de Señales del Ejército de Estados Unidos en el frente occidental y que se empleó como propaganda.

ras importantes estaban llenas de cráteres y de escombros, y la red de ferrocarriles era una ruina de vías retorcidas y material rodante abandonado. No había lugar al que pudieran ir los aterrados civiles excepto abajo, a los sótanos de edificios bombardeados y a estaciones bajo tierra, igual que la gente de Varsovia, Belgrado y Londres había hecho cuatro años antes.

Y ahora su Führer compartía su destino. En enero de 1945, mientras los Aliados se acercaban, retrocedió a su búnker bajo la Cancillería en Berlín. Rodeado por su Estado Mayor mientras las bombas rusas sacudían el suelo sobre ellos, ahora se encontraba bajo sitio en el aspecto mental y físico.

ATAQUE AL REICH

El 7 de marzo de 1945, los Aliados cruzaron el Rin en Remagen, después de que los ingenieros alemanes no pudieron destruir el puente de ferrocarril principal. Soldados de la IX División de Estados Unidos retiraron las cargas de demolición restantes bajo fuego, con el fin de asegurar la ruta a Alemania. Hitler respondió destituyendo a Rundstedt y ordenando la ejecución de los cinco oficiales que habían sido responsables de la destrucción del puente.

A pesar de lo significativo que fue este avance, varios comandantes aliados tenían la opinión de que la guerra se pudo haber terminado seis meses antes si no se hubiera detenido el

Se ondea la bandera del martillo y la hoz sobre el Reichstag en Berlín el 30 de abril de 1945.
Abajo se ve una escena de total desolación con edificios llenos de balas, tranvías
quemados y autos balaceados que cubren como escombros las calles.

avance en forma prematura. En este punto, el Rin estaba en manos de una división danesa de las SS y otra unidad que consistía en hombres de edad, y ambos grupos hubieran estado felices de rendirse. Pero el liderazgo aliado, que deseaba conservar combustible, desaprovechó la oportunidad. Para el momento en que se dio la orden de avanzar, se había reforzado la región de Rin.

Pero en todas partes, los alemanes estaban retrocediendo. El Reich se estaba encogiendo a una velocidad sorprendente. Finlandia, Estonia, Letonia y Lituania pronto quedaron libres de los invasores alemanes. En el sur, Ucrania estaba en manos rusas, Rumania estaba fuera de la guerra y Bulgaria estaba libre. En otras partes, habían liberado a Grecia y los partidarios de Tito tenían el control en Yugoslavia.

En la noche del 23 de marzo los aliados lanzaron su última ofensiva importante de la guerra. El suceso fue observado con adusta satisfacción por el Primer Ministro británico Winston Churchill y el Mariscal de Campo Montgomery. Más de 3000 armas al oeste del Rin, en Wesel, iniciaron el ataque, al que habían precedido semanas de bombardeo a lo largo de la región del Ruhr. Entonces un millón de personas se volcaron al otro lado del Rin con el fin de enfrentar al Grupo de Ejércitos B del general Model. Al amanecer, Churchill insistió en cruzar con las tropas, las cuales pudieron avanzar 9.5 kilómetros en territorio enemigo antes de encontrar resistencia seria. Cuando la victoria llegó el 18 de abril, los Aliados capturaron 317 000 prisioneros, más de lo que habían capturado los rusos en Stalingrado.

Por último, el 25 de abril, soldados del Primer Ejército de Estados Unidos y soldados soviéticos del v Ejército de Guardias se saludaron de mano en Torgau, a 112 kilómetros al sudoeste de Berlín. Ese mismo día, un millón de rusos hicieron una pausa antes del ataque final a la capital del Tercer Reich.

> "SI EL PUEBLO ALEMÁN PIERDE ESTA GUERRA, ENTONCES HABRÁ DEMOSTRADO NO MERECERME".
>
> *Adolfo Hitler, 18 de abril de 1945*

EL BÚNKER

Si se pierde la guerra, también se perderá la gente. No es necesario preocuparse por lo que la gente necesitará para la supervivencia elemental. Al contrario, es mejor que destruyamos incluso esas cosas. Porque esta nación ha demostrado ser la más débil…

Adolfo Hitler, 18 de marzo de 1945

El 19 de marzo, Hitler ordenó la destrucción de la infraestructura de Alemania, las fábricas y plantas de energía que quedaban, su red de comunicaciones y sus transportes, y otros recursos, de manera que no les quedara nada útil a los Aliados o al pueblo alemán. Esta política de tierra quemada, conocida como el Decreto Nerón, fue la forma de Hitler de castigar al pueblo alemán por no cumplir con el ideal ario.

Cuando le llegó la noticia de que Goering y Himmler estaban tratando de negociar una paz separada con el fin de salvar sus pellejos, Hitler gritó que lo habían traicionado. En este punto, por fin concedió que la guerra estaba perdida. Justo después de medianoche del 29 de abril preparó su salida del mundo. En una tranquila ceremonia civil, se casó con su amante Eva Braun, la cual le había informado que tenía el propósito de morir a su lado cuando él estuviera listo. Mientras los residentes del búnker celebraban con pastel y champaña, en una atmósfera surreal de regocijo desesperado, Hitler le ordenó a su médico probar una cápsula de cianuro en Blondi, su perro. Himmler le había dado las cápsulas, del que sospechaba que podía haber sustituido el veneno por un sedante, de manera que los soviéticos lo pudieran capturar vivo y someter a juicio.

Cuando la droga demostró ser fatal, Hitler les regaló a cada uno de sus secretarios una caja pequeña que contenía una cápsula como regalo de despedida. En este punto era un cascarón marchito de su ser original, su mirada penetrante sin brillo por las drogas, su cara amarillenta y sus manos temblorosas. Cuando se movía arrastraba los pies como un anciano. Un guardia de las SS observó que se veía más cerca de los 70 años que de su edad verdadera de 56 años.

GÖTTERDÄMMERUNG

A las dos de la mañana del 29 de abril de 1945, Hitler se sentó en su estudio y dictó su testamento político a su secretaria, Gertrud Junge, mientras el sonido sordo de la artillería rusa se intensificaba arriba del sitiado búnker. Junge pensaba que al fin podría saber la razón para la guerra y por qué había llegado a un final tan poco glorioso para su país.

Pero para su consternación, Hitler repitió los mismos argumentos viejos que había empleado por años. Culpaba con cinismo a los judíos por la guerra que él había empezado con la invasión de Polonia. Guerra que se llevó a cabo con tal brutalidad que a los Aliados no les quedó otra opción que exigir la rendición incondicional de Alemania.

"Es falso que yo o alguien más en Alemania quisiera la guerra en 1939. Fue deseada y causada por nadie más que esos estadistas internacionales que eran de ascendencia judía o que estaban trabajando para los intereses judíos.

"Después de una lucha de seis años que, a pesar de todos los reveses, un día estará grabada en las páginas de la historia como el tipo más glorioso y valiente de evidencia de la voluntad de vivir de una nación, no puedo abandonar esta ciudad que es la capital del Reich. Como nuestras fuerzas son demasiado pequeñas para resistir el ataque del enemigo en este punto particular, como nuestra resistencia ha sido debilitada poco a poco por seres cuya falta de carácter es comparable a su locura, deseo, quedarme en esta ciudad, unir mi destino al que millones más han escogido. Además no deseo caer en manos de enemigos que para diversión de sus masas mal informadas necesitan otro espectáculo arreglado por los judíos. Por lo tanto, he tomado la decisión de permanecer en Berlín y escoger la muerte en forma voluntaria en el momento en que sienta que la residencia del Führer y Canciller ya no se pueda defender…

"De los sacrificios de nuestros soldados y de mi propio vínculo con ellos hasta la muerte, de una u otra forma, la semilla surgirá en la historia alemana y habrá un brillante renacimiento del movimiento nacionalsocialista…".

Concluyó anunciando un nuevo gabinete y su elección de sucesor, el almirante Dönitz. Fue un momento surrealista, pero característico del estado de ánimo de Hitler.

SUICIDIO

Hitler se levantó a las 6 de la mañana en el último día de su vida, después de dormir de manera irregular. Habían terminado las celebraciones y la atmósfera en el búnker estaba apagada. En medio de botellas vacías y platos sucios los últimos juerguistas dormían bajo los efectos del alcohol. Otros discutían el método más indoloro y efectivo para cometer suicidio, con la indiferencia cínica de gente que sabe que ha llegado el fin y ahora sólo estaban resignados.

Al mediodía Hitler convocó a su última conferencia, mientras se hacían preparativos para un funeral "wagneriano". Pero el combustible, que era escaso, y el bombardeo hicieron imposible una ceremonia elaborada.

Después de una comida simple de ensalada y espagueti, Hitler se despidió por última vez de Junge, Bormann, Goebbels y los últimos del círculo interno. Ahora estaba tan débil que las últimas palabras que murmuró se perdieron en el sonido sordo de las bombas que caían.

Luego él y su nueva esposa entraron a su apartamento privado y cerraron la puerta detrás de ellos. Eran las 3:30 de la tarde. Pero a Hitler se le negó una salida digna. Momentos después, frau Goebbels cruzó el pequeño grupo que esperaba afuera en el corredor y con lágrimas rogó al Führer que reconsiderara. La sacaron de la habitación y cerraron la puerta.

Un momento después, se rompió el sofocante silencio con un tiro de pistola. Uno de los hijos de Goebbels lo escuchó desde las escaleras donde estaba jugando.

"Eso fue un tiro directo", dijo.

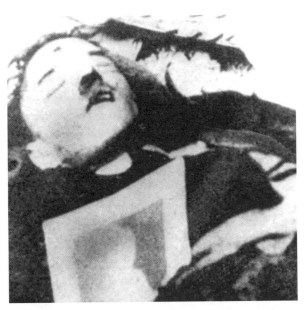

Esta foto, que por mucho tiempo se pensó mostraba a Hitler (tomada en el búnker) es en realidad de un miembro de su Estado Mayor.

Retrato de Eva Braun, que se encontró en su álbum personal de fotos al final de la Segunda Guerra Mundial.

Nadie lloró. En vez de eso, casi al mismo tiempo, encendieron un cigarrillo, algo que Hitler había prohibido en su presencia e inhalaron una nube larga y satisfactoria de humo de tabaco. Hitler estaba muerto y su muerte los liberaba, como sucedió con todos, de su presencia abrumadora.

Cuando su mayordomo y dos guardaespaldas de las SS entraron a la habitación encontraron a Hitler desplomado en el lado izquierdo del sofá de terciopelo azul y blanco con las manos entrelazadas en su regazo. Goteaba sangre de un agujero en su sien derecha y su pistola 7.65 mm estaba a su lado. Parecía que había tomado veneno y luego su esposa lo remató, sólo por seguridad. Eva Braun estaba muerta a su lado, las piernas encogidas bajo ella. Ella también había tomado cianuro.

Envolvieron los cuerpos en una cobija y los llevaron arriba, donde los pusieron en un cráter de bomba a la entrada del búnker. Luego vertieron petróleo en los cadáveres y les prendieron fuego con una hoja de la libreta del mayordomo. No se pronunció oración fúnebre, ni

"SI NO PODEMOS CONQUISTARLO, ARRASTRAREMOS AL MUNDO A LA DESTRUCCIÓN CON NOSOTROS".

Adolfo Hitler

hubo música wagneriana, sólo el silbido de las bombas y el sonido sordo de las explosiones, que ahora caían a sólo metros de distancia. Pero se iba a contar una mentira final. Cuando el almirante Dönitz anunció la muerte de Hitler en una trasmisión de radio al día siguiente, contó al pueblo alemán que su Führer había muerto, luchando a la cabeza de sus tropas.

Ese mismo día, 1 de mayo de 1945, Goebbels y su esposa se mataron después de envenenar a sus hijos. No se podían imaginar viviendo en un mundo sin su Führer. Pero la lealtad de Bormann se evaporó con la muerte de Hitler. Decidió huir cuando los sobrevivientes salieron del búnker y se dirigieron a lo que esperaban eran las líneas estadunidenses. Él no lo logró. Encontraron su cuerpo más adelante, en un puente de tren a kilómetro y medio al norte de la Cancillería. Al parecer tragó cianuro para evitar que lo capturaran los rusos.

El 23 de mayo, los británicos capturaron a Himmler, disfrazado como soldado común, en Bremen. Mientras lo examinaba un médico, mordió una cápsula de cianuro que había ocultado en el hueco de uno de sus dientes. Murió en minutos.

Semanas después, Goering se rindió. Al final lo sometieron a juicio en Núremberg con otros nazis importantes, entre los que estaba el doctor Robert Ley, el cual se colgó antes de que pudiera empezar el juicio. Goering también se quitó la vida en su celda, pero sólo después de que lo sentenciaran a muerte. De los 20 acusados restantes, colgaron a Ribbentrop, Keitel, Kaltenbrunner, Rosenberg, Frank, Frick, Streicher, Seyss-Inquart, Sauckel y Jodl, en el gimnasio a espaldas del tribunal el 16 de octubre de 1946. Speer y von Schirach, el líder de las Juventudes Hitlerianas, fueron sentenciados a 20 años de cárcel, mientras que Neurath recibió 15 años y Dönitz 10. El oficial de propaganda, Hans Fritzche, el economista Hjalmar Schacht y el anterior vicecanciller von Papen fueron absueltos de todos los cargos. A Rudolf Hess, que había estado en manos de los Aliados desde su vuelo inexplicable a Escocia en 1941, lo enviaron a la prisión de Spandau el resto de su vida. Murió ahí en 1986. Al almirante Raeder y a Walther Funk, sucesor de Raeder, también los sentenciaron a prisión de por vida. Se siguieron otros juicios, algunos presididos por jueces alemanes.

Muchos de ellos recibieron menor publicidad, pero no fueron menos espeluznantes, ni por la enormidad de los crímenes que se habían revelado, ni por las revelaciones sobre la naturaleza de los hombres que los habían cometido. Varias de estas personas eran tan poco excepcionales, tan descoloridas, que dieron pie a una frase nueva: "la banalidad del mal". Pero el público se cansó pronto de escuchar los horrores y los informes del tribunal se volvieron más cortos, hasta desaparecer de las primeras páginas. Tal vez fue demasiado atroz como para escucharlo con comodidad.

LA GUERRA DE HITLER

La Segunda Guerra Mundial fue la guerra de Hitler. Con la invasión de Polonia en septiembre de 1939, Hitler instigó el conflicto más devastador en la historia… un conflicto que ardió por seis largos años en 27 países y que reclamó la vida de lo que se calcula fueron 64 millones de personas, de las que 40 millones eran civiles.

Seis millones de las víctimas fueron judíos a los que se exterminó sistemáticamente con escalofriante eficiencia mecanizada en los campos de concentración, cuyos nombres son ahora sinónimos de sufrimiento inimaginable. Cientos de miles más trabajaron hasta la muerte en los campos de trabajo como esclavos, o murieron de hambre y enfermedades como resultado directo de la política de genocidio nazi.

A este número se deben añadir cantidades incalculables de "indeseables": homosexuales, rivales políticos, minusválidos, personas que sabían secretos potencialmente vergonzosos

El campo dos de Auschwitz, donde perecieron al menos 900 000 judíos, 75 000 polacos y 19 000 gitanos.

del pasado del Führer, además de guerrilleros y miembros de la resistencia, ejecutados sin juicio, y cientos de miles de hombres, mujeres y niños inocentes que fueron asesinados en forma arbitraria en represalia por supuestos actos de resistencia.

En Europa del Este se destruyeron comunidades enteras en un día cuando el azote de los escuadrones de la muerte de Hitler saciaba, su sed de sangre en escenas de violencia que no se habían visto desde la Edad Media.

Y, por supuesto, millones de civiles alemanes murieron como resultado de los combates en el frente de su país y en los ataques de bombardeo aliados que dejaron a su nación en ruinas. En el periodo posterior, las dos superpotencias, Estados Unidos y la Unión Soviética, se enfrentaron a través de una Europa dividida por alambres de púas y campos minados en una Guerra Fría que amenazó con el Apocalipsis nuclear las siguientes cuatro décadas. Éste fue el legado de Adolfo Hitler.

CONCLUSIÓN

Adolfo Hitler ha ejercido una fascinación morbosa en generaciones y sin duda continuará cautivando a muchas más, ante todo porque su ascenso y caída, y el de la nación que dirigía, se formó con el material de los mitos. Tenía poca educación formal, mostraba pocas esperanzas de grandeza y no poseía dones artísticos… sin embargo, se elevó para gobernar a una nación culta que había producido muchos hombres de genio intelectual y artístico.

Con la excepción de un sólo acto de valor, que le valió recibir la Cruz de Hierro, no tiene un historial sobresaliente en la Primera Guerra Mundial. De hecho, se le negó el ascenso, manteniéndose en el rango bajo de cabo. Sin embargo, se convirtió en el Comandante Supremo de las Fuerzas Armadas Alemanas y conquistó la mayor parte de Europa, empleando tácticas que a menudo consideraban temerarias sus propios generales.

> *"¿POR QUÉ NO PUEDO LLAMAR A HITLER MI AMIGO? NUNCA EN MI VIDA HE CONOCIDO A UNA PERSONA QUE REVELARA SUS SENTIMIENTOS TAN RARA VEZ, Y QUE SI LO HACÍA, AL INSTANTE LOS GUARDARA BAJO LLAVE".*
> *Albert Speer*

A pesar de que les prohibió a sus tropas retroceder cuando el sentido común exigía que se retiraran para pelear otro día, una generación de jóvenes alemanes todavía murió creyendo sin reservas en su Führer.

¿Cómo podemos explicar este fenómeno? En su apariencia era poco atractivo, incluso cómico, y le faltaba excepcionalmente encanto personal, sentido del humor o calidez, y sin embargo lo idolatraban millones… era admirado por el pueblo alemán, venerado por la juventud alemana y adorado por sus seguidoras. Una nación completa vivió bajo su indomable voluntad, pero no se debe ver a su pueblo como víctima inocente. Por el contrario, el pueblo alemán fue un colaborador dispuesto en el Nuevo Orden.

Hitler apeló a la vanidad y al inflado sentido de orgullo nacional. Fue crucial que explotara su amargura por los duros términos que les impusieron con el Tratado de Versalles, además de manifestar su desconfianza inherente hacia los judíos, que se convirtieron en el chivo expiatorio más conveniente para todos sus problemas.

Se le ha retratado como una figura diabólica que hipnotizó y aterrorizó a millones después de apoderarse del poder mediante una combinación de violencia e intimidación, y que luego traicionó la confianza de las masas, pero la realidad es que el pueblo alemán votó para que tomara el poder, aprobó con entusiasmo sus políticas y no protestó cuando él privó a sus vecinos judíos de sus derechos, sus propiedades y, por último, de sus vidas.

Hitler no tenía justificación para su odio a los judíos, ninguna vendetta personal que cumplir, sin embargo vomitó su virulencia contra una raza que se podía decir tenía más derecho a reclamar ancestros alemanes que él, al ser austriaco, "alguien de fuera".

Su antisemitismo fue un caso clásico de transferencia… acusó a una raza completa por todo lo que odiaba en sí mismo y lo empleó para justificar su psicosis. Acusó a los judíos de buscar apoderarse del mundo con el fin de destruirlo, pero eso no era más que un resumen de sus propias ambiciones.

Era el *untermensch* arquetípico que afirmaba despreciar; el bruto sin educación, privado de conciencia o moralidad y atormentado por sus propias deficiencias. Era el monstruo en el espejo… nuestro ser fundamental carente del alma que nos hace humanos y nos da esperanza.

Esta figura trágica, pero por completo irredimible ha inspirado más biografías que casi cualquier otra figura de la historia, muchas más que de aquellos cuyas vidas, ideas y acciones valía más la pena documentar, por el simple pero desagradable hecho de que encarnaba el otro lado de la personalidad humana. Hitler no era un monstruo ni un demente, sino un ser humano que carecía por completo de compasión, de humanidad.

En 1942, se produjo un panfleto de las SS para ayudar a sus miembros a reconocer al enemigo arquetípico del pueblo alemán, el *untermensch*, o subhumano, que se describía como: *Una mera proyección de un hombre… su ser más interno es un caos cruel de pasiones salvajes y desenfrenadas, una voluntad sin límites para la destrucción, los deseos más primitivos, bajeza manifiesta… El subhumano… odiaba el trabajo de los demás. Se irritaba en su contra… en secreto actuaba como un ladrón, en público como un difamador, como un asesino. Lo similar busca lo similar. La bestia hablaba a la bestia. Nunca el subhumano daba paz. Porque lo que necesitaba era semioscuridad, era caos. Evitaba la luz del progreso cultural. Lo que necesitaba para su autoconservación era la ciénega, era el infierno…*

Sería difícil encontrar un retrato más exacto de Adolfo Hitler.

Los días oscuros del Reich: Bormann, Goering, Hitler y Himmler ven de frente el fracaso, en 1944.

SECUENCIA TEMPORAL

1889

20 DE ABRIL DE 1889
Adolfo Hitler nace cerca de Linz, Austria.

11 DE NOVIEMBRE DE 1918
Termina la Primera Guerra Mundial.
Alemania es derrotada.

28 DE JUNIO DE 1919
Firma del Tratado de Versalles.

29 DE JULIO DE 1921
Adolfo Hitler es elegido líder del
Partido Nacionalsocialista Obrero Alemán.

9 DE NOVIEMBRE DE 1923
Falla el Putsch de Múnich.
Hitler es encarcelado.

18 DE JULIO DE 1925
Se publica *Mein Kampf (Mi lucha)*.

29 DE OCTUBRE DE 1929
El crac de la bolsa de valores de Wall Street
marcó el inicio de la Gran Depresión. Causa
inflación general y alta tasa de desempleo en
Estados Unidos y Europa.

14 DE SEPTIEMBRE DE 1930
Los nazis son el segundo partido
político más grande de Alemania.

30 DE ENERO DE 1933
Adolfo Hitler se convierte en Canciller
de Alemania.

24 DE MARZO DE 1933
Como resultado del incendio del Reichstag
el 27 de febrero, Hitler invoca poderes
de emergencia.

1 DE ABRIL DE 1933
Los nazis fomentan boicots
a los negocios judíos.

10 DE MAYO DE 1933
Quema de libros ritual en
ciudades alemanas.

14 DE JULIO DE 1933
Los nazis prohíben los partidos de oposición.

30 DE JUNIO DE 1934
"La noche de los cuchillos largos".

25 DE JULIO DE 1934
Los nazis asesinan al canciller
austriaco Dollfuss.

2 DE AGOSTO DE 1934
Muerte del presidente alemán
von Hindenburg.

19 DE AGOSTO DE 1934
Confirman a Adolfo Hitler
como Führer.

15 DE SEPTIEMBRE DE 1935
Las Leyes de Raza de Núremberg
niegan derechos iguales a los judíos.

7 DE MARZO DE 1936
Las tropas alemanas ocupan
Renania sin oposición.

18 DE JULIO DE 1936
Guerra Civil en España. Fascistas bajo el poder
Franco reciben ayuda militar de Alemania.

1 DE AGOSTO DE 1936
Se inician los Juegos Olímpicos en Berlín.

11 DE JUNIO DE 1937
El ejército soviético está muy debilitado
y desmoralizado después de que Stalin
instiga purga de oficiales de alto nivel del
Ejército Rojo.

12 DE MARZO DE 1938
Anschluss (unión) de Alemania con Austria.

30 DE SEPTIEMBRE DE 1938
El Primer Ministro británico Neville Chamberlain firma el Acuerdo de Múnich para
garantizar que Inglaterra y sus aliados no in-
tervendrían si Hitler "reclamaba" los Sudetes.
Chamberlain afirma que ha asegurado "la
paz en nuestro tiempo" al aplacar a Hitler y
prevenir una guerra europea.

15 DE OCTUBRE DE 1938
Tropas alemanas ocupan los Sudetes.

9 DE NOVIEMBRE DE 1938
Kristallnacht ("La noche de los cristales rotos").
En toda Alemania, matones nazis y sus partidarios rompen ventanas de negocios judíos e
incendian sinagogas.

1938

SECUENCIA TEMPORAL

1939

15-16 DE MARZO DE 1939
Los nazis toman Checoslovaquia.

22 DE MAYO DE 1939
Los nazis firman el "Pacto de acero" con Italia.

21 DE AGOSTO DE 1939
Nazis y soviéticos firman el "Pacto de no agresión", dejando a Alemania libre para atacar a Occidente sin temor a que se abra un segundo frente en el este.

3 DE SEPTIEMBRE DE 1939
Inglaterra, Francia, Australia y Nueva Zelanda declaran la guerra a Alemania.

29 DE SEPTIEMBRE DE 1939
Nazis y soviéticos se dividen Polonia.

8 DE NOVIEMBRE DE 1939
Falla intento de asesinato de Hitler.

30 DE NOVIEMBRE DE 1939
El ejército soviético invade Finlandia. El 12 de marzo, Finlandia firma un Tratado de paz.

15 DE MAYO DE 1940
Holanda se rinde. Bélgica lo hace el 28 de mayo.

26 DE MAYO DE 1940
Evacuación de las tropas aliadas de Dunquerque. Termina el 3 de junio.

14 DE JUNIO DE 1940
Tropas alemanas entran a París.

22 DE JUNIO DE 1940
Hitler humilla a Francia al obligar a sus líderes a firmar un armisticio en el mismo vagón de ferrocarril donde Alemania firmó la rendición en 1918.

1 DE JULIO DE 1940
Empieza la campaña de submarinos alemanes en el Atlántico, acosando los convoyes mercantes que llevaban suministros a las Islas Británicas.

13 DE SEPTIEMBRE DE 1940
Los italianos invaden Egipto.

15 DE SEPTIEMBRE DE 1940
Ataques aéreos alemanes a Southampton, Bristol, Cardiff, Liverpool y Manchester.

7 DE OCTUBRE DE 1940
Las tropas alemanas invaden Rumania.

12 DE OCTUBRE DE 1940
Los alemanes cancelan la Operación León Marino.

20 DE NOVIEMBRE DE 1940
Hungría se une al eje seguido tres días después por Rumania.

28 DE MARZO DE 1939
Termina la Guerra Civil Española. Los fascistas de Franco toman el poder.

25 DE AGOSTO DE 1939
En respuesta, Inglaterra y Polonia firman un Tratado de ayuda mutua.

1 DE SEPTIEMBRE DE 1939
Los nazis invaden Polonia.

17 DE SEPTIEMBRE DE 1939
El ejército soviético invade Polonia. Diez días después, Polonia se rinde.

OCTUBRE DE 1939
Los nazis instigan la política de eutanasia. Se exterminaron los enfermos y los discapacitados.

9 DE ABRIL DE 1940
Los nazis invaden Dinamarca y Noruega.

10 DE MAYO DE 1940
¡Blitzkrieg! Los nazis invaden Francia, Bélgica, Luxemburgo y Países Bajos. Winston Churchill es nombrado Primer Ministro británico.

10 DE JUNIO DE 1940
Se rinde Noruega; Italia declara la guerra a Inglaterra y Francia.

16 DE JUNIO DE 1940
El mariscal Pétain es nombrado Primer Ministro francés.

18 DE JUNIO DE 1940
Hitler y Mussolini forman una alianza; los soviéticos ocupan los estados bálticos.

28 DE JUNIO DE 1940
Inglaterra reconoce al exiliado general Charles de Gaulle como líder de los franceses libres. En Francia, el gobierno "marioneta" de Vichy colabora con los nazis.

10 DE JULIO DE 1940
Empieza la Batalla de Inglaterra. Durante todo agosto los bombarderos alemanes atacaron aeropuertos y fábricas británicos. Los británicos respondieron bombardeando Berlín, el primer ataque a larga distancia de la guerra.

27 DE SEPTIEMBRE DE 1940
Se forma el eje cuando Alemania, Italia y Japón firman el Pacto Tripartito.

28 DE OCTUBRE DE 1940
El ejército italiano invade Grecia.

9-10 DE DICIEMBRE DE 1940
Empieza la campaña británica del norte de África contra los italianos.

1940

SECUENCIA TEMPORAL

1941

22 DE ENERO DE 1941
Británicos y australianos toman el puerto estratégico de Tobrul, que cambia de manos varias veces después de que los Afrika Korps de Rommel entran al escenario del desierto el 12 de febrero.

10 DE MAYO DE 1941
La naval británica hunde el barco insignia nazi, el *Bismarck*.

JUNIO DE 1941
El Einsatzgruppen de las SS nazi empieza el programa de asesinato masivo en Letonia.

3 DE JULIO DE 1941
Stalin ordena una política de tierra quemada al ver el avance de los alemanes.

31 DE JULIO DE 1941
Goering da instrucciones a Heydrich para promover la "Solución Final": el exterminio masivo de judíos en Alemania.

3 DE SEPTIEMBRE DE 1941
Primer uso experimental de las cámaras de gas en Auschwitz.

7 DE DICIEMBRE DE 1941
Los japoneses bombardean Pearl Harbor.

19 DE DICIEMBRE DE 1941
Hitler toma el mando total del ejército alemán.

30 DE MAYO DE 1942
Primer ataque aéreo británico de mil bombarderos (contra Colonia).

4 DE JUNIO DE 1942
Heydrich muere después de un intento de asesinato en Praga. Los nazis liquidan Lidice como represalia.

1-30 DE JULIO DE 1942
Primera Batalla de El Alamein.

14-24 DE ENERO DE 1943
En Casablanca, Churchill y Roosevelt exigen la rendición incondicional de Alemania.

2 DE FEBRERO DE 1943
Los alemanes cercados en Stalingrado se rinden.

19 DE ABRIL DE 1943
Las Waffen SS lanzan ataques contra grupos de resistencia judío en el gueto de Varsovia. La resistencia se sostiene hasta el 16 de mayo.

9-10 DE JULIO DE 1943
Los Aliados desembarcan en Sicilia.

1 DE OCTUBRE DE 1943
Los Aliados entran a Nápoles.

27 DE MARZO DE 1941
Un golpe en Yugoslavia derroca al gobierno pro-eje.

6 DE ABRIL DE 1941
Los nazis invaden Grecia y Yugoslavia. Los segundos se rinden el 17 de abril. Grecia se rinde diez días después.

27 DE MAYO DE 1941
La naval británica hunde el barco insignia nazi, el *Bismarck*.

22 DE JUNIO DE 1941
La invasión alemana a la Unión Soviética recibe el nombre código de Operación Barbarroja.

12 DE JULIO DE 1941
Británicos y soviéticos firman acuerdo de ayuda mutua.

1 DE SEPTIEMBRE DE 1941
Los nazis ordenan que los judíos usen estrellas amarillas.

2 DE OCTUBRE DE 1941
Empieza la Operación Tifón (el avance alemán a Moscú). La retirada empieza el 5 de diciembre. Cuatro días después, el ejército soviético lanza una contraofensiva importante alrededor de Moscú. Empieza la retirada alemana.

20 DE ENERO DE 1942
El líder de las SS Heydrich realiza la Conferencia de Wannsee para coordinar la "Solución Final".

JUNIO DE 1942
Empieza el asesinato masivo de judíos en Auschwitz.

11 DE JUNIO DE 1942
Himmler ordena la destrucción de los guetos judíos en Polonia.

SEPTIEMBRE DE 1942
Empieza la Batalla de Stalingrado.

27 DE ENERO DE 1943
Primer ataque con bombarderos estadunidenses en Alemania.

18 DE FEBRERO DE 1943
Los nazis arrestan a los líderes de la resistencia de la Rosa Blanca en Múnich.

13 DE MAYO DE 1943
Se rinden las tropas alemanas e italianas en el norte de África.

25-26 DE JULIO DE 1943
Arrestan a Mussolini y lo reemplazan con el mariscal Badoglio. Los alemanes lo rescatan seis semanas después.

1943

SECUENCIA TEMPORAL

1944

22 DE ENERO DE 1944
Los Aliados desembarcan en Anzio.

27 DE ENERO DE 1944
Se levanta el sitio de Leningrado después de 900 días.

15-18 DE FEBRERO DE 1944
Los Aliados bombardean la abadía de Monte Casino.

4 DE MARZO DE 1944
Primer ataque con bombarderos a la luz del día en Berlín.

5 DE JUNIO DE 1944
Los Aliados entran a Roma.

6 DE JUNIO DE 1944
Desembarcos del Día D.

13 DE JUNIO DE 1944
Primer ataque con el cohete alemán V1 en Inglaterra.

22 DE JUNIO DE 1944
Empieza la ofensiva soviética de verano para rechazar a los invasores alemanes.

3 DE JULIO DE 1944
"Batalla de Carentan" en Normandía. Una semana después se libera Caen.

20 DE JULIO DE 1944
Hitler sobrevive a un intento de asesinato en el cuartel de la Guarida del Lobo.

24 DE JULIO DE 1944
Las tropas soviéticas liberan el primer campo de concentración en Majdanek.

25 DE AGOSTO DE 1944
Liberan París.

13 DE SEPTIEMBRE DE 1944
Tropas estadunidenses llegan a la línea Sigfrido.

17 DE SEPTIEMBRE DE 1944
Empieza la Operación Market Garden (ataque aerotransportado en Holanda).

2 DE OCTUBRE DE 1944
El ejército territorial polaco es obligado a rendirse ante los alemanes en Varsovia después de semanas de resistencia heroica.

14 DE OCTUBRE DE 1944
Los Aliados liberan Atenas; Rommel se suicida por órdenes de Hitler por su participación en la conspiración de julio.

16-17 DE DICIEMBRE DE 1944
Batalla del Bulge en las Ardenas. Las Waffen SS asesinan a 81 prisioneros de guerra estadunidenses en Malmedy.

26 DE DICIEMBRE DE 1944
Los "Bastardos Luchadores de Bastoña" ayudados por el general Patton. Los alemanes se retiran de las Ardenas durante enero. Ha fallado la última apuesta de Hitler.

26 DE ENERO DE 1945
Las tropas soviéticas liberan Auschwitz.

4-11 DE FEBRERO DE 1945
Roosevelt, Churchill y Stalin se reúnen en Yalta y planean la partición de la Alemania de postguerra.

13-14 DE FEBRERO DE 1945
Dresde es destruida por una tormenta de fuego después de ataques de bombardeo aliado.

ABRIL DE 1945
Los Aliados recuperan arte nazi robado y escondido en minas de sal.

1 DE ABRIL DE 1945
Tropas estadunidenses rodean los restos del ejército alemán en el Ruhr. Se rinden el 18 de abril.

12 DE ABRIL DE 1945
Los Aliados descubren los horrores de la "solución final" en los campos de concentración de Buchenwald y Belsen; el presidente Roosevelt muere. Truman es elegido presidente.

16 DE ABRIL DE 1945
Los estadunidenses entran a Núremberg.

21 DE ABRIL DE 1945
Los soviéticos entran a Berlín.

28 DE ABRIL DE 1945
Guerrilleros italianos cuelgan a Mussolini.

29 DE ABRIL DE 1945
El VII Ejército estadunidense libera Dachau.

30 DE ABRIL DE 1945
Adolfo Hitler se suicida en el búnker de Berlín, seguido por el suicidio de Goebbels. Queman los cadáveres.

7 DE MAYO DE 1945
Se firma la rendición incondicional de las fuerzas alemanas.

8 DE MAYO DE 1945
Día de la Victoria en Europa.

9 DE MAYO DE 1945
Hermann Goering se rinde ante el VII Ejército estadunidense.

23 DE MAYO DE 1945
El Reichsführer de las SS Himmler se suicida.

5 DE JUNIO DE 1945
Los Aliados parten Alemania y dividen Berlín en secciones. Empieza la Guerra Fría.

20 DE NOVIEMBRE DE 1945
Empiezan los juicios por crímenes de guerra de Núremberg. Goering se suicidará casi un año después, dos horas antes de su ejecución prevista.

1945

REFERENCIAS:

Bloch, Dr., en *The Psychoanalytic Quarterly*, 1947

Das kleine ABC des Nationalsozialisten, panfleto del Partido Nazi, 1922

Das Reich, noviembre de 1941

Deutsche Wehr, revista oficial del ejército alemán, 1925

Die Vollmacht des Gewissens (Múnich 1956)

Dietrich, Otto, *12 Years With Hitler* (Múnich 1955)

Fest, Joachim, *Hitler: A Biography* (Harcourt 1973)

Flaherty, Thomas, *Centre of the Web* (Time Life 2004)

Frank, Hans, *Im Angesicht des Galgens* (Alfred Beck 1953)

Goering, *Aufbau einer Nation*, 1934

Halder, general, Jefe del Estado Mayor del Ejército, Diario

Heiden, Konrad, *Der Führer* (Houghton-Mifflin 1944)

Hitler, Adolfo, *Mein Kampf* (Boston 1943)

Hoover Institute, Abel file IMT document, 1919-PS, XXIX

Jetzinger, Franz, *Hitler's Youth* (Hutchinson, London 1958)

Kleist, Peter, *The European Tragedy* (Times Press 1965)

Kohler, Pauline OSS sourcebook 1936

Krüger, Horst, *A Crack In The Wall* (Fromm International 1966)

Kubizek, August, *The Young Hitler I Knew* (Boston 1955)

Langer, Walter, OSS sourcebook 1936.

Lloyd-George, David, *Daily Express*, "I Talked To Hitler", 17 de noviembre de 1936

Ludecke, Kurt, *I Knew Hitler*, 1938

Moltke, Helmuth James von, *Letzte Briefe aus dem Gefängnis Tegel* (Berlín 1963)

Musmanno, Michael, *Ten Days To Die* (Nueva York 1950)

Neuhäusler. *Kreuz and Hakenkreuz* (Múnich 1946)

OSS sourcebook 1943

Pechel, Rudolf, *Deutscher Widerstand* (Erlenbach-Zurich 1947)

Rauschning, *The Voice of Destruction* (Nueva York 1940)

Remak, Joachim, *The Nazi Years* (Prentice Hall, NJ 1969)

Shirer, William L, *The Rise and Fall of the Third Reich* (Mandarin 1991)

Sognnaes & Strom, "The Odontological Identification of Adolf Hitler: Definitive Documentation By X-Rays, Interrogations and Autopsy Findings", 1973 *Acta Odontológica Scandinavica* 31

Speer, Albert, *Inside The Third Reich* (Bonanza, New York 1982)

Strasser, Otto, *The Gangsters Around Hitler* (Londres 1942)

Vierteljahreshefte fur Zeitgeschichte, VI

Völkischer Beobachter, 1921

Völkischer Beobachter, 3 de marzo de 1932

Waite, Robert G. L., *The Psychopathic God* (Basic Books 1977)

RECONOCIMIENTOS:

El autor desea hacer un reconocimiento a las siguientes fuentes primarias de información de antecedentes y citas:

Flaherty, Thomas, *Centre of the Web* (Time Life 2004)

Remak, Joachim, *The Nazi Years* (Prentice Hall, NJ 1969)

Shirer, William L, *The Rise and Fall of the Third Reich* (Mandarín 1991)

Speer, Albert, *Inside The Third Reich* (Bonanza, Nueva York 1982)

Waite, Robert G. L., *The Psychopathic God* (Basic Books 1977)

ÍNDICE

CRÉDITOS DE IMÁGENES

Corbis: páginas 8, 9, 16, 17, 19, 32, 40, 43, 54, 55, 61 (arriba izquierda) 62, 63, 64, 65, 69, 77, 83, 86, 87, 91, 100, 111, 120, 121, 123, 126, 128, 135, 136, 138, 151, 154, 156, 157, 159, 161, 164, 166, 171, 172, 173, 175, 181, 183 (2), 184, 191, 194, 196, 197, 201, 202, 204 (2), 209, 129, (arriba)

Getty: 10, 21, 23, 75, 139, 143

Mary Evans: 25, 37, 45, 53, 57,62 (foto inferior), 63 (abajo izquierda), 70, 71, 99, 109, 110 (abajo derecha), 113, 122, 124, 127, 141, 150, 155, 162

US National Archives/Joe McCary: 30, 52, 88 (foto arriba), 155, 163, 198, 205

topfoto: 41, 51, 60, 88, 89, 92-93, 101, 108, 128 (arriba), 140, 187, 192, 206, 209 (arriba derecha), 214

Scala Archives: 42

Akg: 74, 84, 97

Shutterstock: 131, 210

David Woodroffe: mapas en 176, 177, 185, 193, 203

Imagen de portada: Corbis

COLECCIÓN ORUM

- Breve historia del mundo

- Historia ilustrada de los nazis

- Hitler. "El comandante"

- La historia de la S. S.

- Los Tudor

- Titanic